• *Colección Cien* × 100 – 36 •

AF275492

100 historias de un Rayo centenario

Maite Martín Fernández

**Lectio
Ediciones**

Primera edición: mayo de 2024
Segunda edición: marzo de 2026

© Maite Martín Fernández

© de esta edición:
9 Grupo Editorial
Lectio Ediciones
C/ Mallorca, 314, 1º 2ª B – 08037 Barcelona
Tel. 977 60 25 91 – 93 363 08 23
lectio@lectio.es
www.lectio.es

Impresión: Romanyà Valls, SA

ISBN: 978-84-18735-45-5

DL T 301-2024

A los hombres de mi vida y a la estrella que me guía.

ÍNDICE

AQUÍ ENCONTRÉ MI LUGAR

Desde chico siempre me gustó el deporte, una pasión que me inculcó mi papá, que me llevaba a hacer ciclismo, baloncesto, tenis, boxeo… De todos ellos aprendí valores como el esfuerzo o el compañerismo. Cuando tuve más conciencia y edad, comprendí que había uno que destacaba sobre el resto. Ese era el fútbol. Por entonces, me imaginaba que mi sitio estaría en mi país, en mi Santiago del Estero, en casa. Pero, poco a poco, el fútbol me fue dando cosas que jamás podré olvidar y que son impagables para mí. Me ha llevado a lugares como este. Pisar Vallecas en aquella 2010-11 fue la suerte de mi vida, aunque en ese momento no lo sabía. Mi familia confiaba, pero otra mucha gente de fútbol me decía que me marchara a otro lado. Yo fui decidido, lo soy en ese tipo de cosas. Elegí el Rayo. Y a pesar de que la aventura no empezó bien, con los impagos y la Ley Concursal, es en los momentos difíciles cuando se conoce de verdad a las personas. Ahí fue cuando mi corazón y mis sentimientos por la Franja cambiaron totalmente. En parte por necesidad, ya que había que conseguir el ascenso para que el club no desapareciera. Y sobre todo por amor, porque había empezado a querer al equipo, al barrio y a la gente que nos había apoyado en las buenas y en las malas.

Me tuve que marchar por cuestiones deportivas. Hice las maletas con la idea clara de que había encontrado mi lugar y era este. También, con el presentimiento de que volvería algún día. Ese día llegó en 2017. Y como la primera vez, mucha gente no lo entendía. Estaba en el mejor momento de mi carrera y había muchas ofertas sobre la mesa. Nada de eso importó, porque uno siempre regresa allá donde lo tratan bien. Uno siempre vuelve al primer amor. Y el Rayo es con el que había soñado, el que necesitaba…

El que me llenaba. Es más, si pudiera echar el tiempo atrás, tomaría la misma decisión. Una y mil veces. Además, en aquella primera etapa, solo éramos dos y ahora, por suerte, somos seis. Mi mujer y yo, como hizo mi papá, transmitimos a Mía, Lucca, Santi y Leo los valores del deporte y de la Franja. Por eso, a mis hijos les encanta ir a la cancha. Gritar, cantar, animar. El Rayo es su hogar. Ese que construimos entre todos. Ese que cumple cien años. Y ese que uno amaría hasta la eternidad por más de un centenar de motivos…

ÓSCAR TREJO

KM 0

LOS HUERTA Y DOÑA PRUDENCIA, EL ORIGEN

La nueva Sociedad Agrupación Deportiva El Rayo saluda a todas las Sociedades (federadas y no federadas) y desea jugar con las que lo deseen en el campo y hora que ellas crean conveniente. Se ruega contesten por este diario o por escrito al domicilio social, Carmen, 28 (Puente de Vallecas).

El capitán, Juan Huerta

Este texto, publicado el 4 de junio de 1924 en el diario *La Libertad* y recogido en *Los orígenes del Rayo Vallecano* (Vallecas Todo Cultura, 2017), de Juan Jiménez Mancha, fue el llanto del bebé recién nacido, posterior al cachete de la matrona, encarnado en aquella reunión fundacional del 29 de mayo de 1924. La idea aún estaba en pañales, pero respiraba gracias a la ilusión de un grupo de chavales de entre 12 y 16 años. Algunos de ellos habían militado en el Club Numantino y muchos eran vecinos de la calle del Carmen.

El alumbramiento se produjo ese jueves 29 de mayo, a las 18:00 horas, en el domicilio de la familia Huerta Priego. Allí fueron testigo y parte los hermanos Julián, José, Ezequiel, Juan y Modesto Huerta; también Andrés y Miguel Rodríguez Alzola, que terminarían siendo presidentes de la entidad, al igual que Anastasio Hernández Díaz y Ángel Martínez, alias *El Cafeto*. Estos son solo algunos de la veintena de fundadores, que eligieron a Julián Huerta Priego como presidente y a su hermano Juan como capitán y redactaron unos primeros estatutos. Ahí figuraban como requisitos ser socio de la Agrupación Deportiva El Rayo —cuyo nombre se le ocurrió a Luis González Rubio y pasó a ser Agrupación Deportiva Rayo Vallecano, en 1947, y Rayo Vallecano de Madrid, en 1994— y pagar una mensualidad de 30 pesetas para el material. Eso sí, cada jugador corría con los gastos de la equipación.

Ese bebé salió adelante gracias al empeño de sus fundadores y al cuidado de doña Prudencia Priego. La viuda de Julián Huerta. Ella ofreció su propio hogar, en el número 28 de la calle del Carmen, como sede social y destinó algunas habitaciones para el uso del Rayo. Su implicación fue más allá. "A pesar de tener once hijos, era la que preparaba todo al equipo: lavaba, cosía... Yo no llegué a conocer a mi abuela", lamenta Julián Huerta Miranda (Madrid, 1945), el hijo de Modesto: "Aquella casa familiar tenía un taller de reparación de automóviles, donde mi padre trabajaba de chapista". Modesto no era muy hablador, aunque la gente cercana ayudó a su hijo a recomponer el puzle. "Actuó de central en el Rayo y decían que o pasaba el balón o el delantero, no los dos", ríe Julián, que añade: "Mi tío Juan también jugó. Ezequiel colaboraba con ellos, porque era cojo y zapatero remendón". Alojados en su memoria conviven muchos recuerdos. Su vida está ligada a la Franja. "Nací frente al Rodival, que tenía barandillas. Desde casa veía algunos partidos y una vez rompí el cristal de la ventana con la cabeza. Hice el gesto de rematar la pelota", admite Julián, que sacó el carnet a su hijo el mismo día en que se inauguró el nuevo Vallecas. "Conservo de entonces una foto de mi padre y mi hijo juntos en el campo", se emociona Julián, antes de confirmar que la familia Huerta sigue siendo la propietaria de la casa. Ahora, un edificio con dos alturas.

Doña Prudencia se puso a servir para criar a sus hijos y el Rayo fue uno más. Ella es orgullo de sus descendientes, como su tataranieto Raúl López (Madrid, 1976). Su abuelo era Matías Villanueva Huerta, hijo de Lourdes Huerta Priego. "Mi abuelo me decía: «Que no se te olvide que el Rayo es en parte tuyo». Como no le creía, me contaba cómo montaban las porterías o vendían entradas por las calles para el Rodival", admite Raúl. De su abuelo Matías guarda un vídeo en el que cuenta: "Mi tío Juan era el tesorero. Cuando pasó la guerra, ese era el único dinero de la familia y nunca se tocó. En la primera reunión entregaron las 300 pesetas". A partir de 2014, la afición colocó una placa y dos mosaicos en el hogar familiar. El primero rezaba: 'Gracias, Prudencia, te debemos nuestra locura, también nuestros desvelos'. Y luego, se recuperó el anuncio de La Libertad presentando al recién nacido. Una noticia que hizo que la vida nunca fuera igual.

01/100

LOS ABONADOS 1, DE LOS SANJUÁN A FRANCISCO CARO

"¿Por qué soy del Rayo? Pues por lo mismo que te enamoras y no sabes por qué...". Esta reflexión pertenece a Francisco Caro (Madrid, 1929-2023), quien fue el abonado número 1 hasta el final de la 2023-24. Falleció en noviembre, a las puertas del centenario, acompañado de su bufanda franjirroja. Ese fue su último deseo. El amor parece inexplicable, aunque la medicina hable de sustancias como la dopamina, la oxitocina, la serotonina... En Vallecas es todo más natural. Más sencillo. El flechazo entre Francisco y el Rayo se produjo en "la escuela de Artes y Oficios de la Avenida de la Albufera". ¡Cómo olvidarlo! Se abonó un 12 de septiembre de 1951 y fue para siempre. Él no residió en el barrio, pero lo vivió. "El Atlético Aviación jugaba en el estadio y hacía pellas para verlo. Recuerdo el Rodival y lo bueno que era Peñalva", aseguraba Francisco, que implicó a su otro amor, su esposa María Luisa, en su relación con la Franja. "Yo trabajaba en una sala de fiestas, Pasapoga, y como tenía las mañanas libres me venía al fútbol con ella. Un invierno hicimos unas hogueras en la grada lateral y ella, al acercarse, se quemó las medias", reía este aficionado, que actuó de extra en películas como *55 días en Pekín* o *Atraco a las tres*.

Vivió instantes míticos, desde aquellas numerosas excursiones en Tercera ("En Toledo nos tiraron piedras, no veas qué mala leche se gastaban") hasta el *Tamudazo* ("No apto para cardíacos"). El primer ascenso a Primera le pilló currando y, aun así, lo celebró "con champán" y presumió de la UEFA: "Fuimos capitanes generales". En su casa, el rayismo ha pasado de generación en generación, a sus hijos Ignacio y Pilar, su nieto Nacho... Ellos iban al estadio, pero Francisco prefería el transistor. Lejos quedaban aquellas matinales. "Cuando salíamos, nos recorríamos los bares de la Avenida de la Albufera, tomando el aperitivo, hasta coger el metro en Puente", resumía Francisco, que conoció a sus predecesores como abonados número 1. Rafael Sanjuán, Antonio Sánchez Berenguer (socio desde 1948 y en cuya lápida reza: AQUÍ DESCANSA EL ABO-NADO NÚMERO 1 DEL RAYO, junto al escudo) y José García Concejo (socio desde 1951) habían fallecido en apenas año y medio, entre julio de 2019 y enero de 2021, marchándose así buena parte de la memoria franjirroja.

Rafael Sanjuán fue quien más tiempo ostentó ese número 1. Quince años. El vallecano nació apenas 130 días antes que la Agrupación y, durante una etapa, vivió en el lugar donde se fundó el Rayo. El hogar de los Huerta. Familia con la que emparentó cuando su hermano mayor, Fernando Sanjuán, se casó con una nieta de doña Prudencia. "De recién nacida tenía el moisés cerca de la ventana y durante un partido en Las Erillas se coló un balón. Fue a los pies de la cuna. El jugador vino a pedir disculpas", rememora Toñi, la última rayista de una estirpe que comenzó con su abuelo Mariano y la hija de Rafael, quien se hizo abonado en 1946. Sus hermanos ocuparon diferentes puestos en la entidad. Fernando fue secretario con Pedro Roiz y vicepresidente con Marcelino Gil. Mientras que Antonio ejerció de tesorero y Nicolás, de vocal, en la junta gestora nada más aterrizar Ruiz-Mateos.

Hubo un día en que la familia Sanjuán fue clave para que el *Matagigantes* pudiese disputar un partido tras una fortísima nevada. "Era a las 12:00 y mi tío Fernando llamó temprano: «Rafa, ve donde Victoriano, el de la espartería de la calle Monte Perdido, a que te dé los escobones más grandes». Ya habían avisado a los empleados para ayudar a limpiar. Estaban todas las entradas vendidas contra el Atleti y su técnico, Luis Aragonés, decía que era imposible jugar ahí. El árbitro habló con mi tío, que le prometió que estaría para la hora. Cumplió. Se pintaron las líneas en rojo y ganamos (2-0)", reconoce Toñi. Tanco conserva un vídeo con su gol. Para ella, el Rayo también es amor, pero no el romántico, sino el familiar. El de su madre Antonia esperándoles a la salida del fútbol para tomar una caña. El del alfiler con el escudo que le regalaron sus padres. El de las batallitas de su tío Nicolás. El amor de su vida.

02/100

COTA, EL CAPITÁN QUE VERTEBRA LA HISTORIA

Cuando se colaba con sus primos para ver los conciertos de rock en Vallecas, no se imaginaba que su apellido —el de su madre Bienvenida— terminaría atronando en su estadio y vertebrando la historia del Rayo. Jesús Diego Cota (Madrid, 1967), *Susi*, como le llamaban en el barrio, es el jugador con más partidos con la Franja (458). El capitán lo ha vivido todo. "Etapas de no tener agua y luego de bañarnos en el jacuzzi", confiesa el lateral derecho, vallecano de pura cepa. Su padre nació en San Diego y la familia residía en Palomeras. Tenían una frutería en el mercado de la calle Pedro Laborde. Cota ya apuntaba maneras en el colegio Santo Domingo. "Don Tomás me chantajeaba, me decía que tenía que jugar en el equipo del cole para aprobar Sociales", recuerda. No le importó. Él quería el Rayo y entró en el Infantil B. "Ese escudo me enamoró. Es el más representativo de la gente trabajadora. Lleva un rastrillo y una horca", admite el defensa, un ejemplo de *One Club Man*.

Daniel Jimeno le insistió en hacer una prueba con los Peñalva. Ángel le dijo que no iba a jugar, pero terminó subiendo al juvenil con Zambrano. "De ellos mamé lo que era la Franja y su amor por la cantera", cuenta sobre sus descubridores. A los que añade otro nombre, el de Caturla. Nunca olvidará el 17 de marzo de 1985. "Me iba a jugar a Leganés, en Liga Nacional, aunque había entrenado toda la semana con el primer equipo. «Oye, Cota, ha dicho Caturla que si querías ir», soltó Zambrano. Me bajé del autobús en Nueva Numancia y me fui corriendo. Me dejé hasta las botas. Amieiro me las prestó. Cuando escuché mi nombre en el once me quedé bloqueado. Caturla tuvo los santos huevos de ponerme titular ante el Alcoyano", se emociona.

Su primer sueldo fueron 25.000 pesetas. "Y cuando me fui a la mili me lo quitaron, que era cuando más lo necesitaba", bromea Cota, que colecciona cinco ascensos: cuatro a Primera y uno a Segunda. Llegó a ser internacional con la Sub-19 y también participó en la UEFA (2000-01), aunque una grave lesión en la vuelta contra el Constel·lació le impidió disfrutarla desde el verde. En la ida, *El Niño* tuvo un gesto que le llegó al corazón. "Juande me dejó en el banquillo y cuando Míchel marcó vino a dedicármelo", sentencia. Años después (2016-17), Cota le recomendó como técnico franjirrojo. "Es el único día que Presa me hizo caso", ríe. El presidente había quedado en su restaurante con Felines y Potele para consultarles, pero antes le preguntó a él. "Fui directo. Mete a Míchel. El equipo está muerto, no hay tiempo y él es la persona adecuada", le respondió este rayista de alma, que regentó el bar situado dentro del estadio unos 15 años, El Cota: "Así seguía ligado al club, pero no metido".

Porque Cota es el hilo conductor de toda la historia de la Franja. Entre sus entrenadores figuran Felines ("Un dios"), Camacho ("Hasta en las pachangas nos jugábamos unas tortillas"), Paquito ("Se metía en los rondos y le llamábamos *El abuelo de Heidi*"), Vidal ("Nos daba una copa de vino de su bodega y vacilaba a Josemi porque prefería la Coca-Cola"), Juande ("Un experto en estrategia")... Además, compartió vestuario con Uceda, Botella, Cunningham, Riesco, Calderón, Polster, Míchel, Onésimo, Hugo Sánchez, Alcázar, Guilherme, Lopetegui, Bolo, Cembranos... "No me gustaban los clanes, así que cambiaba mucho de compañero de habitación. Tuve a Abel, Iván Amaya... Con Lema estuve más porque se ponía muy pesado", dice burlón el vallecano, que llevaba a los entrenamientos, en la Renault Express de su padre, a Callejo y *Willy*, su debilidad. "Se marcó un partidazo en Palamós y para celebrarlo le invitamos a una copa. Él no bebía, pero le convencimos. Uno dijo de coña: «Ostras, que viene el míster». Y él, que temía a Vidal más que a un *nublao*, se la metió entera. Se puso rojo", ríe. Otro que le impresionó fue Hugo Maradona. "Con otro apellido, hubiera triunfado", asegura Cota. Un capitán tan directo con las palabras como con el balón. De los que sacaba la cara, cuando otros se escondían, aunque se la partieran. De ahí que lo reeligieran como presidente de la Asociación de Veteranos. No hay otro curtido en más batallas.

03/100

UNA RUTA TRAS LAS HUELLAS DEL RAYO

El tiempo no ha sido capaz de borrar las huellas del Rayo, de esos primeros pasos de un recién nacido que ya es centenario. Apenas en un kilómetro a la redonda se hallan el hogar donde se alumbró aquella Agrupación Deportiva El Rayo, el campo en el que disputó sus primeros partidos, el actual estadio de Vallecas... Juan Jiménez Mancha, autor de *Los orígenes del Rayo* (Vallecas Todo Cultura, 2017), diseñó este *tour* en el que le ha acompañado el periodista de *Vallecasweb* Antonio Luquero. Una ruta de la que ningún otro club puede presumir. La historia impregna cada rincón de un itinerario, que surgió con motivo de los Días del Rayismo.

Primera parada: estadio de Vallecas. El campo actual se ubica en el mismo lugar que el antiguo, con una salvedad. A consecuencia de un plan de remodelación de la década de los 70, se acortó y se desplazó unos metros, motivo por el que perdió uno de sus graderíos, el correspondiente a la calle Teniente Muñoz Díaz. De ahí que tenga forma de U. "Se hizo para que la calle Payaso Fofó fuese más amplia", explica Luquero.

Segunda parada: calle Puerto del Monasterio. Antiguamente, limitaba con la huella de la plaza de toros, que funcionó entre 1884 y 1926, y tenía otro nombre: calle del Carmen. Es patrimonio del rayismo por varios motivos. "Por aquí pasan corteos, manifestaciones...", enumera Mancha. A ambos lados, se vislumbra una de las imágenes más icónicas del barrio, la de la ropa tendida en las cuerdas. Puro simbolismo. Tras 600 metros caminando, en el número 8 (antes, calle del Carmen, 28), uno se topa con la cuna del Rayo: el lugar donde se fundó, reconocible gracias a una placa y un mosaico. Su origen estaba en una casa baja, pero entre 1959 y 1961 se transformó en un edificio. A su espalda, se conserva el ventanuco por el que se pasaba el material más liviano al campo de Las Erillas —inaugurado en julio de 1924— y posterior Rodival. Los primeros estadios. "En esta casa se guardaban las porterías, que eran desmontables, para que no se usaran como leña", coinciden. El ventanuco sigue intacto. "Daba a una habitación que sirvió como vestuario", desvela Mancha. El domicilio de la familia Huerta fue la sede inicial, pero otra posterior se localizó casi enfrente, en el número 1 de la calle, donde estuvo el ayuntamiento de Vallecas. El edificio aún conserva su escudo en piedra.

Tercera parada: calle Puerto Alto. Antaño era la Avenida de Pablo Iglesias. Apenas hay que andar para encontrar la entrada a Las Erillas, el estadio sobre el que se construyó el Rodival al término de la Guerra Civil y que se usó hasta mediados de los 50. La puerta de acceso se sitúa en el mismo emplazamiento y el edificio de enfrente, que luce unos balcones redondeados típicos de esa zona de Vallecas, es idéntico al de las fotografías en blanco y negro. Dentro, para salvar el desnivel del antiguo campo, se mantienen las escaleras y más escondida está una losa de cemento con una chapa donde iban las banderas. Ahora es una colonia de viviendas, pero se intuyen los límites del terreno de juego. Otros puntos neurálgicos del rayismo fueron los bares de la calle Puerto Alto, como los extintos La Estufa, donde iban los fundadores antes de crear el club, y El Castillo, que despachaba entradas. En los edificios contiguos residían futbolistas como Chuli, Lolo, Sito... y doña Marcelina y don Toribio Pérez, matrimonio que trabajó para el club más de tres décadas. Ella se encargaba de la ropa y él ejercía de utillero.

Cuarta parada: calle Concordia. Otra sede estuvo en la que fuera Casa del Pueblo del PSOE y luego Casa Sindical, donde los periodistas tenían un espacio para entrevistar a los franjirrojos.

Última parada: Avenida de la Albufera. Saltó del número 3, un edificio emblemático, obra de un discípulo de Gaudí, al 48, que conserva la misma farmacia de los años 60. La Avenida albergó también el taller de arreglos de calzado de otro de los presidentes, Ezequiel Huerta, y el mítico Sol y Aire a la altura del estadio. "A los salones iban los jugadores y se celebraron más de 15.000 matrimonios", calculan. El de Vallecas y el Rayo sigue bien avenido.

04/100

EL MUSEO DE UNA VIDA EN FRANJIRROJO

Hay sitios de los que uno se va, pero que nunca le abandonan. Y eso que la apariencia de este engaña. Su puerta gris resulta un trampantojo. Por fuera luce como un garaje cualquiera de Vallecas. Sin embargo, el interior alberga un tesoro. Un museo del Rayo, compuesto por 300 cuadros, 50 banderines de peñas ya extintas, 200 carteles —incluidos los de la UEFA y uno promocional de Alcampo con cuatro jugadores: Moreno, Claudio, Mendizábal y Soto, *el buitre de Vallecas*—, decenas de bufandas y camisetas, abonos antiguos... Y objetos de lo más variopinto tuneados con la Franja, como corbatas, abanicos, una papelera, un teléfono y hasta un baño al que no le falta detalle... ¡También la escobilla! "Ya no cabe más", afirma Rafael Garrido (Ibros, Jaén, 1937), el abonado número 1 —sucedió al fallecido Francisco Caro en el centenario— y artífice de este lugar de culto, ubicado a diez minutos del estadio. Su templo no pasa inadvertido. "Hace 30 años me sacaron en la tele y aún tengo el VHS", ríe. No es de extrañar. Tal es su magnitud, que la productora El Deseo le pidió varias de sus piezas para la película *Volver* (2006), aunque finalmente no aparecieron en el film. "¡Me enteré de que era Almodóvar cuando luego me hicieron la declaración de la renta!", bromea.

Rafael lleva más de 50 años coleccionando recuerdos, por eso recorrer este museo es hacerlo por la historia del club y por la suya propia. Imposible disociarlas. Están los estatutos del Rayo, que datan de julio de 1971, y una silla que hizo a su hijo Santos cuando los partidos aún se veían de pie. Además, lo salpican cientos de fotos. Muchas de su esposa Teresa, fallecida en 2010. Se la ve bailando con su tocaya, la entonces presidenta Teresa Rivero, charlando con el técnico Juande... "Tenía las cosas en casa y me dijo mi mujer: «Esto parece El Rastro». Llevaba razón, así que me las bajé y sin darme cuenta ha ido creciendo", admite. Eso sí, sigue sumando piezas. La última es un banderín conmemorativo de las semifinales de Copa contra el Betis. Y la más especial, una camiseta que los futbolistas Trejo, Isi, Catena y Óscar Valentín le regalaron por su 85 cumpleaños. Allí, en la nave, por sorpresa. "Eso no hay quien lo haga ya. Los vi y me emocioné. Somos pobres de dinero, pero ricos en ilusión. Yo he estado vendiendo por el centro, como representante de la marca El Potro, con mi pin del Rayo y me conocían hasta las ratas. En Barcelona me paraban por la calle y me decían que éramos los que más valíamos", recuerda. La solapa de su chaqueta avala sus palabras. Ahí sigue prendido ese escudo en miniatura.

El Rayo es parte de su vida y de su familia. "Hablo de él como si fuera mi hijo y a veces se merece un azote", dice con ternura. Ese sentimiento ha ido pasando de generación en generación. Los Garrido llegaron a Vallecas cuando apenas había casas, hace más de un siglo. Rafael ha crecido en el barrio y recorrer sus calles sigue siendo su rutina. El paseo hasta el estadio es sagrado. Quizá ese sea el secreto de su buen humor. "Mi padre, Pedro, era zapatero y arreglaba las botas y los balones al equipo. Yo lo sigo desde 1945. Antes, hasta los 14 años entrabas gratis. Luego Ezequiel Huerta, como ejercía de presidente, me daba un papelito firmado y pasaba. Ya con 16, reuní las propinas que me daban para hacerme socio. Nunca me he quitado, ni me quitaré", explica. A sus hijos Teresa y Santos también les contagió esa fiebre franjirroja. "Fuimos a Valencia a ver un partido y hacía un frío… ¡Mi niña de ocho meses y mi mujer embarazada se taparon con una manta!", exclama este pequeño accionista, amigo de Di Stéfano y admirador de los míticos Felines y Potele. "De los últimos me gusta Isi. Lo reconozco porque está igual de *pelao* que yo", esgrime Rafa, que no se pierde ni un choque, como tampoco lo hacía cuando jugaba la sección de béisbol, aunque fuera "el único" en la grada. Él es único, como este museo, destino de obligada peregrinación. "Mi padre pasa horas mirando su colección y escuchando música", señala Santos. Por algo es su refugio. Su obra.

05/100

UN ESTADIO CON TÍTULOS, CAPILLA Y HASTA HABITANTES

El estadio de Vallecas peina canas, sus arrugas son cada vez más profundas y sus historias de juventud suenan inverosímiles. Su proyección y construcción estuvieron ligadas a un equipo que no fue el Rayo, sino el Racing Club de Madrid, cuya curiosa existencia relata el libro *El último gol apache: la gira americana del Racing de Madrid* (Debate, 2023), de José Manuel Ruiz Blas. Ese recién construido campo acogió sus primeros partidos en marzo de 1930, pero le generó tal deuda que le obligó a hacer las Américas. Una idea, a la postre, catastrófica. Aquel Stadium de Vallecas, inicialmente de hierba cubierta de carbonilla, se localizaba en el mismo lugar que el actual. Por entonces, contaba con un aforo de 18.000 espectadores, costó 800.000 pesetas y tenía vestuarios, enfermería, bar… Y hasta un hotel para los jugadores. De septiembre a noviembre, el Racing compartió dichas instalaciones con el Athletic de Madrid (hoy Atlético).

Los rojiblancos continuaron jugando como locales —a veces, de forma ocasional y otras, por temporadas enteras— hasta febrero de 1943, como consecuencia de unas reformas en el Metropolitano. El último estadio en volver a la actividad tras la Guerra Civil. "Le pillaba la línea del frente y quedó destrozado, mientras que en Vallecas se puso un huerto y se plantaron alubias, por eso fue el primero en funcionar", apunta el fotógrafo Pablo Linés, comisario de la exposición *Fútbol en blanco y negro* (El Águila, noviembre 2021 – febrero 2022). Toda esa coyuntura convirtió a Vallecas en testigo de excepción del primer título liguero del Athletic Aviación, entonces dirigido por Ricardo Zamora, que se impuso (2-0) al Valencia el 28 de abril de 1940. Al año siguiente, el 2 de marzo de 1941, los colchoneros se proclamaban, de nuevo en el mismo escenario, campeones de Liga al vencer al Oviedo (3-0). No fueron los únicos títulos que vio este campo, puesto que también albergó la final de la Copa del Generalísimo de 1940. El Español tumbó al Madrid (3-2) en la prórroga. El Rayo se trasladó a Vallecas en la 49-50, aunque tardó un tiempo en jugar allí de continuo. El estadio tenía una particularidad, su marcador. "Era el logo de La Casera, que se dibujaba como una cara: los ojos (el marcador) eran las ventanas y la puerta era la boca", describe Rafa Alameda, de la peña Los Desperdigaos.

Su segunda juventud —por la demolición del antiguo estadio— llegó después de las obras que arrancaron en octubre de 1972 y concluyeron en junio de 1976. Durante ese periodo, el Rayo se vio forzado al destierro a Vallehermoso. "A los socios les costaba ir allí y el campo no estaba en buenas condiciones. Además de entrenar nosotros, lo hacían mil atletas", explica Felines, quien se tuvo que habituar a un césped lleno de hoyos y a ver jabalinas volando. Hasta que llegó el gran momento. El domingo 6 de junio, a las 20:30, se celebró el partido inaugural ante el Valladolid con lleno absoluto. El campo tenía una capacidad de 17.000 localidades (14.500 de asiento), tres vestuarios, hierba natural, drenaje... y llevaba la firma de los arquitectos Jacinto Pazos y Francisco Riesgo. Instalaciones que el equipo franjirrojo apenas ha abandonado en un par de ocasiones. El exilio a Las Margaritas un partido (1992), como sanción por el exceso de aforo en un Rayo-Atlético, y el de La Peineta, entre septiembre y noviembre de 1997, por el nuevo césped.

El estadio se rebautizó Teresa Rivero de 1999 a 2011 por la presidenta, que construyó una capilla en el palco. Esta es una de sus peculiaridades. Otra, que el campo ha tenido habitantes. ¡Los guardeses! "Formaban parte del estadio. Cuando nadie contestaba en las oficinas, llamábamos al automático y Pedro, que era el conserje, estaba para todo. Luisa se encargaba de limpiar", los recuerda Cota. Cada rincón tiene su aquel. En el *tour* de los Días del Rayismo se pueden ver la camiseta de Cembranos con España, un cenicero que trajo Teresa Rivero de la UEFA y los títulos del Femenino. Incluso una Superliga que desapareció y, al cabo de un tiempo, llegó por correo como por arte de magia. La magia de Vallecas.

06/100

EL PORQUÉ DE LA FRANJA

La franja nació como un mero distintivo para terminar siendo una seña de identidad. A lo largo de los años existió la creencia popular de que venía de River Plate. Sin embargo, el libro *Los orígenes del Rayo Vallecano* (Vallecas Todo Cultura, 2017), de Juan Jiménez Mancha, determinó su procedencia real. Se hallaba en un equipo, pero no argentino, sino vecino: el Atlético de Madrid. Atlético y Rayo, a través de sus respectivos presidentes, Cesáreo Galíndez y Miguel Rodríguez Alzola, alcanzaron un convenio de colaboración el 1 de julio de 1949, por el que los colchoneros ofrecían su apoyo económico y la cesión de futbolistas a los vallecanos, mientras que estos les prestaran el campo del Rodival para los equipos de otras secciones rojiblancas, como hockey, béisbol y baloncesto. Esa ayuda fue tan estrecha que, en la 1949-50, se llegó a hablar del Rayo como filial del Atleti.

Hasta ese momento, los vallecanos vestían totalmente de blanco. Inmaculado. Por eso, el Atlético les solicitó la introducción de algún elemento visual que vinculase a ambas entidades y ya de paso lo diferenciase del Madrid, su eterno rival. Los rojiblancos pusieron sobre la mesa la opción de lucir la misma camiseta, pero el Rayo se decantó por una franja que, ahora sí, inspiró River, el equipo de moda en Europa. Con una particularidad: esa primera temporada solo la llevaba por delante. El acuerdo expiró al año, pero la franja —esa a la que la prensa de la época se refería como "bandolera"— se quedó para siempre. Ya en la 1950-51 se plasmó por ambas caras. El hecho de compartir símbolo llegó a los oídos del club argentino, que al término de una gira que le trajo a España y le enfrentó a Madrid y Atlético en diciembre de 1951, obsequió al Rayo con una caja de camisetas. De otra talla. Eran tan pequeñas, que debían ponérselas unos jugadores a otros. Y a los dos usos, las heredaron las categorías inferiores. Este regalo se produjo como señal de hermandad, después de que los directivos vallecanos se acercasen hasta el hotel Ritz para visitar a la expedición bonaerense. Allí le mostraron una fotografía de su equipación con la franja y le desvelaron las dificultades económicas que atravesaban.

Esa franja se mantuvo durante décadas, hasta que Umbro dio un arriesgado volantazo. La marca decidió cambiar el diseño de la primera indumentaria en la 2021-22, incluyendo un rayo rojo que atravesaba la camiseta. Algo que repitió el año siguiente y generó polémica. Para la hinchada la franja es sagrada, igual que para sus hermanos de River y para los equipos que la defienden en otros lugares del mundo, como la selección de Perú y el Curicó Unido, de la primera chilena.

Sí se había teñido antes la franja de diferentes colores en la segunda y la tercera equipación, colándose una de ellas en la historia por sus fines solidarios. Esa línea diagonal se dividió en otras más finas de diferentes tonalidades y significados. El rojo representaba la lucha contra el sida. El naranja simbolizaba la integración de las personas con discapacidad. El amarillo reivindicaba a quienes no pierden la esperanza. El verde impulsaba la protección del medio ambiente. El azul condenaba el maltrato infantil y el morado, la violencia de género. Y ese arcoíris no solo aglutinaba todas estas causas, sino que también luchaba contra la homofobia. "El deporte sirve para unir, concienciar...", afirmó el presidente, Presa, uno de sus ideólogos, junto al director general, Luis Yáñez, y al *community manager*, Quique Hernández. Lo llevaron meses en secreto. Aquella camiseta de Kelme para la 2015-16 se convirtió en un éxito y se destinaron 7 € de su venta a diferentes asociaciones: CESIDA, CERMI, Teléfono de la Esperanza, WWF, Save The Children, Asociación de Mujeres Unidas contra el Maltrato, FELGTB y Fundación Aladina. La noticia dio la vuelta al mundo. Apareció en *La Gazzetta*, BBC, *The Guardian*... y clubes como el Guadalajara siguieron su ejemplo. Durante años se agotaron coincidiendo con las fiestas del Orgullo Gay. Por eso la franja es más que un adorno. Es personalidad. Es igualdad. Es solidaridad. Es Rayo.

07/100

EQUIPO DE BARRIO
Y SENTIMIENTO MUNDIAL

No hay fronteras que detengan los sentimientos. El franjirrojo ha sido capaz de saltar de Vallecas a todo el planeta. Argentina, Colombia, Venezuela, Cuba, Estados Unidos, Irlanda, Portugal, Italia, Polonia... están representados en un chat de WhatsApp llamado *Rayistas por el mundo*. El punto de encuentro de más de 40 aficionados de diferentes países. Uno de sus creadores, Stefano Picasso, lo es también del Rayo Vallecano Italian Fan Club. "Conocí la Franja gracias a Ska-P. Me enamoré de sus seguidores y sus ideales", rememora el genovés. La otra *alma mater* de este cónclave internacional es Natxo Ini, motor a su vez de la Agrupación Rayista Argentina. A él le llamó la atención el campo. "Sentí curiosidad porque es idéntico al de Argentinos Juniors", explica un hincha al que le cautivó "la idea del fútbol politizado". Varios de los miembros de su peña estaban vinculados a la River Rayista, la primera creada en el extranjero, por el ya fallecido Fernando Luis Puente. Aquella nació en 2000 y llegó a tener 3.000 socios. De hecho, el padre de Patricio Graff, jugador franjirrojo de la época, les llevó todos los carnets. "Sortearon un viaje para ver el partido de UEFA contra el Lokomotiv y le tocó a un amigo. Vinimos y después, Bolo me regaló su camiseta", narra su vicepresidente Pablo Branda.

Esa incontrolable locura por el Rayo casi le cuesta el trabajo al venezolano John González, que ejercía de fotógrafo en una función de teatro con el alcalde cuando explotó. "Grité un gol de Bebé en el pasillo y todos se voltearon a mirar. Pensé que me botaban", ríe. Su orgullo es su "franela" franjirroja, aunque conseguirla fue una odisea. "Monté una lloradera a mi mejor amiga para que me la trajera. Fue a la tienda y solo quedaba una XL. Pasó dos veces la tarjeta y se la denegó. El camarero de uno de los bares de enfrente la ayudó para conseguir efectivo. Tras el entrenamiento los jugadores la firmaron y Paco Jémez me grabó un vídeo. Cuando lo vi parecía una quinceañera con los Backstreet Boys", compara.

Por su parte, la peña La Franja de Cuba tiene una particularidad. Su presidente, Reinier Crespo, vive en La Habana y su vicepresidente, Javier Piñas, en Vallecas. A 7.445 kilómetros de distancia. Su equipo, el Rayo Guanabo, hizo doblete en 2022 y los trofeos forman parte del museo que presiden unas camisetas donadas por Cota y Trejo. "Es nuestro homenaje desde acá", afirma Reinier. Mientras que California reunió a *los Joses*. José González se abonó con el fichaje de Hugo Sánchez, con quien coincidió años después en Universal Studios. "Al salir del baño me lo encontré y nos hicimos una foto", admite este divulgador de la Franja: "Mi matrícula es Rayo VK y pago 45 dólares al año". El otro José, Ramírez, residía en San Diego hasta que regresó a Madrid. Ya vestía a sus chapas con la Franja siendo niño. De adulto ha acudido a varias Carreras del Rayismo y es un pequeño accionista. "Tengo una acción. Aún conservo el recibo del BBVA", asegura.

Gracias a la Franja, Edyta Pieron aprendió español en Cracovia. "El fútbol tan vistoso de Paco Jémez me enganchó", confiesa esta licenciada en Filología Hispánica. "El Rayo no existiría sin Vallecas y Vallecas no sería lo mismo sin el Rayo. Me maravilló esa sensación de ser una más desde el principio", expone. Ese vínculo le une al italiano Simone Sperduto. "No existe un equipo así en mi país. Se saluda a la afición rival, los jugadores se paran con la gente… Allá dirían que estamos locos", bromea. Aunque, para delirio, el de los colombianos con la llegada de Falcao. "Antes me veían con la camiseta y no la identificaban. Ahora todos la conocen", presume desde Bogotá Camilo Prada. Orgullo que comparte el irlandés Robbie O'Sullivan. "Nosotros somos luchadores, como los vallecanos. Con ellos se puede hablar también de la vida", reflexiona. Esa que condujo a la antigua periodista de *As*, Filipa Santos, hasta la Franja. "La primera vez que pisé el campo me puse a llorar. Me acordé del himno portugués *às armas, às armas*", confiesa. Ellos son los mejores embajadores de un sentimiento de barrio que conquista el mundo.

08/100

MÍCHEL I, ORGULLO DE VALLECAS

Vallecas no es lugar de ídolos. Ni de reyes. La admiración no se gana con dinero o poder, sino con trabajo, humildad y valores. Y Míchel I de Vallecas es lo más parecido a todo eso que tiene el barrio. Uno de ellos. Sus vecinos se ven reflejados en *El Niño*, que no olvida sus raíces. Esas que sembraron sus abuelos venidos de Murcia. "Aquí tuvieron huertas y, en la posguerra, dieron de comer al barrio. Los querían mucho porque cuando no había qué llevarse a la boca, mi abuelo fiaba a la gente", explica Gema, hermana de Miguel, alias *Míchel*. Sus padres, Benjamín y Candela, tenían una frutería. Esos interminables horarios hicieron que la abuela María criara a los cuatro hermanos. Muchos identifican la Fuente de la Asamblea como el lugar donde el Rayo celebra los éxitos, pero la familia Sánchez Muñoz percibe sus orígenes. "Nací en la calle Monte Oiz, en las casitas bajas que todo el mundo llamaba chabolas y nosotros, hogar", confesó Míchel en el pregón de las Fiestas del Carmen de 2018. Los primeros recuerdos familiares son del benjamín pegado al balón. "Se ponía con mi hermano Javi en la calle y cuando no se rompían la ceja, era el brazo, el pie… Acababan siempre escayolados", ríe Gema. De Monte Oiz se trasladaron a Palomeras. "Nos dieron una vivienda de protección. Me pasaba el día en el ascensor, subiendo y bajando", contó.

El fútbol fue una constante y le acompañó ya en el Raimundo Lulio, el cole, a cinco minutos de casa. Aterrizó en preescolar y con 6 años conoció a Raúl López Lobo. "En el recreo siempre le elegían el primero, daba igual a qué jugaras", afirma su amigo. Cada rincón del Lulio recuerda a Míchel. El comedor lo preside su camiseta firmada y enmarcada. Al zurdo se le daba bien todo. "Menos la flauta, que era un dolor de oídos", bromea Raúl, quien desvela el origen de su apodo: "Cuando empezó en el fútbol sala, en El Moyano, con 10 años, le pusieron Míchel por la Quinta del Buitre. Había un Butragueño, un Buyo…". El tren del Rayo pasó gracias a Fanti Callejo. Le vio y puso a Juan Pedro Navarro, director de las categorías inferiores, sobre la pista. "Nuestro técnico, *El Chirla*, me llamó nada más terminar el entrenamiento. «¡Es un monstruo! Te lo envío ahora mismo a firmar…». Lo aplacé a la mañana y estaba asustado con que nos lo quitaran", recordaba *Juampe*. No iba desencaminado. Lo quisieron Madrid y Barça para su juvenil.

Su primer entrenador fue José Luis Martín. "Le daba mucha caña, como si fuera un hijo. ¡Cómo no le voy a querer!", exclama el director de la Ciudad Deportiva, que conserva la camiseta de su primera convocatoria con las inferiores de España. A medida que el fútbol ganaba enteros, los estudios se ponían cuesta arriba. "Intentábamos ayudarle y que viniera más. Le recuerdo disciplinado, callado…", le describe su profe de Lengua y Literatura, Pablo Olalla. Míchel dejó huella en el cole. "Para los niños es un dios", sentencia su compañero de ciencias mixtas Álvaro Ovejero, presente en su debut ante el Barça el 28 de noviembre de 1993: "Cuando salió se caía Vallecas".

Siempre fue un adelantado. En su primer año de juvenil ya entrenaba con el División de Honor y en el segundo, con el primer equipo de Camacho. *Juampe* lo definió bien: "Era un jugador de la calle. Ahora los niños no tienen picardía y él la tenía toda". El éxito no le despegó del suelo. "Pasaba de entrenar con el Primera por la mañana a echar un mus con nosotros por la tarde", comenta Pedro Estellés, otro de sus imprescindibles, que destapa cómo conoció a su mujer: "Habíamos quedado en Inn y Miguel no vino. Había coincidido con Lara y, nada más verla, ya dijo que se iba a casar con ella. Así fue". Uno de sus tutores, Tomeu, ofició la boda.

Míchel colecciona cuatro ascensos en 16 temporadas como jugador del Rayo y otro como entrenador. Y allá donde va, se hace querer. "Hace poco le mandé un mensaje: «Con el *Furilo* suspendías inglés y ahora hablas catalán»", bromea Álvaro. Vallecas no le olvida y, aunque sea como rival, le abraza orgulloso. Al nieto de la María. Al pequeño de la Cande. Al hermano. Al alumno. Al amigo. A su ilustre pregonero. A su icono más humano.

09/100

VALLECAS, UN CAMPO TAMBIÉN DE CONCENTRACIÓN

El estallido de la Guerra Civil lo paró todo. El tiempo. La vida, tal y como se concebía hasta el momento. También las competiciones oficiales, pero no todo el fútbol. El balón se convirtió en un búnker. Ese último reducto de normalidad. Esquivó balas, no bandos. Se organizaron partidos con clubes como el Madrid FC (Real Madrid) y el Athletic de Madrid (Atlético), además de selecciones regionales, equipos de batallones o incluso de barrios. Es más, el estadio de Vallecas albergó varios benéficos en verano de 1936. Después, su uso nada tendría que ver con lo vivido hasta ese momento. Pasó de ser luz a la más absoluta tiniebla.

"Vallecas. Campo provisional. Ubicado en el estadio del Puente de Vallecas. Empezó a funcionar el 1 de abril de 1939 y el día 4 ya reunía a más de 9.500 prisioneros. Operó, al menos, durante abril de 1939. En su emplazamiento se levanta hoy el campo del Rayo Vallecano". Así lo describe Carlos Hernández en su libro *Los campos de concentración de Franco* (Ediciones B, 2019), donde figura un listado con los 296 existentes por toda la geografía española, 16 de ellos en la Comunidad de Madrid. De hecho, Chamartín y el Metropolitano corrieron la misma suerte.

El 28 de marzo de 1939 las tropas franquistas entraron en Madrid y el 1 de abril terminó la guerra. Entonces, el ejército vencedor empleó el Stadium de Vallecas como campo de concentración durante, aproximadamente, quince días. Estas instalaciones, que cuadruplicaron su capacidad, estaban custodiadas por el I Cuerpo del Ejército. La masificación, el hambre, las enfermedades… tornaron la situación en algo insostenible. Así lo acreditan las palabras de Blas Conesa, un vecino que trató de ayudar con alimentos y mantas desde la alambrada que marcaba el perímetro. "La lluvia convirtió en un barrizal el recinto. Enfermedades y fallecimientos estaban a la orden del día. Tuvieron que abrir las puertas y dejar marchar a los prisioneros porque no había comida", reconoció en la revista *Interviú* el 18 de enero de 1984.

Las noticias de lo que allí sucedía corrieron como la pólvora por el barrio. El panorama que dibujaban era dantesco. No había camas, ni lugares donde resguardarse del frío, ni alimento suficiente... Por no hablar de las condiciones higiénicas, lo que favoreció la aparición del tifus y la tuberculosis. Eso espoleó a algunos vecinos a jugarse su propia vida para llevar ropa de abrigo y comida a través de la verja de aquel inhóspito lugar. Fuera, en las calles, estaban vigilados. Su día a día tampoco era fácil. "Ahí se morían como chinches, a la intemperie. Algunos venían heridos y no los curaban. Quienes tenían familia aquí les acercaban algo, pero ¿qué iban a llevar los de fuera si tampoco tenían nada?", confesó Matilde en la ponencia *La II República y la Guerra Civil en Vallecas. De la euforia a la depresión/represión*, redactada por Gabriel y Alfredo Pérez. Otro estremecedor testimonio recogido en esa charla es el de Manoli. "Decía mi madre que Franco reunía a los presos donde es el campo de fútbol y cuando sonaba un tiro añadía: «Otro al hoyo», desveló. Uno de los falsos mitos que circularon durante años es que Amós Acero, el alcalde de Vallecas, pasó por este campo. No fue así. Quien sí estuvo fue el alcalde de su pueblo, Villaseca de la Sagra (Toledo), Lorenzo Díaz Pérez. Él salió el 2 de abril.

La tercera semana de dicho mes trajo buenas nuevas. No quedaba nadie retenido y se procedió a un nuevo acondicionamiento del estadio. Se sembró el césped, se reformaron las tribunas y los accesos... para recuperar la actividad el 2 de mayo de 1939. Antes de lo previsto. Aquel día el Aviación Nacional y el Deportivo Alavés empataron a uno, en un choque cargado de simbología fascista. Los jugadores escucharon el himno nacional con el brazo en alto y el nombre de Franco ocupó las paredes de las vallas que daban a la Avenida de la Albufera. Un año después acogió la final de Copa, entre el Español y el Madrid. Ni el fútbol ni el tiempo han conseguido reparar el dolor de Vallecas.

10/100

VALLECAS, MÁS QUE UN BARRIO

Ni Puente, ni Villa, simplemente Vallecas. Lo que ahora (y desde 1987) se divide en dos distritos fue durante 800 años un único municipio, hasta que el 22 de diciembre de 1950 entró en vigor un decreto-ley para su anexión a Madrid. Esto formaba parte de un plan trazado por Franco para que la capital creciera. Así absorbió a trece municipios y logró multiplicar su territorio por diez. De hecho, la superficie de Vallecas, de 73 kilómetros cuadrados, era mayor que la de Madrid, de 67. De su antiguo ayuntamiento, en el número 68 de la calle de Sierra Gádor, no queda nada. Ni una placa. En su lugar se levanta un centro de salud. "Tenía unas escaleras a los lados y debajo, en los rincones, ponían los gigantes y cabezudos", describe Pilar, farmacéutica de la calle Congosto, a escasos metros de aquel consistorio. Los conecta el paseo de Federico García Lorca, regado con dos fuentes que estaban en la Puerta del Sol y que el alcalde Juan Barranco sacó de un depósito por la remodelación de este bulevar.

Ahí quedan Fermín Honorio y Francisco Martín, dos vecinos que relacionan la anexión con el despertar de Puente. A mediados del siglo XIX, habían surgido barrios de Vallecas próximos a Madrid con un mayor desarrollo industrial y más población que Villa. Eso hizo que, en los años 30, el ayuntamiento se trasladase a Puente de Vallecas. "Ellos querían anexionarse. Tenían la estación de metro y nos arrastraron, pero esto seguía siendo un pueblo", apunta Francisco y Fermín prosigue: "Cambiaron de nombre las calles que coincidían con las de Madrid". Existe un arraigado sentimiento *barrionalista*, que verbaliza Antonio Luquero. "La anexión benefició más a una parte. Madrid sacó la escoba y barrió hacia Vallecas lo que no le gustaba, hasta personas. Y encima no le da los recursos suficientes para gestionarlo", lamenta el periodista de *Vallecasweb*, que de niño vivió cerca de la casa de la calle Peironcely 10 fotografiada por Robert Capa.

Las viviendas en Villa no pueden ser más altas que la torre de San Pedro Ad Vincula, en cuya parroquia fue bautizado Juan Malasaña, quien luchó junto a su hija Manuela contra los franceses el 2 de mayo de 1808. Su familia se instaló en Vallecas y montó una tahona que servía a la corte de Madrid. Este detalle tiene una placa en la parroquia, que comparte arquitecto con el Monasterio de El Escorial, Juan de Herrera, mientras que la autoría de la torre es de Ventura Rodríguez, quien diseñó la Cibeles y Neptuno.

Las asociaciones vecinales han sido el motor del cambio. A finales de los 60 no se podían crear partidos, pero sí estas organizaciones, siendo la primera la Asociación de Vecinos de Palomeras Bajas. Su lucha era la iluminación, el alcantarillado... "Los vecinos secuestraron el autobús 57 con el conductor dentro para que se ampliara la ruta en 1991 y la EMT accedió en tres días", explica Luquero, que apunta a otros grandes aliados en su lucha: "¡Los curas obreros! El padre Llanos, jesuita, era el confesor de Franco y lo trajo a El Pozo para que lo viera. Tomaron su testigo, desde la parroquia de San Carlos Borromeo, el fallecido Enrique de Castro y ahora Javier Baeza". Ese espíritu quedó aún más de manifiesto cuando estalló la pandemia. Fueron los vecinos quienes compraron comida y medicamentos a los mayores, exponiéndose a multas. Hubo una red vecinal, tejida por 800 personas, denominada Somos Tribu VK, cuyo eco retumbó fuera de nuestras fronteras y fue galardonada con el Premio Ciudadano Europeo 2020.

Su origen estuvo en los grupos de WhatsApp, pero rápido dio paso a despensas solidarias. "La crisis sanitaria derivó en otra social. Lo que se vivió en Vallecas es consecuencia de años de abandono institucional", expone Marimar Amoedo, parte de esa red heterogénea. "Las peñas franjirrojas y las plantillas masculina y femenina ayudaron a título personal", desvela Iñaki Olazabal. "El barrio ha nutrido al Rayo de ese carácter", coinciden estos expertos en milagros: "Aquí los vemos cada día. El más grande es vivir con dignidad". Tirar para adelante, desde la participación. El colectivo. La *Tribu*.

11/100

REAL MADRID Y ATLÉTICO, DOS TRANSATLÁNTICOS DE VECINOS

Los primeros pasos de aquel Rayo aún en pañales llegaron en los trofeos de las fiestas y también con los retos a otros equipos, como si de batirse en duelo se tratase. Se asentó en el Campeonato Obrero (1931-36) y, tras la Guerra Civil, el club franjirrojo se inscribió en la Federación Castellana. A lo que le siguió su etapa en Regional, Tercera… Durante ese camino, alcanzó convenios de colaboración con Atlético y Madrid. Por sus bodas de plata, el 1 de julio de 1949, los vallecanos llegaron a un acuerdo con los colchoneros, con el que nació la Franja y que consistía en una ayuda económica y el présta-mo de jugadores a cambio del uso del Rodival. Transcurridos un par de años, en verano de 1951, el Rayo repitió, pero con el Plus Ultra, el filial blanco, lo que suponía el intercambio de futbolistas. Algo que perjudicó a los franjirrojos ese año, ya que los madridistas se llevaron a sus estrellas, Lolo y Pérez Cobo, a mitad de curso. El plan de los dos transatlánticos era moldear a sus promesas en Vallecas.

El descenso del Rayo a Tercera en 1961 hizo que cesara el inte-rés del Atlético, puesto que ya tenía al Cuatro Caminos en la ca-tegoría. Sin embargo, Bernabéu vio ahí una oportunidad y más, si cabe, cuando el Plus Ultra bajó en el 63. Se decantó por la Franja. "Juan Roiz Morante consiguió que Bernabéu se hiciera cargo de la deficiente economía del Rayo. Fue como un mecenas, incluso en contra de sus propios directivos", desvela Rosa de la Vega, autora de *Vallecas y el Rayo Vallecano, 1924-2011* (Fundación Rayo, 2012), en el que el hijo del presidente, Pedro Roiz Parra, relataba la reu-nión entre los mandatarios: "Bernabéu le dijo: «Te voy a ceder va-rios jugadores, pero el técnico debe ser Pedro Eguiluz». Mi padre se llevó un disgusto porque acababa de contratar a Olmedo. Esa noche ni cenó ni pegó ojo pensándolo, pero la reacción del entre-

nador fue la de un señor. «Haga lo que le piden», le respondió".
Esa 1964-65 ascendieron a Segunda.

La fiesta se alargó y la guinda fue el amistoso del 13 de junio de 1965 ante el Girondins. Un coloso para el que el Rayo reclutó a ilustres del campeón de Liga, como Gento, Puskas, Sanchís padre, Serena y De Felipe. Con tales refuerzos, los vallecanos se impusieron 2-0. Dos semanas más tarde, en agradecimiento por las ayudas, la Franja recibió al Madrid para otro amistoso (3-3) y otorgó a Bernabéu la insignia de oro y brillantes y le nombró socio de honor. Aquel vínculo se disolvió con la llegada de Pedro Roiz Cossío, el primo de Juan Roiz, a la presidencia. Su apuesta era un Rayo independiente y Bernabéu se repetía: "No hay nada que hacer. Vallecas es del Atleti".

Hubo caminos que el Madrid unió, pero también que separó. Ese es el caso de los jugadores rumanos Viscreanu y Sabou, que juntos regatearon la dictadura de Ceausescu (1974-89) con el Rayo como salvoconducto. El Dinamo de Bucarest vino a España para disputar el Trofeo Naranja y su plan de fuga pasaba por completar el vuelo Madrid-Fráncfort y allí poner rumbo a Australia. Salió mal y en Alemania los devolvieron a Barajas para su deportación. Su suerte cambió cuando se toparon con el comisario Ángel Antonio González. Su puente hacia Vallecas. Pasaron la prueba con el Rayo y el presidente, Pedro García, les arregló los papeles. Ese fue el principio del fin. Sabou fichó por el Castilla y rompió esa promesa de no apartarse de Viscreanu.

La convivencia entre clubes siempre ha sido cordial. Gracias a eso vistieron la Franja ilustres *yeyés* como Velázquez, Benito, José Antonio Grande, De Felipe, Veloso, Peinado... Y otras figuras como Iznata, Portugal, Urzaiz, Canabal, Baljic, Llorente... Incluso el portero Manuel Verdasco, abuelo del tenista Fernando Verdasco y célebre por haber salido ileso de dos accidentes de autobús, con el Plus Ultra y con el Rayo. Un hecho que aprovechó Luna Securit para convertirle en la imagen de una campaña.

También el Atlético ha sido fuente de refuerzos como los de San Román, Rivilla, Pizo Gómez, Diego Costa, Saúl... cuyas cesiones en Vallecas les sirvieron de trampolín al estrellato. No hay mejor escaparate que el del barrio.

12/100

PEÑALVA, EL PRIMER GRAN ÍDOLO RAYISTA

Entre trazo y trazo, el historiador Nieto-Sandoval le dibujó con escuadra y cartabón en mano. Quizá por sus pases medidos y sus tiros de falta. O porque, de joven, Manuel Peñalva (Madrid, 1935-2016) estuvo a punto de estudiar una ingeniería, la de Agrónomos. En esa encrucijada eligió el fútbol. Humilde y reservado, sus hijos encontraron en el Rayo ese vínculo que años después les sigue conectando a él. Para Marta, Manuel y Nuria era papá. Para el resto, el primer gran ídolo rayista. Se pasó más de media vida en Vallecas, aunque nació en Pacífico. Su padre —también Manuel— tenía una tienda de piensos y alfalfa para animales y el joven Peñalva repartía en un camión por las vaquerías. Mientras estudiaba en los Escolapios de San Antón, empezó a jugar en Las Californias, en la calle del Cerro de la Plata, hasta que la Franja lo fichó para el juvenil. La conocía porque el padre de Manuela, la que terminaría siendo su esposa, era Modesto Arregui, que llegó a ser presidente interino en la época de Rodríguez Alzola. El delantero, que era ambidiestro, debutó con el primer equipo en la 1953-54 y fue clave en el primer ascenso a Segunda (1955-56). "Lograron esa proeza sin medios", explica Marta, a lo que su hermano Manuel añade: "Llenaron el Metropolitano, los sacaron a hombros y luego hicieron una caravana de coches hasta la Junta, tocando el claxon". Con las mil pesetas de prima se compró un abrigo Loden en El Corte Inglés y, después, llegó por fin un contrato profesional. Esa era la anécdota que más le pedían en la Cervecería Torres, sede de la peña que él fundó, la Siglo XXI, aunque como jugador dio nombre a otra, la Peñalva. "Ir por Vallecas con él era pararse cada 50 metros. Todos le conocían, por las vaquerías o el fútbol", confirman sus hijos. A su boda en la basílica de Atocha fueron 600 invitados.

Peñalva era la referencia de una Franja a la que le pasaba de todo. "Un día nevó tanto que tuvieron que bajarse del autobús con las maletas en el Alto de los Leones y llegar al hotel caminando", apunta Manuel. Su padre se quedó con una espinita. "¡Irse al Atlético! Le querían cedido para cubrir una lesión, pero tenía ficha firmada con el Rayo y pedían una millonada. Los directivos no tuvieron compasión", lamenta Marta. El delantero no llegó a debutar con La Roja en unos Juegos del Mediterráneo, pero como técnico dirigió a la Universitaria (ahora la Sub-21) en Rumanía, que entonces pertenecía a la URSS. "Hicieron escala en París y los metieron en un avión de hélice, de esos como de la guerra. Pensaba que se iba a caer", desvela Marta. Nada más colgar las botas se hizo entrenador y dirigió al Rayo por propuesta del secretario técnico, Olmedo. Su recuerdo más dulce en el banquillo fueron las semifinales de Copa en 1982.

Era un continuo apagafuegos. Siempre dispuesto a ayudar, como jugador, entrenador, secretario técnico, coordinador de cantera, *scouting*... "Se iba con mi tío Ángel a ver partidos. ¡Le tocó un cordero en una rifa en Vallehermoso! Pero vivo, que se lo trajo en el Seat", ríe Marta, que recuerda a su padre dejándola cada mañana en la ruta para ir al colegio y llevándola de niña a ver a doña Marcelina, quien lavaba la ropa de la plantilla. Peñalva fue un símbolo y el ídolo de la infancia de Jesús Fraile —gerente del club antes y durante la época de los Ruiz-Mateos—, que propuso poner su nombre a los campitos anexos al estadio. Aquello salió adelante, pero el abandono de las instalaciones llevó a la familia a solicitar la retirada de la placa. Por desgracia, se quedó a un solo voto de que la calle de Manuel Peñalva fuese una realidad en peña Prieta. Marta va al Rayo con el abono de su madre y Manuel, al que hicieron socio con apenas dos días, mantiene el asiento de su padre. Además de sus doce acciones. Guarda entradas, el cartel de su retirada enmarcado, el chándal de la Selección... "Le hicieron un reportaje en su tienda. 'Balones y pájaros', tituló *As*. Allí iban a ofrecerle jugadores", revela su hijo. Peñalva siempre llevaba a sus nietos al fútbol. Ese fue el cordón umbilical entre la familia y el Rayo. Ese que sigue uniendo a Marta y Manuel con el recuerdo de su padre.

12+1/100

ÁNGEL NIETO, *EL VALLECANO* QUE PILOTÓ EL MUNDO

Nació en Zamora, en 1947, pero siempre se consideró vallecano. De hecho, ese era el apodo que pusieron a Ángel Nieto y que, décadas después, paseó orgulloso por todo el mundo. El piloto colocó Vallecas en el mapa. Ese barrio, donde se crio y al que llegó con apenas "uno o dos años". Su familia, como otras muchas de la época, dejó atrás la España rural en busca de un futuro mejor en la ciudad. Por entonces, el 12+1 veces campeón del mundo de motociclismo era el hijo de la Teresa, la de la pollería. "Cuando tenía la tienda era más popular que yo", reconocía. Su hogar en la calle Guillermo Pingarrón —la familia antes había vivido en el mar de casas bajas de Palomeras, más concretamente en la calle de la Sierra Nevada— se convirtió en el lugar al que regresar y el estadio del Rayo, en el primer testigo de la pericia del joven prodigio por unas Fiestas del Carmen. "En el campo, que era de tierra, logré la primera copa de mi vida. Quedé segundo en una yincana, que ganó Tomás Díaz-Valdés. Fue un poco tramposo. No me dejaron saltar un trampolín porque decían que era muy pequeño y me restó puntos", confesaba hace años. "Ahí ya despuntaba", le recuerda su amigo de la infancia Ángel Ortega, quien fuera presidente de los veteranos del Rayo y al que el piloto llamaba *Orteguita* y *Sor Citröen*. "Su madre decía que yo era el otro Ángel", apostilla.

La vida de Ángel Nieto cambió cuando entró en el taller de La Paloma de Tomás Díaz-Valdés en Vallecas. Sus ojos se iluminaron como los faros de esas motos que empezó a arreglar y el flechazo se confirmó como espectador de una carrera en el Retiro. Le llamaban *El Niño*. De ahí que pintara un chupete en el depósito de su moto durante sus primeras competiciones. Arrancó limpiando motores y terminó cambiando la historia. Esa que su inseparable Tomás, mentor y amigo, escribió para *As* y recogió en las páginas de su libro *Ángel Nieto, las curvas de la vida* (Motorpoint, 2017) tras su fallecimiento ese mismo año. "Yo trabajaba en Citröen y para llevarle a las carreras buscaba averías a algún coche y con ese nos íbamos donde se celebraran. Sin un duro. De hecho, volvíamos gracias al premio que le daban", asegura Ortega.

Ángel Nieto situaba sus primeros *flashes* de la Franja en el Rodival, aunque tenía más consciencia del *Matagigantes* de Felines y Potele. "Eran muy pequeñitos, pero jugaban de coña. Con 12+1 años ya venía a este campo...", bromeaba sobre un estadio en cuyo palco presenció un derbi ante el Real Madrid. Ese mismo que le recordó con un emotivo minuto de silencio cuando su motor dejó de rugir. Antes, el vallecano se había subido a 139 podios, había ganado 90 grandes premios, había coleccionado 34 poles y tenía esos 12+1 títulos mundiales (seis en 50 cc y siete en 125 cc). Incluso se vistió de corto en algunos partidos de toreros contra artistas en Vallehermoso. Sobra decir que era supersticioso... Un domingo 13 sufrió uno de sus peores accidentes en Benidorm. Borró esa cifra de su vocabulario.

Su barrio no le olvida, como tampoco él olvidó a Vallecas. "Siempre tira, no reniego de mis raíces y me acuerdo cuando venía por estas calles haciendo el cabra", reía en una de sus últimas charlas. El centro deportivo municipal de la calle Payaso Fofó, junto al estadio de Vallecas, lleva su nombre y una placa atestigua, en ese número 5 de Guillermo Pingarrón, el lugar exacto donde vivió este "héroe", como le definió el entonces concejal-presidente del distrito, Paco Pérez, durante un acto con su familia. "Lo es porque a sus habitantes siempre les había tocado estar en las últimas filas y, para llegar a la *pole* social, él tuvo que adelantar a muchos pilotos", le dibujó, transportando a propios y extraños a sus imágenes con la corona de laurel. Allí, en el polígono industrial Villa de Vallecas, montó una ITV en 2014 y la Fundación Ángel Nieto quiere que sus vecinos puedan disfrutar de su museo, con sus motos campeonas, sus trofeos... Para dejarles constancia de dos cosas: que se puede rodar y dejar atrás los obstáculos y los prejuicios dándole gas y que un vallecano puede pilotar el mundo en una, dos, tres... y hasta 12+1 ocasiones.

14/100

PASCUALÍN, EL VALIOSO ENLACE DE LAS PEÑAS

La chispa de esta figura insólita prendió en un hito histórico. Pascual García Mora (Linares, Jaén, 1919 – Madrid, 1993), también conocido como *Pascualín*, ocupó el puesto de delegado de las Peñas Rayistas, que el presidente Juan Roiz creó en la 1962-63. Su función tenía una importancia capital por la explosión de peñas que se había vivido con el primer ascenso a Segunda (1955-56). Aquella temporada más de 2.000 personas se desplazaron hasta Aranjuez en una caravana mítica. El club, a través de su vocal Luis Pérez López, contrató autobuses y negoció las entradas para su gente. La ilusión de los aficionados fue creciendo como una bola de nieve hasta el Metropolitano. Allí se decidió la liguilla de ascenso, dada la imposibilidad de jugar en Vallecas por el alto precio del alquiler. Manchado repitió la alineación de la ida y los petardos fueron la banda sonora de la grada con ese 5-2 al Tarragona. "Aquel fue el primer gran milagro de la Franja. Subir a Segunda suponía atravesar la frontera y salir en las quinielas, en los periódicos… Y todo esto con un equipo formado por tres administrativos, dos carniceros, un estudiante de Medicina, un sastre, un peluquero, un repartidor de alfalfa, un fumista, un soldador, un lechero… ¡Y solo tres profesionales! Fue la culminación a todo el trabajo hecho tras la Guerra Civil", asegura Juan Jiménez Mancha, autor de *Los orígenes del Rayo* (Vallecas Todo Cultura, 2017), libro que termina precisamente con este mágico instante.

Pascualín era parte de aquella afición, de los fieles que viajaban con el equipo, por lo que parecía predestinado a fundar una peña. Creó OTER en 1959. El descenso a Tercera de la 1960-61 dejó tocada la maltrecha economía franjirroja —una constante en el tiempo— y un grupo de personas, entre las que estaba Pascual, llamaron a todas las puertas para tratar de salvarlo. Se abrió la de Bernabéu, presidente del Madrid, y sacaron adelante ese *match ball*. Ahí es cuando el vocal fue designado delegado de las peñas, lo que ahora equivaldría al enlace con la afición. Una figura que se ha reivindicado en más de una ocasión. Llamaba la atención la buena relación entre Pascual y Juan Roiz, en las antípodas en lo ideológico. El primero fue militante del PSOE y después del Partido Comunista. Y el segundo, muy de derechas, como el resto de su directiva, integrada por Pedro Torres, comisario jefe del distrito de Vallecas, y Pedro Roiz Cossío, consejero provincial y jefe local del Movimiento y futuro presidente del Rayo.

Pedro y *Pascualín* llegaron a ser muy amigos. Bajo su mandato, a principios de 1967, se contabilizaron 21 peñas oficiales, el claro ejemplo del buen hacer de su delegado. Juntos vivieron montones de anécdotas. Una de ellas sucedió un día de junta... Pascual fue encarcelado y el presidente tuvo que ir a sacarlo para que la reunión se pudiese celebrar. Le reprendió, con ese punto de confianza y cariño que se tenían, porque su amigo seguía enciscado con los guardias: "¡Anda, tira para allá!". La relación entre ambos saltó de lo profesional a lo personal. De hecho, uno de los nietos de *Pascualín* se llama Pedro en honor a Roiz Cossío, que se convirtió en su padrino. Pascual compaginó su labor con las peñas con otras dentro de la entidad hasta la 1973-74. Dimitió con la satisfacción de haber sido una persona clave en la creación de la primera peña rayista de fuera de Madrid, la de Santander (1972), y la de haber visto jugar a su hijo Miguel en las categorías inferiores.

Él plantó la semilla con su forma de entender la animación en Vallecas y terminó germinando. *Pascualín* abogaba por los cánticos, no por pitos. Por el aliento, no por el reproche. Y para quienes lo hacían tenía una palabra: "reventadores". Él remaba a favor de que la masa social creciera, de que el Rayo fomentara las actividades de las peñas y dignificó esa labor de puente entre el club y la afición. Cuando Pascual falleció en 1993, con los Ruiz-Mateos, no se guardó un minuto de silencio. Sin embargo, Vallecas honra a los rayistas de su estirpe en cada partido, con sus ánimos, sus aplausos. Esa ha sido su valiosa cosecha.

15/100

EL PRIMER EQUIPO CON METRO

Dice el anuncio que Metro de Madrid vuela. Y el tiempo más si cabe. La estación de Portazgo vio la luz un 2 de julio de 1962, convirtiendo al Rayo en el primer equipo con parada al lado de su estadio. Ni el Madrid (Bernabéu) ni el Atlético (Metropolitano) gozaban de tal privilegio por entonces. Las fotos en blanco y negro muestran una Avenida de la Albufera distinta. "La Gran Vía de Vallecas", como la definían. Por algo era la arteria comercial del barrio. La salida de dicha estación aparece en la película *Beltenebros*, de Pilar Miró, aunque trampean las fechas. El film está ambientado en la posguerra (1940) y Portazgo no se inauguró hasta 1962. Una pequeña licencia artística.

Mucho antes, en 1923, la línea 1 había llegado hasta Vallecas. El tercer municipio más poblado de la provincia. Algo que, a priori, no entraba en los planes. El libro *100 años de la línea norte-sur: de la Puerta del Sol al Puente de Vallecas* (autoedición, 2021), de Antonio Martínez, detalla que ese giro en el trazado se introdujo para pasar por la estación de trenes de Atocha y terminó comunicando a dos de los principales núcleos obreros (Cuatro Caminos y Puente de Vallecas) con el centro de la ciudad para ir a trabajar. El 4 de mayo se inauguró ese tramo desde Atocha de 2.297 metros y tres estaciones: Menéndez Pelayo, Pacífico y Puente de Vallecas. Esta última se encontraba a 8 kilómetros del origen y fuera del término municipal de Madrid, al otro lado del Arroyo Abroñigal. La decoración estuvo en manos del arquitecto Antonio Palacios, que abogó por un estilo neomudéjar, donde los azulejos cumplían una doble función: la de decorar e iluminar. De Sol a Puente de Vallecas no se tardaban ni diez minutos y el billete costaba 25 céntimos, lo que generó las protestas de los vecinos, que pagaban 15 por el tranvía. "Me contaba mi tío Nicolás que muchos jugadores del Rayo subían caminando desde esa parada de Puente hasta el estadio", recuerda Toñi Sanjuán, hija del abonado que más tiempo ostentó el número 1. Su tío Nicolás le habló de cómo esos túneles servían de refugio para los bombardeos de la Guerra Civil —los habitantes de Nueva Numancia y Portazgo no tenían tiempo para acercarse allí— y de cómo años después se inundaron con las crecidas del Arroyo Abroñigal, ahora soterrado bajo la M-30. Las bocas de metro vomitaban agua y existen fotos en las que se ven barcas navegando en peña Prieta.

Portazgo fue final de la línea 1 hasta el 7 de abril de 1994, cuando se amplió a Miguel Hernández. Algunos vecinos aparcaban sus coches en las calles aledañas al estadio para moverse en metro. Ese era el caso del periodista Antonio Luquero para ir al trabajo. "Un día me habían dejado en doble fila un Mercedes enorme y me asomé por la puerta de vestuarios del Rayo. Grité y, como nadie me oía, subí. El coche era de Hugo Sánchez, que bajó a quitarlo", ríe el vallecano. Con las matrículas de los integrantes del *Matagigantes* se aprendió los números Julia del Mar, de *Marca*, que ahí cogía el metro en el destierro a Vallehermoso: "Cuando los niños nos cansábamos, los mayores nos cogían. A mí siempre me llevaba Isi, el utillero". La expansión de esta red de transporte continuó. A Congosto llegó en marzo del 99 y al Ensanche de Vallecas, en mayo de 2007. También se dotó de identidad a la estación de Portazgo. El 20 de mayo de 2019 se inauguraron los ascensores que conectaban con los vestíbulos y la nueva decoración, salpicada de detalles rayistas, como fotografías de algunos ascensos, alineaciones de equipos míticos e incluso una breve historia de la entidad.

Se han subido a esos trenes, con destino al estadio, técnicos como Paquito y jugadores como Landáburu, Jofre, Cristian Álvarez, Dimitrievski... "Nadie me conoce y no hay peligro, puedo ir tranquilamente", confesaba Iriney nada más aterrizar en el barrio. El brasileño compartió piso con cinco canteranos al lado de la estación de Miguel Hernández de cuyas tareas se encargaba María José. La *mami* de futbolistas como Lass y Leo Baptistao, quien siempre que regresa a Madrid, la llama. Porque hay vínculos que los *metros* no deshacen.

16/100

FELINES, EL *INIESTA* DEL RAYO

Nació pequeño para ser grande. El más grande del Rayo, según una encuesta realizada por *Unión Rayo* en 2020. Félix Bardera Sierra tiñó el 6 de octubre de 1943 de rojo en el Santoral rayista, aunque no sería hasta años más tarde cuando surgiera la leyenda bajo el nombre de Felines. Sus padres, Santiago y Gregoria, cambiaron su Pedro Bernardo (Ávila) natal por Carabanchel Bajo. Félix no podía estarse quieto. "Mi abuela le llamaba *titiritero*. Siempre estaba haciendo bromas. Y cada vez que veía algo, iba a darle patadas. Mi madre le pedía que parase porque no ganaba para zapatillas", recuerda Julia, la mayor y única mujer de los cinco hermanos. Aunque las regañinas no eran severas porque Félix era el ojito derecho de su madre. "Cuando salía en el periódico compraba toda la tira. Al fallecer, vimos que tenía dos cajones de su mesilla llenos de recortes suyos", se emociona.

Félix montó su primer equipo con los amigos y lo bautizó como Motores, por la fábrica que había enfrente. Los descampados eran sus estadios. Las piedras, la portería. Y los golpes, lo habitual. "Había un poste de madera en el centro del campo y me di un cabezazo...", se carcajea Felines, que siendo un niño se alistó en el Postal, de Tercera Regional, donde militaba su hermano Antonio. Eran uña y carne. "Yo jugaba de medio, pero no valía tanto. Me estanqué, mientras Félix iba para arriba", explica Antonio, a quien apodaban *El Sedita*. "Era muy fino. Lo que pasa es que le gustaba más el cachondeo que el balón", desvela Ángel, el benjamín de la familia. Algo que Julia corrobora: "Félix era más disciplinado. No salía y si lo hacía estaba a su hora". Si el fútbol era su pasión, el trabajo era la obligación. Félix tenía que ayudar en casa y probó como ebanista. Pedía permiso para entrenar a la hora de comer y ahí le cazaron los ojeadores del Carabanchel. Con su primer sueldo (3.000 pesetas) regaló una mesa de formica a su madre.

Explotó y la Franja ya le tenía en agenda. Nada más fichar, en la 1964-65, Felines subió con el equipo a Segunda. Repitió con el ascenso a Primera (1976-77), algo que volvió a emular desde el banquillo en la 1988-89. Quienes le vieron sobre el campo le comparan con los más grandes. "Es el Di Stéfano del Rayo". "Jugaba como Iniesta". El extremo, que terminó de interior creador, se caracterizó por su visión de juego y su regate. Y lo pagó con dos fracturas de tibia en su carrera. Precisamente, una lesión le relegó a un papel más testimonial en el *Matagigantes*. "Era muy *chispilla*, se colaba por donde quería", le define su hermana mayor, a lo que el pequeño añade: "Se iba de todos con filigranas y le daban cera".

Su vida deportiva siempre estuvo ligada a la Franja, aunque Bernabéu le tanteó y Calderón le fichó… por unas horas. El presidente del Madrid fue el primero en fijarse en él y en su apenas 1,61 de estatura. A su pregunta de qué hacer con el pequeñín, respondió con dos comidas a la semana en un restaurante de la calle Hartzenbusch a cuenta del club blanco. Primero, segundo y postre no fueron suficiente alimento para dar aquel salto. Aunque para *interruptus* el del verano del 66. Felines acudió a la sede del Atlético para firmar como sustituto de Collar. Calderón le convenció porque el futbolista pensaba que le iban a ceder, pero la realidad pasaba por jugar en Primera ganando el doble que en el Rayo. Todavía era *amateur* y no necesitaba traspaso. Sin embargo, la alegría duró lo que el presidente franjirrojo, Pedro Roiz Cossío, tardó en enterarse. Le obligó a romper el acuerdo ese día, temeroso de la reacción de la afición. Calderón lo entendió y no quiso malos rollos. No fue el único icono rayista que pudo ser colchonero. El Atleti también intentó fichar a Míchel décadas después.

Felines pasó a ser profesional y se quedó toda la vida (13 temporadas, 1965-78) por el derecho de retención. Las vitrinas de su salón albergan sus premios, aunque más escondida tiene la camiseta roja que vistió con la Selección *amateur*. Eso sí, el galardón más importante lo recibe cada día por las calles de Vallecas. El cariño de su gente. Esa cuyo mayor tesoro es compartir anécdotas con él… Su Iniesta. Su Di Stéfano. Su todo.

17/100

EL RAYO TAMBIÉN JUGÓ AL BÉISBOL

No solo de fútbol viven los clubes. Al menos esa fue su reflexión durante las décadas de los 50 y 60, en las que muchos de ellos se lanzaron a moldear también otras secciones. Madrid y Atlético crearon su propio equipo de béisbol, espoleados por un contexto que parecía propicio por la ingente presencia de americanos en las bases militares y la llegada masiva de cubanos, que veían España como el trampolín perfecto para dar el salto a Estados Unidos con un visado de trabajo. Pasó el tren y el Rayo se subió en 1966. No titubeó. Pedro Roiz Cossío, en una de sus primeras decisiones al llegar a la presidencia y a través de la figura de Antonio Sabugueiro, como delegado responsable de todas las secciones, impulsó un proyecto tan fugaz como brillante, puesto que los franjirrojos se alzaron con un título de Liga Nacional (1970) y participaron en una competición europea durante sus siete temporadas de vida. Pasaron de revelación a referencia en un abrir y cerrar de ojos.

Ese recién nacido Rayo Vallecano La Casera, que adoptó tal apellido por su patrocinador, se nutría de jugadores del Piratas, un club ubicado en la calle Narváez. No obstante, el hogar de los franjirrojos se situaba en La Elipa, en los campos de la Escuela de Fútbol de AFE. Tal y como detalla el libro *Strike-Three* (Fundació Barcelona Olímpica, 2010), de Julio Pernas, los rayistas solo necesitaron dos campañas para ascender a Primera, en un partido contra el Antorcha de Valencia que se disputó en Vigo, y otras dos para asaltar el campeonato de España, tanto en la categoría juvenil (Gómez, Martí, Escobar, Bell, Rafer, C. Gómez, Gallego, Borell y Gimeno se impusieron al Roca) como en Primera (Pedrosa, Pérez, López, Latona, Barrio, Torres, Botella, Hurtado y Rivas vencieron al Picadero). De hecho, Rivas fue elegido el mejor lanzador.

Su periplo no quedó ahí y meses más tarde se alzaron con la Copa del Turismo y la Copa Federación. Si bien es cierto que los éxitos de los vallecanos escondían mucho trabajo. El cuerpo técnico se buscó un buen *sparring* y entrenaban compitiendo con los soldados americanos de la base de Torrejón. "Allí comprábamos el material", rememora Jorge Carretero, que antes de ser directivo-portavoz de la RFEF perteneció al *staff* de la sección de béisbol franjirroja y fue uno de los fundadores de la de baloncesto. El Rayo Vallecano Chesterfield lideró el grupo 4 del Campeonato Nacional de Tercera y consiguió el ascenso a Segunda en la 1972-73.

Por su parte, el Rayo La Casera celebró su lustro de vida (1971) de la mejor manera posible, disputando la Copa de Europa de béisbol. Algo impensable cuando se embarcó en dicha aventura. Los cuartos le depararon un rival asequible: el Paris Université Club (PUC). "Estuvimos en París. Fui con el entrenador Santiago Fernández y el presidente Pedro Roiz a un bar que se llamaba Pussy Cat. Como estaba dirigido a turistas, iban sacando gente del público a hacer pruebas y nos quedamos los últimos un americano y yo. Me tocó un *striptease* y cuando me tenía que quitar la prenda que me quedaba me taparon y nos invitaron a champán", ríe Carretero, el ganador de dicho reto. También cumplió el equipo.

Aquel conjunto franjirrojo llegó hasta semifinales, momento en que se topó con el campeón europeo, el Europhon de Milán. Ese 25 de julio, La Elipa se llenó con más de 2.000 espectadores y la contienda estuvo muy igualada, pero se terminó decantando hacia el lado italiano. Ese adiós y el subcampeonato de España en el 72 fueron el preludio del cierre definitivo de la sección al año siguiente. El nuevo presidente, Marcelino Gil, se desentendió de un equipo que nunca arrastró afición. "Los socios no se hacen por eso. Eso sí, el club vallecano recibió un premio porque apostó por multitud de secciones como tenis de mesa, *rugby*, hockey patines, balonmano, baloncesto, petanca… ¡Incluso colombicultura! ¡Sí, lo de las palomas!", apunta Carretero. Ironías de la vida, al Rayo finalmente le absorbió el equipo de El Corte Inglés, cuya mítica valla publicitaria en La Elipa sobrevivió a todas las secciones de la Franja… Pero no a su leyenda.

18/100

FOFÓ Y LOS PAYASOS...
DE VALLECAS

"¿Cómo están ustedeeees?". Jamás una frase fue tan ligada a una imagen, la de Fofó y los Payasos de la Tele —ese trío que formó con sus hermanos Gaby y Miliki—, con cuyas canciones crecieron varias generaciones. A Fofó su aire dicharachero y despistado le ayudó a colarse en miles de hogares y corazones, aunque el suyo siempre estuvo en Vallecas. Nació en la madrileña calle de Barbieri, pero creció en Puente. Allí, en la calle Montseny, vivieron su padre Emig y sus tíos Pompoff y Thedy en un hotelito que construyeron. Durante la Guerra Civil cavaron zanjas alrededor de su casa para protegerse de los bombardeos, como otros vecinos del barrio, con los que siempre se implicaron. "Las puertas de nuestra casa están abiertas para los antifascistas y en nuestra mesa se sientan muchas personas necesitadas", admitía Thedy décadas atrás y lo corrobora su sobrino nieto, Rody Aragón: "La abuela cocinaba y comían vecinos. Era una especie de albergue. Se lo escuchaba decir a la gente de Vallecas cuando jugábamos mi primo Emilio y yo en la calle. Mi padre y mis tíos se emocionaban. Repetíamos lo que ellos hacían".

El 7 de febrero de 1923 nació Alfonso Aragón Bermúdez, aunque la leyenda de Fofó tardó más en forjarse. "Mis padres se conocieron en el barrio. Él tenía 8 años y ella, 5. Mi madre, Juana, vivía en el portal de al lado. Fue una vallecana orgullosa. No decía que era de Madrid, sino de Puente. El alcalde Álvarez del Manzano la mencionó cuando pusieron Payaso Fofó a la calle", recuerda Rody, que tenía 17 años cuando falleció su padre, el 22 de junio de 1976, por una hepatitis. Apenas un año más tarde el nombre de Fofó quedaría ligado para siempre al del Rayo. "Era el equipo de su infancia y tenía locura con él. Fue de película. Mi hijo comparte nombre y colores con mi padre. Alfonso hizo un campus del Rayo y conoció a Amaya y De Tomás", desvela. Rody ha llevado a su hijo varias veces al estadio. La primera, con 9 años, vio la placa de la calle y masculló: "El *abu*". De mayor, quiso dar su sitio a Rody. "Ese es el padre de este", señaló para sorpresa de los viandantes, que se arremolinaron alrededor del payaso. "¡La que se lio! Me reconocían de la tele", asegura Rody.

La calle no es el único vínculo de Fofó con Vallecas. En Villa, en el Cementerio Municipal, reposan sus restos. Es fácil encontrar su tumba. El escultor Santiago de Santiago se ofreció para modelar su cara, que ilumina esa tierna sonrisa con su característica nariz de payaso. Exactamente el mismo rostro de la estatua a tamaño real en el Parque de Atracciones, realizada también por De Santiago. La imagen de Fofó inspiró, además, material de Bukaneros, donde se ve al payaso con un arma y el eslogan: 'No somos violentos, somos divertidos'. La Franja y el barrio han estado presentes en la vida de todos los hermanos Aragón. También de Miliki. De ahí su guiño en El Circo del Arte. "Tenía una parodia en la que decía: «¿Sobran puntos? Oye, pues dádselos al Rayo, que los necesita más»", recuerda David Arranz (Madrid, 1975), quien fundó en 2003 su propio circo, Alpha Circus. La culpa fue de su mujer, Mari Carmen, la quinta generación circense. El toque rayista no podía faltar. "Mandé hacer la carpa roja con la espiral blanca, como si fuera nuestra segunda equipación. Siempre actúo lejos de Vallecas y jugamos como visitantes", bromea David, de la peña Planeta Rayista.

A su espectáculo han ido jugadores como Yuma y Rafa García. Este último del pueblo de su mujer. "Se le ve corriendo de fondo en el vídeo de nuestra boda. Cuando debutó, Quique soltó en su retransmisión en Radio Libertad: «*David Circo* será el más feliz del mundo». El Rayo es como el circo, una gran familia", asiente. Si el payaso ve entre el público a vallecanos, introduce algún guiño en sus números. Además, hizo un espectáculo benéfico para la Fila 0 creada por los impagos de los Ruiz-Mateos. El humor no puede faltar. "Cuando el filial y el Femenino jugaban en la Torre, junto al cementerio, y el balón salía alto los abonados antiguos solían decir: «Cuidado, a ver si vas a dar a Fofó»", cuenta con una sonrisa. Esa que nos alegra el corazón en el gran circo de la vida.

19/100

LA LOTERÍA DE POTELE

El Rayo fue la suerte de su vida y, durante medio siglo, Potele se ha dedicado a repartirla desde su administración de lotería. Primero regentada por él y después por sus hijos Juan José y Daniel. Loterías Potele se localiza en Moratalaz, en la calle Hacienda de Pavones, 204. Al icónico delantero se le encendió la bombilla en una de esas caminatas hasta el barrio de Estrella, casi en la calle Doctor Esquerdo, para echar la quiniela. "Solicité la Administración, me la concedieron y compré el local. Desde entonces, hemos repartido varios premios, entre ellos un segundo de la Lotería del Niño", explica Potele, que en Navidad surte de décimos a toda la familia rayista. Desde los veteranos a las peñas, pasando por la Fundación. Esos números premiados se mezclan en su local con el escudo franjirrojo y fotos del delantero vestido de corto y de alineaciones donde se reconocen caras como las de Felines, Benito y Toni Grande. Chufi, otro ex del Rayo, siguió sus pasos como lotero.

José González de la Vieja, el hombre bajo el pseudónimo de la familia, nació el día de Año Nuevo de 1947 en la Casa de Socorro de la calle de la Peña Gorbea. Situada en el Bulevar. Potele es un vallecano orgulloso, como sus padres, abuelos, bisabuelos, tatarabuelos… Y también un *killer* nato. Ambas cosas le corren por las venas. El delantero, que apenas llega al 1,60 de altura, se hinchó a marcar goles entre los 60 y los 70, hasta el punto de que aún es el máximo realizador del Rayo: 67 dianas en 224 partidos. Las mismas que otro ilustre vecino, Míchel (eso sí, *El Niño* en 425 encuentros). Entre sus hitos están haber anotado diez tantos en un duelo contra un equipo de aficionados —gracias a eso salió en el periódico *Pueblo*— y haberle marcado de cabeza a Iribar. "Es muy listo y muy pillo y el mejor delantero que he tenido de compañero", confiesa Felines, su otra mitad. Inseparables dentro y fuera del campo. Por los siglos de los siglos. "¿Potele? ¿El chiquitajo ese? ¡Claro que teníamos relación con él! Era más pequeño que mi hermano", ríe Julia Bardera, la hermana de *Felo*. Ellos mismos siguen alimentando los chascarrillos sobre su estatura. "Veloso le dijo al de la puerta del campo del Orense que no dejara entrar a un niño que se colaba… ¡A mí! Estuve más de media hora explicándole que era futbolista. Tuvo que salir nuestro delegado, Ruano, para que me dejaran pasar", admite.

A lo largo de sus once temporadas en el Rayo, Potele despertó pasiones. "Yo quería ir con él hasta en las pachangas. Como ganábamos cuatro reales nos daban unas primillas y, cuando el partido se nos ponía mal, le dábamos el balón a él. O le hacían penalti o marcaba. Los martes íbamos a cobrarlas…", le recuerda Felines. El "*9*" era el favorito del actor José Bódalo, que pasó de tenerlo como ídolo a ser su amigo. De hecho, el libro *José Bódalo, maestro de la escena* (CVC Ediciones, 2016), de Carlos Arévalo, desvela cómo llega hasta la Franja. Fácil. Siguió los pasos de Elías, un utillero de entonces, que trabajaba como extra en el cine. Allí se conocieron y Bódalo frecuentó tanto Vallehermoso como el nuevo Vallecas. "Decía que iba a ver el Madrid por Amancio y el Atlético, por Ufarte. Al Rayo venía por mí. Él se trajo alguna vez a Alfredo Landa y yo solía ir a ver sus obras al Teatro Calderón", esgrime Potele. Aquellos años asomaron más celebridades, como Paco Rabal, Manolo Escobar, José Luis Garci, Arturo Fernández…

Daniel pone mucha atención cada vez que hablan de su padre. "Tenía poco más de un año cuando se retiró", lamenta, aunque va reconstruyendo el puzle con las batallitas que le cuentan. Del primer ascenso a Primera, del *Matagigantes*… "Sienten un gran cariño por él. Es más, nunca se quiso ir del barrio. Su sitio es este", ratifica su hijo. Razón no le falta. El Madrid le tentó durante la época en la que tuvo un acuerdo de colaboración con el Rayo. "Lo rechacé porque trabajaba aquí", recuerda como si tal cosa. En eso, Potele salió a su padre: "Decía que Madrid era un pueblo de Vallecas". No necesitaba más porque él ya lo tenía todo. La suerte del gol y de hacer feliz a los demás, bien fuera como delantero o como lotero.

20/100

LAS FOLCLÓRICAS Y LAS FINOLIS *JUGARON* EN VALLECAS

Nunca se juntó tanto arte sobre el césped de Vallecas. Por nombres, podría tratarse de uno de los mejores festivales de la época. Sin embargo, Lola Flores, Rocío Jurado, Conchita Bautista, Marujita Díaz, Encarnita Polo, Luciana Wolf y Mara Lasso, entre otras, fueron las cabezas de cartel de un encuentro benéfico entre folclóricas, vestidas del Betis, y finolis, del Rayo, celebrado el 3 de enero de 1971. Para ellas, el fútbol fue solo una excusa para hacer su espectáculo y recaudar fondos para las guarderías del Patronato de Nuestra Señora del Socorro. Sin embargo, algunas de las jugadoras de la época como Concepción Sánchez Freire, más conocida como Conchi Amancio, denunciaron que aquello no las ayudó a que las tomaran en serio. "Nos hizo mucho daño. Fue un palo tremendo para nuestra lucha", recordó décadas después en *As*. El 8 de diciembre de 1970 se había celebrado el primer partido oficial de fútbol femenino en el campo de Boetticher en Villaverde. Rafael Muga desafió las normas e impulsó esta cita, que reunió a 8.000 personas para ver la goleada del Sizam al Mercacredit (5-1). Las cinco dianas llevaron la firma de una jovencísima Conchi Amancio, de solo 13 años. Nada más pitar el final, la Guardia Civil se llevó al promotor hasta el cuartelillo. "Sentí miedo, pero me salvó que conocía al sargento porque era vecino mío. Yo se lo dejé caer...", admite Muga, quien regateó la detención, pero no los prejuicios. Tras una década en la clandestinidad, la Federación admitió el fútbol femenino el 21 de octubre de 1980.

Esta idea de las folclóricas y las finolis la alumbró el presidente del Rayo, Pedro Roiz Cossío, también jefe local del Movimiento. "Montó este *show* después de haber sido nombrado observador del fútbol femenino por la Federación. Quería desprestigiarlo y erradicarlo, pero no lo consiguió", sentencia Muga, que se presentó en Vallecas, acompañado por una docena de personas del Olímpico de Villaverde, su club, para oponerse a la cita: "Dejamos unas octavillas en los coches que estaban aparcados en la puerta del estadio. Ahí se reivindicaba el fútbol femenino serio y no esa pantomima a la que, por supuesto, no entré". Bastaba asomarse al NO-DO para ver la caricaturización. "Hubo peloteo, autógrafos y unos pasos de flamenco y olé, a cargo de Lola Flores", decía la voz en *off*, mientras la secuencia mostraba a Rocío Jurado dando palmas, a Marujita firmando y mirando a cámara y a *La Faraona* bailando sevillanas en un campo lleno. "Encarnita Polo echa un trago para ponerse en forma y comienza un choque que resultó, desde luego, sensacional. Fue una verdadera lástima que el seleccionador nacional (*entonces, Kubala*) no lo presenciara porque habría resuelto todos sus problemas", bromeaba esta crónica, más cinematográfica que deportiva, sobre un partido que nadie se tomó en serio. "Las folclóricas marcaron un gol que luego no valía, hubo también algunos pases muy templados que no llegaron a cuajar, pese a que hacía cuatro grados bajo cero… El árbitro quiso conceder algunos goles *honoris causa*, pero tampoco pudo y se acabó lo que se daba", finalizaba la pieza de la ida. La vuelta se disputó en el Villamarín en marzo.

El tinte solidario de la cita convenció a las artistas. A las que se sumaron otras estrellas, como los actores Juan Luis Galiardo y Manolo Gómez Bur. El primero ejercía las veces de árbitro y el segundo, de masajista. Si ellas eran el plato fuerte, los entrantes corrieron a cargo de otro encuentro entre toreros y artistas, con rostros conocidos como los de Ángel de Andrés, Tony Leblanc y Víctor Manuel en el menú. Una fórmula que se recuperó esporádicamente alguna Navidad (2018 y 2019), donde reinan otros clásicos como la San Silvestriña o el Torneo Benéfico Isidro Guijarro. Aquel 'artistas *vs.* famosos' reunió a exjugadores (Martín Vázquez, Buyo, Pantic, Hierro…), actores (Juan José Ballesta, Adrián Lastra…), cómicos (José Mota, Florentino Fernández, Santiago Segura…) y toreros (Ortega Cano…). Ahí no estuvo el NO-DO, pero sí las revistas de papel *couché*. Bastante más benévolas.

21/100

JENNI Y CLAUDIA, DOS EX CON ESTRELLA

El Rayo tiene estrella. Su suerte es que dos de sus exjugadoras, Jenni Hermoso y Claudia Zornoza, se coronasen como campeonas del mundo con la Selección. Aquel 20 de agosto de 2023 es un día para el recuerdo y el suyo sigue vigente en Vallecas. "Jenni explotó en nuestro equipo. ¡Uf!, contaba unos chistes tan malos… Siempre estaba de risas. Mientras que Claudia era más calladita", explica la guardameta Alicia Gómez. Otra leyenda del club, Natalia Pablos, se remonta aún más atrás: "Coincidí con Jenni en la madrileña y años más tarde en la Absoluta, pero aún no era de las importantes". Ambas pasaron por el barrio, aunque su estancia no duró lo mismo. Jenni militó en las filas vallecanas de 2010 a 2013 y conquistó una Superliga (2010-11) en una temporada marcada por los impagos. La de Carabanchel fue la heroína, gracias a su gol contra el Espanyol, el definitivo 1-2. Algo que también vivió Claudia, quien solo vistió la Franja aquel curso. "Jenni vino al primer partido que organizamos de 'Amigos de Alicia contra Amigos de Natalia'. Jugué en su equipo y es alucinante cómo regatea y marca. Además, era el alma de la fiesta", la define Alberto Leva, fundador de *Matagigantes.net*.

Hoy es el Barça quien nutre a la Selección. No siempre fue así. "Hubo una época en la que el Rayo era una referencia", asegura Alicia. Muchas de sus jugadoras coparon las listas de La Roja, como Natalia, que ya vivió una pequeña revolución con la salida del seleccionador Ignacio Quereda. Casi tres décadas marcadas por las vejaciones ante las que la Federación guardó silencio. Ya en 1996 sus predecesoras habían escrito una carta poniendo el foco sobre el técnico y sus formas, antiguas y despóticas, pero no sería hasta verano de 2015, después de la eliminación de España en el Mundial de Canadá, cuando las 23 jugadoras emitieran un comunicado. Su grito de auxilio. "No éramos conscientes del daño que nos estaba haciendo. ¿A quién se lo decíamos? Teníamos miedo a quedarnos sin Selección", se arranca la delantera franjirroja, protagonista de una célebre imagen en la que se ve a Quereda tirándola de la oreja. A lo que Alicia puntualiza: "Ahora se las escucha". La realidad era diferente entonces. "Muchas renunciaban a ir con España por esas humillaciones y ese control. Era la vejación por la vejación", sentencia Natalia. La Roja fue la asignatura pendiente de Ali. No llegó a debutar.

Finalmente, el cambio en el banquillo se produjo, aunque el mayor *tsunami* lo desencadenaron el Mundial y Rubiales años después. El presidente de la Federación besó (sin consentimiento) a Jenni Hermoso en plena celebración, en un acto que condenó el mundo entero. El Rayo no se pronunció, pero sí su entonces capitán Trejo: "Hay actitudes y comportamientos con los que no podemos mirar hacia otro lado. Vos, que defendiste nuestra camiseta, sabes que en este barrio luchamos y defendemos los mismos valores. Estamos contigo, Jenni". *Financial Times* incluyó a la delantera como una de las mujeres más influyentes de 2023 por su simbolismo y *The Guardian* la escogió como la futbolista del año. El mismo en el que terminó presentando las campanadas en La1. Es icono de la lucha contra el machismo y de ese movimiento —*Se Acabó*, el *Me Too* español—, liderado por ella y secundado por la ganadora de dos Balones de Oro Alèxia Putellas, que propició las marchas de Rubiales y del seleccionador Vilda. Una reacción en cadena, que terminó con Sonia Bermúdez (otra ex de la Franja) como seleccionadora de la Absoluta en 2025. "Por un suceso muy desafortunado se han conseguido las acciones más afortunadas del fútbol femenino español. Llegaron cambios que nadie se imaginó en una estructura tan patriarcal como la Federación", ratifica Natalia. A lo que Alicia asiente: "Jenni ha conseguido una revolución social".

El logro de estas jugadoras va más allá de la estrella. "El fútbol femenino se va equiparando en medios y profesionalización al masculino", argumenta Natalia. Se culmina así el camino que mujeres como ellas iniciaron. "Alberto García me mandó un mensaje diciendo que esto era nuestro también porque derribamos puertas", cuenta Alicia. Cierto. El Mundial es resultado de un partido que ganaron entre todas.

22/100

UN RAYO EXILIADO AFEITÓ LOS BIGOTES AL RACING

Antes de que naciera el *Matagigantes*, el Rayo ya había mostrado de lo que era capaz. Un lustro tardaron los franjirrojos en construir su leyenda, pero en la 1972-73 acreditaron que mimbres había. El equipo dirigido por Martín Vences afeitó los bigotes a un Racing (llamado Santander por entonces) cuyos integrantes habían tenido la ocurrencia de dejárselo crecer después de empatar con el Elche, uno de los *cocos* de Segunda. Estímulo para los protagonistas, que semana a semana veían sus mostachos más poblados, y para los rivales, ansiosos por robarles ese foco. El Racing de Maguregui no encajó un gol hasta la octava jornada (Elche) y no perdió hasta la duodécima (Rayo), aunque para entonces la racha ya quitaba el hipo: siete victorias y cuatro empates. Más revueltas bajaban las aguas por Vallecas. La Franja había conseguido tres triunfos, tres empates y cinco derrotas, así que no pensaba ser la comparsa para ese espectáculo de los bigotes porque, allá donde el Racing iba, desataba la locura. Fueron portada de *Marca*. Incluso la prensa china se hizo eco.

Los cántabros viajaron como líderes a Vallehermoso, donde el Rayo jugaba desterrado por las obras de Vallecas, lo que le había hecho perder socios. Pasó de 6.000 a 2.500 en su primer año de exilio, según *El País*. Aun así, quienes iban trataban de mantener las costumbres del campo antiguo. Esa hermandad de la grada. "La peña Los Camuñas se llevaba un caldero y un infiernillo y se ponían con sus lentejas, sus callos... Repartían cucharas y todos comían de ahí", recuerda Rafa Alameda, presidente de Los Desperdigaos. Uno de esos inesperados comensales fue el recién llegado Fernando Palma, que años después presidiría la peña Cota. El ambiente le llamó la atención, aunque más si cabe "ver a un cordero vivo atado al córner para sortearlo en el descanso", como relató en el programa *Rayomanía* de Tele-K. A pesar de los esfuerzos, el ambiente no era el mismo. "La pista de atletismo era perjudicial para la animación", explica Antonio Mora, presidente de la peña de Rivas.

La fama del Racing arrastraba a muchos aficionados, que se ponían postizos para emularles. Su técnico Maguregui también lucía bigote. Es más, quien no se lo dejara debía pagar 250 pesetas de multa. "Empezó de broma, pero hay quien se lo ha tomado como una chulería", comentaba el entrenador. Muchos le tenían ganas porque el Racing era el favorito al ascenso y, a la postre, cumplió con las expectativas. La Franja se contagió de la locura. "Vallehermoso estaba hasta la bandera. Solo para aquel encuentro se colocaron cientos de sillas en la pista de atletismo para aumentar el aforo", comenta Santiago Gómez, el portero rayista de ese día para la historia. Aunque para historia, la suya. "Yo no estaba siendo titular, sino Parreño, pero Martín Vences me llamó la noche antes, a las 23:30, para decirme que me preparase porque iba a jugar yo. Me pilló de sorpresa y la responsabilidad era tal... que me dieron las tres de la madrugada tomándome una tila", confiesa.

El 19 de noviembre de 1972, los goles de Illán y Potele mandaron al Racing al barbero (2-0), dando por buena una pancarta vista en Vallehermoso donde aparecía un jugador vallecano, cuchilla en mano, afeitando a otro con bigote. "Las peñas nos paseamos por el tartán de la pista con unas tijeras de madera enormes", ríe Antonio Mora. "Estaba deseando que pitasen el final. No nos dimos cuenta de la importancia de lo que hicimos hasta la invasión de campo", relata Gómez. Por contra, el rostro de los racinguistas era un poema. "Les sentó fatal y algunos no se cortaron el mostacho", admite el meta. Espíldora, De la Fuente, Aitor Aguirre, Chinchón y Santi lo conservaron, pese al traspié. Solo Chinchón lo mantuvo hasta que colgó las botas. Con más guasa lo llevaron sus paisanos. El diario *Alerta* publicó una copla: "Pelos del labio caídos / bigotes al viento son / mas seguimos los primeros / en Segunda División". Los rayistas les copiaron la idea. Y los bigotes. "Mi madre me decía: «Quítate eso, que parece que llevas unas hormigas ahí»", bromea Benito. Pero era el símbolo del cazador cazado.

23/100

PEP MUNNÉ, EL RAYISTA MÁS BOHEMIO

Salió de la cantera del Barça y se convirtió en el gobernador del Banco de España. Esto último no es realidad, sino ficción. Uno de los últimos y más célebres papeles del actor Pep Munné (Barcelona, 1953) fue el de Mario Urbaneja en *La Casa de Papel*, pero antes se metió en cientos de pieles en cine (*La muchacha de las bragas de oro*, *Los amantes del Círculo Polar*, *Perdona si te llamo amor*...), televisión (*Anillos de oro*, *Periodistas*, *El internado*, *Amar en tiempos revueltos*, *Velvet*...) y teatro. Sobre las tablas es donde más libre se sintió. Y de todo su ramillete de obras se queda con tres: *Danny y Roberta*, *Johnny cogió su fusil* y *Una noche con Gil de Biedma* (*Las rosas de papel*).

Muy pocos imaginan que, de todas las vidas que vivió, la suya ha sido la más interesante. En sus orígenes también hubo focos y despertó aplausos, pero desde el césped. El fútbol le venía de familia. Su padre, José Munné Sempere, actuó de delantero y pasó por Espanyol, Mallorca, Valladolid y Tenerife, aunque jugó mal sus cartas. "Formó parte del mejor Valladolid de la historia. Mi abuelo, su suegro, le engañó. Le dijo que el Puebla de México venía a ficharlo y le pagaría una fortuna. No existía tal oferta y se quedó dando vueltas", comenta Pep, que siempre tuvo el balón como inseparable compañero. Con 12 años, el Barça le fichó para el Infantil A. "Fuimos campeones de España y cuando pasé al juvenil ya entrenaba con el primer equipo, junto a Rexach, Sadurní, Gallego, Reina... El técnico era Vic Buckingham. Si no se hubiera ido, posiblemente habría debutado porque no temía subir a un joven", avisa el actor, que se marchó cedido a Mallorca y Rayo.

Durante su etapa con la Franja (1973-74) ya había empezado sus estudios de Arte Dramático. "Tenía el teatro en la cabeza, por eso Madrid era perfecto", confiesa. Allí conoció a Miguel Narros, William Layton… Llevaba tiempo sin jugar y, cuando cogió ritmo, hubo un giro de guion. La lesión contra el Valladolid. "José Bódalo me vio un viernes en un bar de la calle Príncipe, donde iban los actores buscando trabajo. Nos saludamos. Ese domingo le contó al entrenador que me había visto de noche. Olmedo dijo: «No te vistas, Munné. ¡Felines, ponte el '9'!». Y Felines le contestó: «¿Yo? Aquí tienes un delantero centro, coño, ponlo a él» (risas). Yo salí el viernes, pero no el sábado. Me vestí y salté al campo. Estaba jugando bien cuando un central me hizo dos entradas al tobillo. A la segunda no me levanté: tenía fractura de maléolo. Olmedo me dijo que me fuera a Barcelona a recuperarme", desvela.

Munné aportaba su *locura* al vestuario. "Estudiaba Filosofía y Letras y mi mundo era muy distinto. El entrenador del Calella, de Tercera, me vio leyendo en una concentración y me puso una multa porque me distraía", ríe, aunque ese mensaje no le era ajeno. "Un masajista del Barça me decía: «El futbolista no piensa, juega y calla». Yo era un personaje y en el Rayo siempre llevaba una cartera con mis libros, me llamaban *Kung Fu*", explica. Al principio vivía por Pacífico y después en una buhardilla en la plaza Mayor. "La casa era muy hippie. Un día estaba enfermo y vino el doctor a verme. Olmedo me preguntó: «Oye, Munné, ¿ahí qué hacéis?». Iba a entrenar todos los días, me acostaba pronto, pero me vestía raro, con un sombrero cordobés. Y mi novia no veas, era un número…", bromea el catalán, que veía en Vallecas similitudes con su barrio, La Sagrera. Lugar de supervivientes.

Aquellos dos meses en el dique seco por la lesión le sirvieron para prepararse la audición del musical *Godspell*. "Me cogieron, envié una carta al Barça diciendo que dejaba el fútbol y no se lo creyeron. De hecho, seguían presentando mi ficha años después, porque pensaban que me iría a algún club de Madrid", asegura Pep. *As* recogió su nueva aventura en una doble firmada por Julio César Iglesias y titulada: 'El apóstol que no quiso ser Cruyff'. Eso sí, encuentra lugares comunes entre el fútbol y la interpretación. "Hay que pensar rápido, tener *feeling* con el público y sentido del ritmo", enumera, como si de un plan urdido por *El Profesor* se tratase.

24/100

UN HIMNO OFICIAL Y OTRO *SKA*

HIMNO. *Dícese de una composición musical emblemática de una colectividad, que la identifica y que une entre sí a quienes la interpretan.* Esta definición corrobora su trascendencia en el mundo del fútbol, donde unos meros acordes sirven como llave de lo emotivo, como estímulo en situaciones favorables o adversas, como expresión de un sentimiento de pertenencia. El himno del Rayo nació a finales de 1952, con música del maestro cubano Rafael Guillén Sánchez. No hay dudas a ese respecto, pero sí las entraña la autoría de la letra. Siempre se dijo que la escribió el periodista y novelista Francisco Hernández Castanedo, pero el presidente franjirrojo de la época, Miguel Rodríguez Alzola, aseguró que fue el poeta Manuel Fernández Sanz, alias *El Pollero*, quien la hizo. Esta confesión se produjo durante una entrevista para el periódico *La Cantera*, dirigido —para más inri— por Hernández Castanedo.

Los años no han esclarecido este enigma, desvelado en las páginas de *Los orígenes del Rayo Vallecano* (Vallecas Todo Cultura, 2017), de Juan Jiménez Mancha, dado que el himno no figura ni en la Sociedad General de Autores ni en el Registro de la Propiedad Intelectual. Si bien es cierto que Rafael Guillén y Francisco Hernández Castanedo compusieron juntos los chotis *Vallecas City* y *Vallecas Villa*, por lo que se cree que el origen de esta canción con tintes franjirrojos pudo estar en una tertulia del Café Gijón a propuesta de otros amigos. El maestro Guillén atesoraba experiencia en trabajos de temática futbolera. De hecho, suyo es el himno *Aúpa, Atleti*. El del Rayo hizo de tres palabras (valentía, coraje y nobleza), los tres pilares que sustentan todo su ser.

Tan popular como el himno oficial es el oficioso. Aquel *Como un Rayo* que le hizo Ska-P en 1994 y pertenecía a su primer disco. La banda se fraguó en Vallecas, de donde era Pako, el batería y uno de sus fundadores. "¡Era compañero mío de clase, vamos, de pupitre!", exclama el icónico Cota. El grupo ensayaba en los antiguos locales de la factoría, dio sus primeros conciertos en la sala Hebe y plasmaron sus días de fútbol en un tema conocido en todo el mundo. "Cuando empezamos a ir al campo jugaban Wilfred, Onésimo, Calderón…", rememora el cantante, Pulpul. Sin embargo, hubo un instante mágico. "Ese en que Míchel II marcó y al levantarse la camiseta llevaba otra de Ska-P. Además, los jugadores venían a nuestros conciertos, tiraban balones… Incluso nos dieron un premio, que tenía una falta de ortografía", bromea Pulpul. Miguel Ángel Carrilero, el delantero de entonces, lo corrobora. "Me acuerdo de ese gol. Los de Ska-P vinieron a un entrenamiento y nos hicieron un reportaje juntos. Éramos la banda y el equipo del barrio. Trajeron unas camisetas y les dije que si me regalaban una me la ponía si marcaba", asegura el futbolista, que cumplió.

Ellos acompañaron al Rayo en la UEFA y en Segunda B, pero nunca vibraron tanto como con el *Tamudazo*. "Terminamos abrazados como gilipollas", ríe el cantante y alma de Ska-P. Su himno es el contrapunto a los de El Arrebato (Sevilla), Plácido Domingo (Madrid), C. Tangana (Celta)… Sin embargo, Vallecas no los cambiaría por nada ni nadie. "El barrio es muy del Rayo y de Ska-P. Son dos iconos", asegura Míchel II. De hecho, tanto ellos como Mägo de Oz fueron la banda sonora de la vida de muchos chavales, como uno de Palomeras Bajas, el actor Adrián Lastra. "Con 16 años, veníamos al parque de las Siete Tetas a comer pipas y escucharlos. Ahí empecé a cantar", asegura el intérprete de musicales como *Hoy no me puedo levantar*, que a punto estuvo de entrar en Ska-P. "Pipi iba a salir e hice una prueba. Estaba estudiando lírico y me decía Pulpul: «Adri, no hagas vibrato»", recuerda.

Por *Como un Rayo* no pasa el tiempo. La canción sigue sonando en el estadio y más allá. El público de otros países la sigue pidiendo. Quien fuera su segunda voz y *showman* durante 24 años, Pipi, se fijó en la afición franjirroja para lanzar el tema *Siempre Rayo* con su actual banda The Locos. Aún les une un viejo sueño, el de tocar en Vallecas. Un imposible bastante factible.

25/100

DE PROFESIÓN: PRESIDENTE Y SUS LABORES

Algunos carismáticos. Otros controvertidos. Todos pintorescos. Esa ha sido la radiografía de los presidentes del Rayo, que ha bebido del barrio para formar su ser. Por eso, llama la atención la profesión del primer presidente, Julián Huerta, un guardia civil de 27 años que había empezado como soldado del Ejército. Compaginar su profesión y la presidencia no era tarea fácil y muchas veces le resultaba imposible firmar los documentos, así que los contactos se hacían a través del secretario u otros directivos. La cosa se complicó aún más con sus nuevos destinos (Girona, Santander, San Sebastián...) y su boda en julio de 1926, año en que fue sustituido al frente del club por José Montoya Arribas, propietario de un negocio de albañilería.

Un clásico fue Miguel Rodríguez Alzola, uno de los fundadores del Rayo y hermano de Andrés, presidente a finales de los años 20. Miguel era popular en el barrio. Le llamaban *El Lejiero*, porque tenía la fábrica de lejía Sili-Jabón en la calle Enrique Velasco. Ahora está ahí la Compañía de Cervezas Valle del Kahs, fundada por su nieto, Daniel de Julián. Cuando *El Lejiero* bajaba al vestuario recitaba una frase mítica: "Cojones, cojones y cojones". No pedía más. Uno de sus grandes méritos fue inscribir al club en la Federación Castellana en enero de 1940 aunque, tres años después, este organismo le destituyó e inhabilitó durante un lustro por una alineación indebida. Se quedó de vicepresidente para regresar al sillón en cuanto expiró su condena. Por eso su mandato se divide en dos: 1939-43 y 1948-55. También Tomás Esteras, presidente entre 1958 y 1961, fue un empresario muy relevante. Su imprenta —de nombre, Moderna— fue la más importante de Vallecas.

Para muchos rayistas añejos, el presidente más icónico fue Marcelino Gil. Su mandato (1973-78) se cimentó sobre el primer ascenso a Primera y el *Matagigantes*, además de la inauguración del nuevo estadio de Vallecas. Marcelino entró en la entidad en 1961 y ejerció de vocal, tesorero y vicepresidente, hasta que el 10 de febrero de 1973 Pedro Roiz Cossío, quien fue jefe local del Movimiento, le cedió el testigo como máximo mandatario. Él era un hombre de éxito gracias a sus panaderías. Vallecas era entonces la tahona de Madrid. "¡Se compró un chalet en Conde Orgaz y nos invitó a todos!", recuerda Anero, uno de sus jugadores, que bromea: "Eran famosos los guateques de sus hijas". Su apariencia siempre fue la de un triunfador y le apodaban el *Marlon Brando de Vallecas*. Físicamente se daba un aire al icono de Hollywood. Del de San Diego —el vallecano, no el estadounidense— se decía que tenía estrella, sobre todo en el casino.

A Marcelino le sucedió Encinas (1978-80), que era empresario, aunque antes había tenido sus escarceos con la política local, como concejal vecino en Moratalaz. Le recuerda por las obras en el palco de Vallecas: lo colocó al otro lado y le puso moqueta. Por eso, le llamaban *Palco* Encinas, en vez de Paco: "Las directivas rivales no querían venir porque tenían que atravesar las gradas. Ah, y me ofrecieron el estadio en propiedad por dos pesetas". Entre sus logros estuvo fichar a Morena, de Peñarol, y a Clares y Mora, del Barça, a coste cero. Encinas le ganó por sorpresa las elecciones a Fontán, que terminaría siendo presidente del 81 al 89. El antaño líder de la peña Felines venció —a la segunda— a Encinas, que luego se volcó con su empresa de extinción de incendios. La bisagra entre ambos *Franciscos*, esa 1980-81, fue el empresario Luis Quer. Fontán tenía una gestoría y, décadas después, llegó a ser alcalde de Espeja de San Marcelino (Soria). "Mi etapa no fue bonita. No había dinero para nada, casi ni para los sueldos", lamenta. Junto a él trabajó Pedro García. Uno de los protagonistas de la Guerra de los Pedros (el otro fue Ruiz Campos) en las últimas elecciones de la Agrupación (1989).

La lista deja nombres menos conocidos, como los de Daniel Jimeno (portero rayista, padre del técnico José Manuel Jimeno y propietario de un taller que promocionó a Poli Díaz en el boxeo) y Manolo Gallardo (dueño de una tienda de modas), presidentes en funciones durante la transición de Ruiz-Mateos. De profesión, apagafuegos.

26/100

JOSÉ DURÁN, DEL RING DE VALLECAS A LA CIMA DEL MUNDO

Aquel tremendo derechazo de José Durán (Madrid, 1945) no solo dejó KO a Koichi Wajima en el penúltimo asalto, también tumbó las dudas de quienes no creían en él. Se coronó campeón mundial de superwelter el 18 de mayo de 1976 en Tokio en un combate para el que le había costado encontrar patrocinador. Lo logró gracias a la confianza de otro grande del boxeo, Pedro Carrasco. "Se vino desde Chipiona, donde preparaba la boda con Rocío Jurado, para pedir a Marlboro que apostara por él. José lució su publicidad en el calzón y el batín. Aún lo conservamos", desvela Luisa Ramos, su mujer. Esa vallecana que le hizo enamorarse del barrio, donde viven desde 1970, y que siempre le acompaña. Cuando no se metía a rezar en el vestuario, le observaba bailar sobre la lona, mientras se fumaba una cajetilla por pelea. Aquella para la historia pintaba a encerrona. El árbitro era japonés y también dos de los tres jueces. "Me enteré después. Cuando los vi con los ojos rasgados mi preparador, Enrique Soria, me dijo que eran filipinos para que no me afectase", ríe Pepe.

Apenas veinte españoles le acompañaron en tierras niponas, pero su regreso fue apoteósico. El país se había paralizado para ver su combate. A la vuelta, le subieron en un Land Rover en Barajas y le pasearon por el centro de Madrid hasta su casa. A los pocos días, la directiva de Marcelino Gil le propuso hacer el saque de honor en la inauguración del nuevo estadio el 6 de junio. Un Rayo-Valladolid (0-1). "Tomó carrerilla, «sacó» la izquierda y... dio la única patada brillante de la noche, si exceptuamos la del goleador Álvarez", escribió Julio César Iglesias en *As*. Pepe era zurdo, aunque en el colegio las monjas le recordaban, cachetazo en la mano mediante, que se escribía con la derecha. No se le daba mal el fútbol y jugaba de medio. "Casi hago las pruebas para el Madrid, pero no fui porque entrenaban por la mañana y yo trabajaba", confiesa el púgil. Aunque su pasión es la Franja, de la que ha sido abonado más de 30 años e integrante de la peña El Cencerro. Lo respiró en casa de su suegro, Rafael Ramos Albar, testigo de los primeros pasos de la Agrupación. "El Rayo en mi casa era más que el comer", recuerda Luisa.

A esta leyenda del boxeo le cautivó el *Matagigantes*. "A Felines y Potele todos los rivales le sacaban la cabeza, pero ellos se metían por debajo de sus piernas. Eran magia", explica sobre dos iconos que son, además, amigos: "Potele cada vez que me ve le dice a dos o tres, «sujetadme, que le doy» (*risas*). Y Felines se venía antes del entrenamiento para echar una partida de ping-pong conmigo en el gimnasio. Luego decía, «he ganado al campeón del mundo», sin especificar en qué (*risas*)". La idea de la sección de boxeo se alumbró durante un encuentro entre Pepe y el presidente franjirrojo, Encinas, en la Avenida de la Albufera allá por 1980. "«¿Quieres que montemos un gimnasio en el Rayo?», me preguntó. Ellos me proporcionaron el local y la Federación, algo de material", cuenta. De ahí salió Poli Díaz. *El Potro de Vallecas* fue el último gran púgil que dio un barrio enamorado del boxeo, después de José Durán y Eusebio Librero (*El Emperador de Vallecas*).

Su salón es su memoria. Una vitrina alberga sus recuerdos: el campeonato de España del 72, el de Europa del 74 y el del Mundo del 76, entre otros. "Fui a pelear a Berlín cuando aún existía el muro. No permitían retransmitir el combate y perdí mucho dinero. Allí el público estaba en silencio", dice Pepe, a quien nunca le rompieron la nariz. Eso le permitió burlar la prohibición de boxear de su madre Trini, que se enteró de todo por la prensa. Los permisos, hasta ser mayor de edad, los firmó su hermano Álvaro. "Solo le marcaron una vez, en el ojo derecho, en Róterdam (1973) y cuando le vio Virginia le soltó: «Papá, pupa»", lamenta Luisa. A Pepe le llamaban *El Monje* por su dedicación. No salía. Él tiró de preparación e inteligencia, la misma por la que eligió el boxeo para esquivar las malas compañías y decisiones. Luisa y sus hijos (Virginia, Sergio y Víctor) fueron las mejores que tomó. "Nadie daba un duro por mí", insiste Pepe, quien venció y convenció.

27/100

EL ASCENSO DEL "QUE SE BESEN"

¿Hubo pacto? "No". Años y años después, sus protagonistas lo siguen negando públicamente, pero cuando dos equipos necesitan un mismo resultado… "Es raro que no ocurra", dice Felines, uno de los grandes protagonistas de la cita. De ahí que aquel Rayo-Getafe del 5 de junio de 1977 sea recordado también por un socarrón cántico de la grada: "¡Que se besen!". No cabían incógnitas en la ecuación. A los franjirrojos el empate les daba para ascender a Primera por primera vez en su historia y a los azulones, para eludir el descenso a Segunda B. Por lo que adivinar el final del choque se antojaba fácil, pintaban tablas. Hasta Bernabéu estaba invitado a la cita, pero se excusó por carta alegando que se encontraba en México.

El horario del partido ya daba pistas acerca de su importancia, pasó del habitual matinal al unificado. Todos, a las 18:00. Otra es que hubo concentración en Navacerrada. Reinaban los nervios e incluso la desconfianza. ¿Qué haría el rival? "Los dos equipos estábamos muertos de miedo. No nos fiábamos del otro", analiza Felines. Y eso se plasmó en el campo, donde nadie arriesgaba, por si acaso. La banda sonora de los transistores dejó paso a una frase para la posteridad en el descanso: "¡Que se besen!". José María García, el locutor más famoso de la época, abogaba por el 0-0. "Se tiró a la piscina y cuando marcamos el 1-0 tuvo que rectificar", ríe Francisco, el pichichi rayista de aquel curso con 15 dianas y asistente ese día. En el 73', puso un centro por alto al área, Felines saltó y armó un cabezazo para la historia. Lo mandó abajo, junto al palo derecho de Vidal. Muy meritorio, teniendo en cuenta que apenas levanta 1,61 metros del suelo. "Atacábamos hacia el Fondo y puse la pelota desde la derecha. *Felo*, el más pequeño, remató de una forma espectacular. Yo había jugado en el Getafe y les miraba las caras... Fue complicado", relata Francisco. Pletórico estaba Felines. "¡Oye, menudo testarazo! Me indigno cuando me dicen que me dio en la cabeza... ¡Si no rematé más bonito en mi vida! Es mi gol más célebre, aunque solo sea por el choteo", reivindica.

No tardó en caer el 1-1. Nueve minutos para ser exactos. Polo aprovechó un barullo en el área para igualar. "El domingo anterior había sufrido una luxación en el hombro y el médico me había avisado de que no estaba para salir, pero cuando la cosa se puso mal, me sacaron. Al poco se le ocurre marcar a *Felo*, con 1,30 que medía. El primer sorprendido fue él. Ninguno hicimos caso al pequeñín cuando lo vimos por el área y pensamos: «No hace falta ni cubrirlo». Pues remató como Santillana", afirma Polo, que se erigió en el héroe azulón: "Estábamos desesperados. Y entonces, me vino un centro por la derecha, llegué desde atrás y lo empalé con la zurda". A partir de ahí, un tácito acuerdo de no agresión. "Muchos éramos amigos. No me hubiera gustado frustrar el ascenso del Rayo", asegura Salazar, por entonces delantero azulón y la temporada siguiente integrante del *Matagigantes*.

Por fin la Franja se asomaba entre los más grandes, de la mano de Sporting y Cádiz, después de una campaña (1976-77) redonda, en la que no perdió ni un solo encuentro en Vallecas. "A los que siempre precedía un *padrenuestro*", desvela Felines. Sus números hablaban alto y claro. Los pupilos de García-Verdugo coleccionaron 14 victorias y 5 empates. Estadísticas que tuvieron que recordar al presidente para cobrar correctamente la prima por el ascenso. "Marcelino Gil nos dijo que sería en función de lo que jugara cada uno, así que llevamos la cuenta desde el principio. Nos dio unas cifras y, al comprobarlas, le comentamos que se había equivocado. Nos correspondía más. No sé si le sentó bien o no...", recuerda Francisco, que estaba estudiando Económicas y terminó haciendo a todos sus compañeros la primera declaración de la renta tras la reforma fiscal del 78. ¿Pero hubo pacto? "El día anterior dije a Félix que no iba, me daba miedo que perdieran, pero me convenció. Insistió en que no me preocupase", corrobora Julia Bardera, la hermana de Felines. Y es que cuando dos equipos necesitan el mismo resultado... simplemente ocurre.

28/100

HISTORIA DE UNA PASIÓN

El fútbol es comunión. Sentimiento. Por eso, un equipo no es nada sin su gente. Simplemente ostracismo y olvido. La génesis de esta pasión por el Rayo data del verano de 1951. Ahí nació la primera peña del club, la Peña Deportiva El Rayo. Su primera huella asoma en las declaraciones del vicepresidente, Nemesio Barbo Dorado, en *Marca*: "Se ha constituido una peña con el fin de agrupar a todos los hinchas, que se esparcían en distintos bares. Somos unos 80 socios, número que hemos tenido que limitar ante la demanda". Un 10% de los abonados de la entidad. Eran otros tiempos, con el asociacionismo en auge. A lo largo de esas primeras décadas, muchos rayistas compaginaban los partidos de la Franja por las mañanas y los de Madrid y Atlético por las tardes. A esos *híbridos*, los horarios solapados les acabaron obligando a decantarse.

Los bares ejercían de sedes de las peñas. "La del Pañuelo era tan numerosa que no encontró ningún salón con suficiente capacidad para un acto en Vallecas y se marchó a Cuatro Caminos", comenta el periodista Antonio Luquero. Esas cenas estaban aliñadas por una entrega de insignias, actuaciones musicales y contaban con la presencia de representantes del club. Sin embargo, no todo fue vino y rosas. No está claro si la Guerra de los Pedros fue origen o consecuencia de la división de las peñas, pero la realidad es que existían dos Federaciones y cada una apoyó a un candidato. Ya a finales de los 90, la hinchada fue envejeciendo y eso se tradujo en una menor asistencia al campo. Hasta que los foros de internet atrajeron a nuevos rayistas. "Por primera vez no se conocían. Los había de fuera de Vallecas, de Madrid y de España", explica Luquero, aludiendo a Planeta Rayista. Además, en paralelo, Bukaneros iba ganando peso. La afición 2.0 estaba en proceso.

El estadio fue un crisol de pancartas. Cada peña colocaba la suya, como seña de identidad, desde épocas en las que no existían las bufandas. El Gorro era una de las más reconocibles, porque portaban sombreros. Siguen activas Planeta Rayista, Ossobucos, DiscapRayo, Los Desperdigaos, Piti, Bus Uno, Rivas, Beodos, Franja Vallekana, Las Tablas, la Resistencia Vallekana y Clash, pero a lo largo de la historia fueron más: Los Cabezorros, Sito, Leyva, Torres, El Changarro, Champi, Villalba, Sierra y Díaz, Luis Pérez, La Viña, Lalo, La Parra, Moratalaz, Los Amigos, Los Camuñas, Los Fenómenos, San Blas, San Isidro, La Bola, La Lieja, Los Pacíficos, El Mono, Los Lagartos, La Empanada, El Porrón, Bellas Vistas, Colonias, El Punto, El Valle del Kas, La Castellana, El Campo, El Puente, El Chupete, OTER, Peñalva, El Frasquito, El Pañuelo, Renedo, Los Olivos, Santander, La Palmera, El Cencerro, Benito, Los Matrimonios, La Albufera, Numancia, Miralparque, El Cochinillo, Los Seguidores, Felines, Uceda, El Cerro, Santa Ana, San Cristóbal, Los Cepas, La Alhambra, El Pellejo, Los Magníficos, El Pozo, Gallardo, Las Botitas, La Bota, Santa Eugenia, Barcelona, Cota, La Imagen, Siglo XXI, Fontarrón, Covibar, Calderón, Las Chicas, Teresa Rivero, Los Zánganos, Peña 2004, Aficionados, Nuevo Estadio, Metal, Internet, Atocha, Los Tarantos, Entrevías, Los Rifles, Los Delinkuentes, Pacífico, Ultramarinos, Los Viernes, Loeches, El Ascenso, Mala Vida...

La Federación de Peñas se inscribió en el registro de Asociaciones el 23 de abril de 2004, pero en 2011 se escindieron cinco por discrepancias con su entonces presidente, Paco Peco. El tiempo calmó las aguas, aunque cada vez hay menos. De Bus Uno se separaron la Franja y la Resistencia Vallekana, así como la inactiva La Mala Vida. Tampoco ha continuado Los Viernes, que se independizó de Piti. El Rayo pide un mínimo de 10 abonados. "Eso impide que se oficialicen peñas como la de Fuenlabrada y La Franja de Cuba", argumenta Óscar Herrero, secretario de la Federación. El sentir general es que existe "un abandono por parte del club". "Ya sabemos cómo eran los Ruiz-Mateos, pero también fueron los que más se involucraron con las peñas", afirma Antonio Mora, presidente de la Federación. Esto hace mella en los peñistas, que libran su particular batalla por mantener la llama del verano del 51.

29/100

UNA ESTRELLA DEL *SPAGHETTI WESTERN* EN VALLECAS

Tuvo tantos nombres como en películas participó, aunque su rostro era único. Inconfundible, como esa mirada suya… de malo. Por eso, se convirtió en el villano por antonomasia de los *spaghetti western* de los 60 y los 70. Alfredo Sánchez Brell (Madrid, 1931 – Alicante, 2010) es un vallecano de pro, que nació enfrente del estadio del Rayo, en la calle de Josefa Díaz. De crío dio sus primeras patadas al balón en los descampados del barrio, con el ruido de los aviones de fondo, como triste banda sonora de la Guerra Civil. De ahí saltó a los infantiles franjirrojos. Sin embargo, su familia tuvo que marcharse exiliada a México, donde probó suerte en el fútbol —militó en el Monterrey y el Puebla, con el apodo de *Madrileño Sánchez*— y en la canción —gracias a sus rancheras compartió cartel con Manolo Caracol y Joselito bajo el pseudónimo de *Alfredo de Ronda*—. Tenía mimbres en ambas facetas. El escritor José Recek Saade le aconsejó estudiar Arte Dramático y lo alternó con el fútbol. Cuando volvió a España, Sánchez dio un paso más. "Él jugaba de líbero. Estuvo a prueba con el Madrid y finalmente le fichó para cederle al Alcoyano y al Rayo", descubre su hijo, Aldo Cavaleiro. Sánchez vistió la Franja durante la 1959-60, coincidiendo con San Román, Hollaus, Daucik, Peñalva… Y Escobosa. "Yo era amigo de su hijo y mi padre me contó que habían jugado juntos", incide Cavaleiro. El defensa solo disputó dos partidos (Recreativo y Murcia) en Segunda.

Colgó las botas joven, porque quería ser artista. Ahí es cuando se convirtió en Aldo Sambrell. Se cruzó con el director Rafael Romero Marchent y eso le cambió la vida. Buscaba un secundario, con el único requisito de saber montar a caballo, y el vallecano le aseguró que él era su hombre. Le tocó aprender. "Para los rodajes iba un maestro equino, que notó su cara de póquer cuando se subió. Le iba indicando, pero dio el pego casi desde el primer día", ríe Cavaleiro. Su padre tiene en su haber más de 300 películas. Debutó con *Atraco a las tres* (1962) y participó en clásicos como *Por un puñado de dólares* (1964), *La muerte tenía un precio* (1965) y *El bueno, el feo y el malo* (1966). Su gran relación con Sergio Leone hizo que el célebre director de la *Trilogía del dólar* fuese el padrino de su hijo, Alfredo Xavier, alias Aldo Cavaleiro, que nació durante un rodaje: "Le visité varias veces en Roma". A *Sambrell* también se le puede ver como secundario en *Doctor Zhivago, Conan, el bárbaro*… "Iba a interpretar al Algarrobo, de la serie *Curro Jiménez*, pero se lo impidieron otros compromisos profesionales. Eso sí, hizo de malo en el primer episodio", asegura Cavaleiro, que creció viendo en su casa a estrellas de Hollywood como Sean Connery, Yul Brynner, Christopher Lee… Era su círculo. Sambrell tuvo sus *affaires* con Raquel Welch y Candice Bergen.

Para la familia era de carne y hueso. "Cuando era niño me llevaron al cine a ver una peli del Oeste. En la escena en que lo mataban me puse a llorar desconsolado. Bueno, mi madre me tuvo que sacar de la sala porque me pensé que era verdad. Luego se lo contaron a mi tío y se reía", bromea Ricardo Barragán, su primo segundo y dueño de la cervecería El Boliche. A *Sambrell* la fama no le alejó de sus raíces, le gustaba relacionarse con los técnicos y los especialistas. Y el barrio siempre le tiró. "Mi padre fue socio del Rayo. Yo vi con él y mi tío Santi el primer ascenso a Primera. Íbamos al campo en las matinales", se emociona Cavaleiro. Cuando el *western* pasó de moda, dio el salto a la producción y la dirección de películas de acción y aventuras con Asbrell Productions. Aunque fue un desconocido para el público español, obtuvo un enorme reconocimiento en Estados Unidos e Italia, donde le apellidaban *Sambrelli* y le otorgaron el Premio Internazionale Fontana di Roma. Además, su vida inspiró un libro (*Aldo Sambrell, la mirada más despiadada*) y un documental (*Río seco*). Las cenizas del actor, también hincha del Atlético, descansan en el desierto de Tabernas (Almería). El último resquicio del *western*. Ahí le mataron de cien maneras diferentes, pero su rostro y su mirada siempre serán inmortales.

30/100

LA LEYENDA DEL *MATAGIGANTES*

Cuenta la leyenda que hubo un recién ascendido que doblegó en su guarida a todos los grandes. Uno por uno. Aquel Rayo de la 1977-78, dirigido por Héctor Núñez, se estrenó en Primera tumbando en Vallecas a Sevilla (4-1), Madrid (3-2), Athletic (3-2), Valencia (3-0), Atlético (2-0) y Barça (2-1), lo que le situó tercero en la primera vuelta y décimo a final de curso. De ahí su apodo, *Matagigantes*. Han pasado las temporadas y sus gestas resultan inalcanzables, por eso el mito ha llegado a nuestros tiempos. De boca en boca. Los aficionados de la época recitaban aquel once de carrerilla, como si de una oración se tratase: Alcázar; Anero, Tanco, Uceda, Nieto; Fermín, Guzmán, Landáburu, Rial; Palín González y Alvarito.

Su gran secreto era Carlos Álvarez del Villar. El preparador físico. Ellos lo tenían, cuando eso apenas se estilaba. "Esa superioridad generó dudas sobre qué estábamos haciendo… Pues entrenar en la Casa de Campo", apunta Alcázar. "Nos los merendábamos a todos", desvela Nieto, de quien Cruyff hablaba maravillas. "Decía que era quien mejor le había marcado y sin darle una patada", aseguran sus compañeros. El míster Héctor Núñez y Álvarez del Villar formaron el tándem perfecto y fueron los precursores de la presión alta. "Nos comían el coco y nos lo creíamos. Estábamos seguros de que podíamos ganar a cualquiera", destaca Fermín, el más bromista. "Me echó una cucaracha de goma en una sopa y casi me la trago", rememora Alcázar. Con el mismo salero se la devuelven: "Fermín jugaba con peluquín, hasta se duchaba con él". Esa complicidad del vestuario fue determinante en su éxito. La plantilla contaba, además, con muchos estudiantes. Francisco hizo Económicas; Alcázar, Medicina; Anero, Ingeniería Aeronáutica;

Rial, Derecho; Landáburu, Físicas y Salazar, Informática. "Teníamos inquietudes. Pasamos de escuchar flamenco a Supertramp en el autobús", analiza Anero.

A favor del *Matagigantes* jugaba también el horario de los partidos, matinales. "Algunos rivales ni se habían despertado", ríe Potele. A lo que Uceda añade: "Ahora tienen un menú especial para cenar y nosotros desayunábamos churros el mismo día". Porque ellos no se concentraban. La situación económica del club no era muy boyante, aunque cobraban primas por estas machadas. Eso sí, no se ponen de acuerdo en la cuantía. "Nos daban 50.000 pesetas", lanza Francisco, a lo que Uceda matiza: "¡Qué va! Eran 10.000 por ganar en casa y el doble fuera, pero el día del Madrid lloramos y nos las subieron a 20.000. A ellos los hicimos polvo. Me dijo Del Bosque que nos habían elegido como prima doble".

Aquella cita contra los blancos, que terminaron alzándose con el título de Liga, fue especial. Eran las 11:45 horas del 30 de octubre de 1977. "El estadio estaba de bote en bote, debieron vender hasta las entradas de los balcones", bromea Felines. Francisco hizo el 1-0 y no lo olvida: "A veces voy en el metro y se me viene a la cabeza". A Alcázar tampoco se le va el posterior doblete de Pirri. "Solo coincidí con él dos veces, en ese partido y en la facultad de Medicina", lamenta. Pronto se disiparon las dudas, las fulminó Tanco con un testarazo. Fue un gran gol, pero no era su especialidad. "Me gustaría que mis hijos vieran algún vídeo de esos *Tancazos* míos de falta", añora. Landáburu culminó el milagro. "Nosotros estábamos más motivados y controlábamos las dimensiones de nuestro campo", advierte el héroe, que volvió a casa en metro: "No se cabía en el vagón". Alvarito, que participó en esa jugada del definitivo 3-2, vivía en Puente de Vallecas y bajó caminando. "La afición te invitaba… Y te daban las cinco de la tarde tomando cervezas", confiesa. No había rincón que escapase a esa locura. "El páter del equipo era el cura de San Ramón Nonato y ese día estaba diciendo misa. El monaguillo, que tenía la radio, le susurró que habíamos ganado y él lo soltó en la iglesia, donde los feligreses rompieron a aplaudir", desvela Rial. Así fue la anunciación de un triunfo divino, del Génesis de la Biblia rayista. "La prueba de que Dios existe", defiende Potele. Y es palabra del Señor.

31/100

EL GAYO VALLECANO, LA COMPAÑÍA QUE DESPERTÓ AL BARRIO

Kikirikí. Amanecía en Vallecas. Era verano de 1978 y el fallecimiento del cantaor Luis Marín, producido el 20 de junio por causas nunca esclarecidas —la versión oficial habló de un atropello fortuito en el Paseo de Calvo Sotelo, actual Recoletos, pero siempre hubo dudas—, seguía retumbando en la cabeza de los actores Juan Margallo y Jesús Sastre, compañeros en la Organización Revolucionaria de Trabajadores (ORT), marxista, leninista y maoísta. Esa fue la chispa que prendió el Gayo Vallecano. Ellos no podían, ni querían, quedarse quietos y se convirtieron en el motor de su homenaje. El salón de actos del colegio Raimundo Lulio les dio cobijo ese día y todos los que le siguieron, erigiéndose como la cuna de esta compañía teatral en ciernes, de carácter nómada en sus comienzos. Aquel lugar, que con los años se terminó conociendo como el *cine de los curas*, fue su sede desde 1978 hasta 1984. Toda su vida. A Margallo le acompañaron sus inseparables Petra Martínez, Fermín Cabal y Luis Matilla en una aventura cuya razón de ser era descentralizar la cultura para que llegara a las clases más populares. Eso pasaba por filtrarse en los tejidos de los barrios obreros. Aunque Vallecas ya había visto nacer allí una escuela vanguardista, que pivotó sobre el pintor Benjamín Palencia y el escultor Alberto Sánchez, en 1927.

Aquello bullía. "Me parece mentira que pudiéramos hacer tanto en tan poco tiempo: más de cien representaciones para adultos, teatro para niños los domingos, un concierto cada quince días, clases de improvisación, talleres de fotografía, cerámica… Estábamos allí 24 horas. Bueno, y en el bar de enfrente", bromeaba en *Vallecasweb* Juan Margallo, la *alma mater* de la compañía, durante la pre-

73

sentación del libro *El Gayo Vallecano* (Libros Vk, 2019), de Roberto Angulo. Dicho colectivo llevó a sus butacas al poeta Rafael Alberti y al escenario a los cantautores Joan Manuel Serrat y Luis Eduardo Aute, impulsando también el trabajo de algunos de sus miembros como Luis Pastor y el grupo Suburbano. Además, creó un premio que ganaron *Galerín* (1980), de Pedro Álvarez-Ossorio, y *La estanquera de Vallecas* (1981), de José Luis Alonso de Santos, obra que Eloy de la Iglesia llevaría a la gran pantalla seis años después.

El Gayo nunca perdió su carácter social. No solo enseñaron a los vecinos de todas las edades a subirse a las tablas y dirigieron cursos a personas con algún tipo de discapacidad, también trabajaron con presos. "Unas Navidades me echaron de la cárcel por intentar meter dos botellas de champán", admitía Margallo. La elección del nombre ya dio para unas cuantas anécdotas. Que fuera de un animal era innegociable. "El Tábano se le ocurrió a José Luis Alonso de Santos y el siguiente fue El Búho. Estando reunidos, Fermín Cabal propuso el Gayo Vallecano. A muchos les recordaría al Rayo y vendrían pensando que era el equipo de fútbol. Yo aposté por Urogallo, pero había un bar con ese nombre y no nos dio permiso", confesaba Margallo. Se cumplió lo previsto. "Teníamos un microbús, comprado al Ejército de Salvación, en cuyo frente ponía: 'A sangre y fuego'. Y en el lateral decía: 'El Gayo Vallecano'. A veces, cuando llegábamos a un pueblo, había gente que salía y decía: «¡Coño, que viene el Rayo!»", desvelaban.

Algunas de sus ocurrencias saltaron el charco, como *La Feria Mágica*, un espectáculo para niños de entre 7 y 11 años que debían resolver un enigma. En Venezuela, Cuba y Rusia adaptaron el formato. De hecho, el Gayo Vallecano pasó a la historia como la única compañía independiente de teatro con sala estable nacida en toda España durante la Transición. Otras ciudades como Bilbao, Valencia y Barcelona trataron de replicar ese faro cultural que despertó e iluminó no solo a Vallecas, sino a todo un país. La falta de apoyo institucional y económico acabó apagando el original. Lo quisieron municipalizar, pero aquello terminó en papel mojado. Eso sí, décadas más tarde, su canto de libertad sigue en la memoria de un barrio donde su Gayo, que según la RAE significa *alegre y vistoso*, es tan sagrado como su Rayo.

32/100

EL PROFE Y AQUELLOS DEBERES EN LA CASA DE CAMPO

Su imagen bucólica, con el lago, proyecta la idea de un lugar amable donde pasear los fines de semana. Sin embargo, para los jugadores franjirrojos, la Casa de Campo era un lugar más de pesadilla que de ensueño. El escenario de unas palizas que hicieron del Rayo todo un portento físico. Apenas había equipos con la figura de un preparador físico y los vallecanos fueron unos pioneros con *El Profe*. Carlos Álvarez del Villar se convirtió en uno de los principales culpables del primer ascenso a Primera (1976-77) y del *Matagigantes* (77-78). "El domingo me divertía, pero durante la semana me quería morir", cuenta Nieto, abriendo la puerta a multitud de anécdotas. "Nos picaban las procesionarias cuando nos tirábamos al suelo", añade Alcázar. A lo que Felines apostilla: "Algunos nos escondíamos para correr menos". Su cómplice era Potele. Ambos eran de los más veteranos y tenían sus trucos para escaquearse. "Nos conocíamos todos los rincones y nos las ingeniábamos para no correr tanto", confiesa Felines. A lo que Potele continúa: "Los demás subían y nosotros atajábamos por la espalda del monte, donde había muchos conejos". Su trabajo diario consistía en subir cuestas, flexibilidad… pero sobre todo en correr. Aquel 23-F (1981) no fue una excepción. "El día del golpe de Estado entrenamos y Rial llevaba el transistor en la oreja", afirma Anero.

Álvarez del Villar tenía el título de Derecho, pero no ejerció. Volcó sus esfuerzos en ser profesor de INEF y un estudioso del atletismo. De hecho, publicó *La preparación física del fútbol basada en el atletismo* (Gymnos, 1983), el libro de cabecera para varias generaciones. Sus páginas están salpicadas de textos, dibujos, fotografías, ejercicios, tablas con datos… Incluye una instantánea de *El Profe* dando instrucciones a los jugadores en la Casa de Campo y otra de Héctor Núñez, como ejemplo de carrera continua. La página 478 muestra un caso claro de descoordinación y, aunque el autor se cuida de no enseñar la cara del protagonista —tapada con un punto negro—, su fisionomía desvela que es de Di Stéfano. "Confirmado", dicen varios futbolistas de esa 1975-76, que apuntan a que ambos chocaban. "Di Stéfano me dio a elegir: «O Carlos o yo». Ese fue su error", expuso Marcelino Gil en el libro *Vallecas y el Rayo Vallecano, 1924-2011* (Fundación Rayo, 2012), de Rosa de la Vega. La gran labor de Álvarez del Villar con la Franja le abrió las puertas de la Selección de Miguel Muñoz. Otros preparadores físicos rayistas como Ángel Vilda, Pepe Gaspar y Jesús Paredes también terminaron en La Roja.

Héctor Núñez y *El Profe* eran devotos de la Casa de Campo, pero Di Stéfano la aborrecía. Quizá tenía motivos. "Un día se nos perdió allí. Fuimos a correr, quería seguirnos y a la hora apareció la policía. Salió de la parte trasera del Land Rover espetándonos: «¿Che, ¿dónde se metieron?»", ríen Felines y Potele, a quienes llamaba "los extraterrestres". "Eran la noche y el día. A Di Stéfano no le gustaba que nos machacáramos por miedo a las lesiones. *El Profe* era más severo", analizan estos *Zipi y Zape* franjirrojos. El trabajo en la Casa de Campo sobrevivió a todos. Años después, lo retomaron plantillas como las dirigidas por Juande, con Carmelo del Pozo como preparador. "Se pasó de correr en superficies inestables a hacerlo en campos de fútbol y de los pulsómetros con la frecuencia cardíaca al GPS. Ahora los entrenamientos se basan más en el juego y la fuerza", analiza Víctor Paredes, el preparador físico que más tiempo ha estado en el Rayo, quince temporadas.

La influencia de Álvarez del Villar trascendió los ejercicios. "Antes se decía «campo embarrado, café cargado» e incluso nos daban un carajillo en el descanso contra el frío. *El Profe* era lo contrario. Instauró la botella de agua con bicarbonato y sal en el descanso", explica Anero. Aquel *Matagigantes* solo tenía un secreto: la Casa de Campo. "Álvarez del Villar fue el verdadero artífice de un equipo que marcó época", asegura Nieto. Su generación lo secunda. *El Profe* creó un Rayo con la velocidad de la luz y la potencia de un trueno. Su obra maestra.

33/100

MORENA, EL PRIMER GALÁCTICO

Lo quiso el Madrid, pero jugó en el Rayo. Fernando Morena (Montevideo, 1952) tenía cartel de estrella y su llegada a Vallecas desató la locura. Fue el primer galáctico de la Franja y sus números confirmaron que no era de este mundo. Tanto los de su fichaje ("Firmé una póliza de crédito a mi nombre con Banesto para pagar los alrededor de 42 millones de pesetas que costó", explica el presidente Encinas) como los de sus goles (hizo 21 en su única temporada en el barrio, la 1979-80). El uruguayo sigue ostentando ese récord rayista de dianas en un solo curso en Primera. "Estaba en Peñarol y surgió la posibilidad de jugar en Vallecas. El entrenador era Héctor Núñez y pidió mi fichaje. Me llamó para ver si estaba dispuesto. Gente del club voló a Montevideo y el traspaso se concretó rápido", rememora Morena. Sin embargo, Julio María Sanguinetti, secretario general de Peñarol y posterior presidente de Uruguay, reconoce que se dilató algo más: "Participé en todo el proceso y estuve un mes en Madrid para cobrar la letra. Algunos me decían que el Rayo no me daría nada, pero fue un club caballero y cumplió".

Su fichaje fue un bombazo. El delantero a punto estuvo de vestir de blanco cuatro años antes. "Hicimos una gira en agosto. Fuimos a jugar el Teresa Herrera y había un periodista que me siguió todo el viaje porque se decía que me iba al Madrid. El último partido que disputamos fue precisamente contra los merengues, el homenaje a Amancio. Y cuando acabó la primera parte, el capitán Pirri me dijo: «Oye, ¿cuándo te vienes?». «No sé nada», le respondí. El pase estaba hecho, pero Peñarol no aceptó", desvela Morena, que por entonces también estaba en la agenda de Inter, River y Milan.

A Madrid se trajo a su mujer María Luisa y a sus hijas, pero también a su compañero Custodio. "Vino en el pack, nos lo recomendó el propio Morena", puntualiza Encinas. Fue haciendo buenas migas en el vestuario y descubriendo rincones míticos del barrio. "Fue una experiencia linda. Vivía en Fermín Caballero, casi al otro lado de la ciudad, pero iba a los salones Sol y Aire. Entrenábamos, comía en casa, dormía una siesta y Alvarito me animaba a ir allí a tomar algo. ¡Nos juntábamos todo el plantel!", ríe Morena. Tanco compartió habitación con él y recuerda sus bromas: "Cuando llamaba a mi familia y mis amigos yo hablaba en catalán. Él se quedaba con palabras y luego me las repetía… *Bona nit* y cosas así". Todos sus compañeros construyen a Morena como alguien carismático, dicharachero y humilde. Y eso que era una estrella. Lo comprobaron cuando fueron a jugar a Uruguay. "¡Lo veían como un Dios!", exclama Anero. Esa gira de las Navidades del 79 —organizada por Sergio Arakelian, representante de Morena— fue una de las primeras en las que el Rayo cruzó el charco. Allí la plantilla comió con Sanguinetti. "Muchos no sabíamos de quién se trataba. Felines se pidió lo más caro", cuentan los presentes.

La figura que más marcó a Morena fue la de su compatriota Héctor Núñez. "Vivía con mucha intensidad el fútbol. Cuando lo nombraron seleccionador uruguayo (Copa América 1995) me llamó para ser su ayudante", explica el máximo realizador de la historia de la liga de su país. Su idilio con el gol no tardó en evidenciarse con la Franja: marcó en su primer amistoso (Levante) y en su debut oficial (Betis). Para entonces, la euforia se había desatado. Eso sí, sus tantos bajaron paulatinamente en el tramo final y no alcanzaron para que el Rayo eludiera el descenso. Algo que propició su salida al Valencia (1980-81), donde acompañó a Kempes en ataque, y dejó repletas las arcas vallecanas. "Nos dieron unos 70 millones", asegura Encinas. De no haber puesto rumbo a la capital del Turia, se decía que seguían sus pasos Barça, Atlético, Espanyol, Sporting y Salamanca. Aunque quizá su logro más importante, el número para la historia, es el de abonados. "Se duplicó", aventura el atacante. Se queda corto. El Rayo pasó de 3.500 a unos 10.000 socios. Porque Morena es el hombre de los récords, el de las cifras imposibles, el de las decisiones inexplicables. El primer gran astro en el firmamento del barrio.

34/100

JUAMPE, DE OFICIO CAZATALENTOS

Allá donde muchos veían un pedrusco sin valor, Juan Pedro Navarro (Madrid, 1962-2023) vislumbraba un diamante en bruto. Su radar no fallaba y sabía qué jugadores podían brillar con solo pulirles. De ahí que 18 de sus 40 años en el Rayo los pasara como director de fútbol base. Toda una vida, interrumpida únicamente de 2017 a 2020 por su aventura en el Fuenlabrada. Un punto y seguido. Llegó al club franjirrojo siendo un niño. Su madre Josefa trabajaba con el presidente de entonces, Encinas, en uno de sus negocios y llevó a *Juampe* a hacer la prueba con el Rayo. El de Moratalaz pasó los exámenes de contabilidad y mecanografía y el gerente, Fernando Sanjuán, lo reclutó para una vacante en secretaría el 31 de octubre de 1978. Esa se convirtió en su otra fecha de nacimiento. "Era como si me hubiera tocado la Primitiva", decía. Su ilusión le llevó a hacer de todo: ayudaba en administración, con los abonos… ¡Incluso preparaba desplazamientos y compraba la comida a los jugadores en la tienda de ultramarinos de Pepito, el delegado del B! "Hacía clasificaciones con máquina de escribir", desvela José Luis Martín, director de la Ciudad Deportiva, a quien conoció en el 82 y terminó siendo su otra mitad en la cantera.

Tenía intuición y Manolo Peñalva lo supo ver, mientras trabajaban juntos en las categorías inferiores. *Juampe* hacía las veces de administrativo, pero también ayudaba a confeccionar plantillas a los Zambrano, Benito, Felines… De esos mitos, uno le marcó. "Peñalva me metió el Rayo en vena", confesó en *Unión Rayo* alguien por cuyas manos han pasado generaciones de talento. Dedicó horas y horas a buscar esos tesoros ocultos por los campos de Dios. Así es como descubrió a Javi Rey, Marqués, Lucas Pérez, Baptistao, Negredo, Embarba, Fran Beltrán, Luis Milla, Borja García… Y un largo etcétera, en el que destaca una leyenda como Míchel. Ellos fueron rayistas y otros estuvieron a punto de serlo, como un jovencísimo Raúl González Blanco. Francisco de Paula García, más conocido como *Paco, el Calorro*, vivía en San Cristóbal de los Ángeles y le dio el chivatazo. "Pero el Atlético se llevó a nuestro entrenador y este a Raúl, que estaba apalabrado", lamentó. Ironías de la vida, el primer representante de Raúl fue Fermín, miembro del *Matagigantes*. El fútbol base era su hábitat y siempre lo reivindicó. De hecho, fue el salvavidas de la Franja en sus marejadas económicas. "Las ventas de Santi Redondo, en verano de 1987, y Coke Andújar, en el de 2011, son un ejemplo", admitía *Juampe*, orgulloso de los frutos de la cantera y del Femenino.

En la lista de los tangibles estaban: "La primera Superliga de las chicas, la Copa del Rey del Juvenil, los ascensos a Segunda B del filial…". Aunque se quedaba con su charla con Morena. "Hablé tres horas con el mejor jugador que ha pasado por aquí", destacó el director de fútbol base que tuvo una espinita clavada, la de no crecer más con el Femenino. "No dimos el salto", repetía, siempre con el cigarro entre sus dedos y pendiente del teléfono. Así era él. Un trabajador incansable, que hacía piña con el resto de compañeros. Durante años, era casi una liturgia su partida de pocha con el director deportivo, Felipe Miñambres y su segundo, Ángel Medina; el jefe de contabilidad, Adrián Nombela… Décadas antes, las timbas eran de parchís con los técnicos de la cantera. Porque *Juampe* era un hombre de club, pero sobre todo un hombre bueno. Tan honesto, que rechazó a Mel para el banquillo del Tercera (esa 99-00 hizo campeón de su grupo al Coslada) porque había dado su palabra a Manolo Romero.

"Volviendo de las fiestas de mi pueblo a unas pruebas con 40 niños nos paró la Guardia Civil porque llevábamos un faro apagado. «Mire cómo llevo los ojos, pues el coche igual», le dijo y el agente se empezó a reír. No sé cómo llegamos", explica José Luis, que lo acompañó a ver a Míchel II en su cesión al Penafiel portugués: "Inauguraron un puente y, por el atasco, solo vimos los 10 últimos minutos. Imagina el informe". Su corazón dejó de latir y su brújula, de funcionar, aunque para entonces mucha gente ya había entendido que la mayor joya de Vallecas… era él.

35/100

MISA DE DOCE

La matinal siempre ha sido la sesión preferida en Vallecas. Ese horario sobrevivió durante décadas, hasta que las televisiones cambiaron las reglas del juego por un puñado de espectadores. Así, retorcieron las costumbres y movieron los partidos de una hora tan mítica antaño como la misa o el vermú. Hasta los años 70, el Rayo jugaba muchos domingos a las 11:30 horas y eso tenía una explicación: aprovechar la claridad del sol. El estadio no tenía luz eléctrica, un problema que los equipos arrastraban desde la posguerra. En el caso de los franjirrojos, se hizo la luz cuando realizaron su primera gran venta, la de Teófilo Dueñas al Barça. Los culés pagaron alrededor de siete millones de pesetas por el delantero, que en la 1969-70 había marcado 14 goles en Segunda. También pactaron un amistoso para el 3 septiembre de 1970, a las 21:00 horas, lo que significó el estreno oficial de la iluminación. Ese partido terminó 1-1. Sin embargo, el gran aliciente radicó en esas cuatro torres con 44 focos cada una.

La Franja tiñó las mañanas. "Algunos de mis vecinos de Alto del Arenal iban a las 11:30 al Rayo y a las 16:30 al Madrid. Mi propio padre me llevaba a ambos hasta que elegí. Recuerdo cómo hacíamos sonar las carracas para animar y también se pasaban las botas de vino de cada peña. Nadie lo veía mal", explica Antonio Mora, presidente de la de Rivas y uno de los socios más antiguos: "El primer ascenso a Primera lo escuché con un transistor en la mili. Nunca me borré. Mi madre me pagaba la cuota mensual. Por eso soy el abonado 56, el año en que nací". El tiempo pasó y los partidos se colocaron a las 12:00. "Una semana iba al Rayo y otra, a la matinal del cine Excelsior, que estaba en la Avenida de la Albufera. Me costaba cien *pelas* cada cosa", afirma Alberto Leva, presidente de la peña Piti, cuyos *flashes* le sientan directamente al lado de su tío. "Nos poníamos donde El Pañuelo, pero allí se juntaba todo el mundo. Traían barras de pan, chorizo patatero, la bota...", enumera. Otra peña, Gallardo, preparaba un bocadillo XXL. "Tenía dos metros de largo y 40 centímetros de ancho y lo rellenábamos con un montón de embutido. Lo llevábamos en una madera", revive Manolo Gallardo. Allí todos compartían. De ahí que Toñi Sanjuán, la hija de Rafael, mítico abonado número 1, no olvide a Anselmo, *El Pescadero*: "Ofrecía sus tortillas y morcillas a la afición rival. Había hermandad".

Los recuerdos de Ángel Barranco, de Planeta Rayista, van de la mano de su padre, con quien presenció "varios goles olímpicos de Landáburu". El centrocampista que vistió la Franja, tras su frustrado fichaje por el Sevilla, por un problema de corazón sin importancia. Barranco militó en el Rayo Promesas y cuando subieron a Cota, Zambrano tiró de él para el filial. "Jugábamos a las 10:00 horas y el Rayo a las 12:00. ¡Conservo el cartel! Luego, en el descanso del primer equipo, salían los benjamines a hacer una exhibición", asegura. Las matinales eran un espectáculo. Antes de los partidos las peñas vendían números para las rifas, se sorteaban jamones... "Y en la grada se escuchaba: «Tabacos, pipas, copas de coñac...»", corrobora Barranco, que se emociona con un detalle desaparecido: "Las peñas hacían pasillo a los jugadores con sus banderas. Llamaba la atención el respeto que había. Después llegaron las vallas". Los futbolistas se contagiaban de ese ambientazo. "A los grandes no les gustaba ese horario y nosotros decíamos al descanso: «Vamos a por ellos, que están pensando en el vermú»", ríe Tanco.

El mediodía era el horario por antonomasia. "Son las 12:00 ya. Esto va a comenzar...", cantó Ska-P y lo escribieron Ander Izagirre y Zuhaitz Gurrutxaga en *Subcampeón* (Libros del KO, 2023). ¡El partido era a las 12:00!, es el capítulo donde el central cuenta su paso por Vallecas (2004-05). "Si me hubiera pillado unos años después, no me sacan de aquí ni con agua caliente", añora *Gurru*. Junto a Ildefons Lima (con la carrera internacional más larga de la historia, 26 años, dos meses y 19 días con Andorra), David Lago, Sergio Segura... disfrutó de esos choques con regusto a caldo y bocata de panceta. Puro fútbol. Puro Rayo.

36/100

ANERO, EL INGENIERO QUE IMPULSÓ A AFE

La universidad le enseñó que no es malo recalibrar la altura y la velocidad para que un vuelo llegue a buen puerto. Su barrio, Usera, la cultura del esfuerzo. Y su familia, que la formación era la llave de todo. Con todas esas piezas, Antonio Anero (Madrid, 1953) hizo despegar su carrera en el Rayo. Sus caminos parecían predestinados, ya que su madre era amiga de la infancia del que terminaría siendo presidente, Marcelino Gil, y su padre, abonado franjirrojo. Eso puso al lateral diestro en el radar. Tras una prueba, entró con 12 años, justo cuando el club creó dos equipos de infantiles. A él le mandaron al A y pronto llamó la atención del jovencísimo técnico del B, José María Martínez, *El Chispa*, que había seleccionado a la *crème de la crème* de Vallecas para que estuviera a sus órdenes. "Gracias a él conseguí entrenar dos días por la mañana con el primer equipo", asegura, eso le ayudó a compaginar el fútbol con los estudios. La gran preocupación de Anero. "Había que sacarlos", tenía claro el defensa, que subió al Rayo y allí permaneció una década (1972-82) a velocidad de crucero, siendo parte del *Matagigantes* y de las históricas semifinales de Copa del 82. Era tan rápido que no necesitaba dar patadas y el periodista Héctor del Mar le rebautizó como *Karate Anero*. Llamó también la atención de Kubala, que le convocó para la Selección (1978), aunque finalmente no debutó.

Se matriculó en Ingeniería Aeronáutica. Tardó tres años en completar el primer curso y ya en segundo decidió mover ficha. "Con el fútbol perdía clase los sábados por la mañana y me entrevisté con Manuel Abejón, director de la Escuela de Aeronáuticos, para explicarle mi situación. Me sugirió cambiarme a otra cosa, como Económicas. Al final, me pasé de la superior a la técnica para compatibilizar", comenta Anero, a quien se le quedó la espinita de no ser *ingeniero obispo*. También la de no fichar por el Valencia, que preguntó a su técnico, Héctor Núñez, por él. Algo que al menos reforzó su autoestima, como aquel premio al mejor futbolista aficionado del Rayo, con 15 años. "Tengo la placa y la revista en la que salí", se ruboriza. No es el único tesoro que conserva. Aún guarda el menú de los Salones de Torres que le firmó Felines cuando el zaguero militaba en infantiles. "También me gustaban Amancio y Gárate", apunta.

Al colgar las botas, ejerció su profesión en Barajas y siguió ligado al fútbol como entrenador, poniendo el acento en la labor formativa. Él no ve partidos, los escudriña y admite que le hubiera encantado tener toda la tecnología de ahora. "Antes se trabajaba poco la táctica", lamenta. A lo largo de sus tres décadas en la Escuela de Fútbol de AFE tuvo de pupilos a Negredo, Tébar, Marqués, Cuenca… y a los hijos de Juan Gómez, *Juanito*, con quien jugó en la selección castellana allá por 1971 y que, además, fue fundador de dicha escuela. Ahora su responsable es José María Movilla, ex de la Franja. Igual que el responsable de Atención al Veterano, Fernando Zambrano, y el presidente del sindicato, David Aganzo. "A veces acercaba a los hijos de *Juanito* a casa. Me avisaron para participar en un documental sobre su padre. ¡Qué orgullo!", desvela. Otra confidencia es que pudo regresar al Rayo: "Íbamos Fermín y yo en una candidatura de Encinas para la presidencia, pero no salió. Y Potele, años después, me lo propuso". Nunca llegó a suceder, aunque Anero no se terminó de marchar.

Es pegamento de los veteranos. En verano, se escapa con la bici a Pedro Bernardo (Ávila) para pasar el día con Felines y en invierno, comparten momentos por Vallecas. El ciclismo es su otra pasión y así, entre pedalada y pedalada, reflexiona porque él siempre estuvo alejado de los clichés. Le apasionan la filosofía y la lectura. Recuerda *Hermano Lobo* y *El Papus*, revistas satíricas que devoraba en la época del *Matagigantes*, y un reportaje en *As* donde decía: "El dinero de los traspasos es inmoral". Idealismo que hoy le parece inocente y tierno. Anero se perfiló como un pionero que hizo volar a muchas promesas del fútbol. Ese ingeniero que se especializó también en diseñar buenas personas.

37/100

UNA COPA DE ILUSIÓN

La gloria tenía un techo, las semifinales. Solo dos veces saltó el Rayo a ese cuadrilátero (1982 y 2022) y en ambas terminó besando la lona. La Copa se ha ido llenando de ilusión a lo largo de los años y de esos intentos fallidos, que le dejaron seis veces noqueado en cuartos (80, 81, 95, 97, 00 y 02). Por eso, aquellos dos combates de semis desataron la locura en Vallecas. El primero lo peleó contra el Sporting, después de dejar en el camino a Parla, Cacereño, Oviedo, Atlético Madrileño (el filial del Atleti) y Zaragoza. El entrenador era Peñalva, que relevó a Chato González en la jornada 16. "Siempre era la solución cuando el equipo no funcionaba. Fue fiel al Rayo toda su vida", le recuerda Uceda, central de aquel Rayo y del *Matagigantes*. A lo que su compañero Elías Benito añade: "Peñalva bromeaba con la táctica: «Vamos a jugar mejor y a marcar un gol más»".

La ida de aquella semifinal se disputó en el barrio el 10 de marzo de 1982. Estaba todo plagado de banderas, bufandas... pero el campo no se llenó. Los precios eran prohibitivos: 2.000 pesetas en la tribuna, 600 para los socios. "La taquilla estaba embargada por las deudas con Encinas", apunta Tomás Cano, de la peña 2004. A lo que otro aficionado, Javier García, apostilla: "Había un déficit de 150 millones y se tuvieron que ir dos jugadores: Fraile y Marián". Los franjirrojos acorralaron al Sporting en muchas fases del juego, pero fue Doria quien marcó el 0-1 definitivo en un golpe franco que se coló entre la barrera. "Por lo que comentó mi padre, el arbitraje fue un poco rarito. Hubo un penalti que no se pitó (un empujón de Pereda a Aguilar) y una cosa extraña, Sánchez Arminio dirigió la ida y la vuelta. Era de Cantabria...", desvela Manuel Peñalva hijo.

La vuelta se celebró el 31 de marzo. Y Morón se la perdió: "Tenía paperas y estaba malísimo. Lo escuché en la radio desde la cama". Al Rayo le faltó la mordiente que le sobró a su rival, que selló su pase a la final con un 3-0. Mesa aprovechó un rechace para abrir el marcador y, cuando los aficionados comenzaban a irse del Molinón, Ferrero mandó un centro de Joaquín al fondo de la red. Abel sentenció al minuto. Ahí, en el segundo *round*, Anero apenas sumó 22 minutos. Fue su última campaña con la Franja. "Lo pasé fatal, me sentí muy fuera del equipo, aislado sin explicaciones", reflexiona el lateral, a quien le marcó la victoria de cuartos contra el Zaragoza. "Estudié Ingeniería Aeronáutica y su equipo de fútbol se metió por primera vez en la final del campeonato universitario. Por la mañana jugué en el Paraninfo pensando que no tendría minutos por la tarde… y luego salí en el 74'. Estaba como un tiro, aunque me dolía un dedo por una patada que me habían dado", ríe Anero, que 40 años después se ilusionó con el Rayo de Iraola, que emuló al suyo imponiéndose a Guijuelo, Bergantiños, Mirandés, Girona y Mallorca.

Para aquel asalto ante el Betis también había nervios. Quizá Vallecas y las semis no se reconocerían a primera vista después de 40 años. "El barrio ha cambiado mucho, pero la esencia sigue siendo la misma", compara Ángel García, de la 2004. Apenas sobrevivían la ferretería Numancia, que cerró poco después, y el Alcampo. El equipo no tenía nada que ver. Ni siquiera el técnico Iraola había nacido entonces. El Rayo golpeó primero, gracias a un cabezazo de Álvaro a la red. Aquel sopapo despertó a los verdiblancos, que empataron con un disparo raso de Borja Iglesias. La remontada (1-2) se culminó con otra genialidad de Carvalho, que tras hacer un caño a Catena —protagonista de una línea de calcetines de Pepe Pinreles en Sevilla— batió con sangre fría a Dimitrievski. La final de La Cartuja se ponía muy cuesta arriba, pero rendirse no se contempla en el diccionario vallecano.

Los franjirrojos vendieron cara su piel en el Villamarín. El milagro estuvo en el gol de Bebé, un misil imparable de falta, y cuando la prórroga parecía una realidad, Joaquín se sacó de la chistera un pase que aprovechó Borja Iglesias (1-1). Mismas lágrimas, diferente significado según el equipo. El Rayo murió con las botas puestas y demostró una vez más por qué es el orgullo del barrio.

38/100

LA RESURRECCIÓN DE BEBÉ

Su sonrisa es un destello que ciega, tanto que pocos saben lo que esconde detrás. "Soy *happy* y me gusta contagiarlo", avisa Bebé. Su historia bien la pudo escribir Dickens, pero él se empeña en poner a cada capítulo un final feliz. El primero arranca en Agualva-Cacém, Portugal, en 1990. Tiago, al que solo su abuela sigue llamando así, pasó a ser Bebé por obra y gracia de uno de sus hermanos siendo niño. Incapaz de pronunciar su nombre, le buscaba al grito de: "¿Dónde está Bebé?". Así se quedó. "Mis padres se divorciaron y mi madre no tenía tiempo de ocuparse de nosotros", explica. Su abuela Ilda crio a todos los hermanos, pero Tiago era el más revoltoso. Para corregir el rumbo pensaron en la Casa do Gaiato, el orfanato donde había vivido su tío y donde él lo hizo de los 9 a los 19 años. "Fue el momento más importante de mi vida. Empezaba otro Bebé", reflexiona. No solo se trataba de aprender a lavar, coser o planchar, también de encauzar conductas. "Me enseñaron respeto y la cultura del esfuerzo", corrobora. Cuando se portaba mal, el padre Arsenio le ponía a fregar los platos. Cuando todo iba bien, salía a jugar al fútbol, ese del que se enamoró con 14 años. Antes, lo repelía. Por eso, lleva ese nombre (la Casa do Gaiato) tatuado en el gemelo. Para no olvidarlo.

Pronto comprendió que la vida era dura, pero maravillosa. El padre Arsenio le puso en el radar para el Mundial de los *sin techo* de 2008. Con Portugal, anotó 40 goles en seis partidos. Muchos, marca de la casa, puesto que ya tenía regate y esa potencia en el disparo. Eso le abrió las puertas del Estrela da Amadora y el Vitória de Guimarães. Ese fue su despegue. Firmó con el Manchester United, pero el sueño pronto se desinfló. "Fue todo muy rápido. De locos", recuerda. Tras visitar varios puertos, atracó en Vallecas durante tres etapas, donde ha sufrido fuertes marejadas (los descensos de la 2015-16 y la 2018-19) y grandes travesías (los ascensos de la 2017-18 y la 2020-21). Ahí conoció a su inseparable Manucho. Pronto sintió que el Rayo era su sitio y se fue metiendo a la afición en el bolsillo. "¡Tira, tira!", le anima la grada, consciente de que puede colar el balón en algún piso de la calle Teniente Muñoz Díaz o marcar el gol de la jornada. Tiene auténticas obras de arte, aunque la más valiosa fue su recuperación tras romperse el cruzado en 2019. Catorce meses que le hicieron "más maduro".

Bebé pasó un infierno. "Entré al quirófano un montón de veces. Bajaba de la habitación a la fisioterapia animado, pero al final del día subía llorando, sin ganas de escuchar música, me encerré en mi mundo, me sentía solo... Los doctores me decían: «Haremos todo lo que sabemos para ayudarte, pero está complicado». Pensé que no volvería a jugar porque mi rodilla estaba hecha una mierda", relata sobre una época llena de lágrimas. "De tres semanas en el hospital, dos me las pasaba llorando. Del dolor, de la impotencia, de necesitar ayuda para todo... Pegué un bajón grande. No me cortaba el pelo ni la barba, todo me daba igual, perdí muchos kilos... Estaba en mi habitación sin querer hablar con nadie", expone. No quería preocupar a nadie. Pero las alarmas se dispararon en el centro, que le propuso hablar con una psicóloga. "Tuve dos conversaciones con ella y me ayudó un montón. Me dijo las cosas como son. Fueron los peores momentos de mi vida", admite. La Casa do Gaiato volvió a su mente. "Nunca pasé por cosas que me parecían imposibles como esta. No podía dejar el fútbol así", esgrime. Entre sus salvavidas estaban el doctor del Rayo Carlos Beceiro y Alberto García, también con una lesión de gravedad. "El *doc* es como mi segundo padre. Fue de los pocos que confió en que volvería. Y Alberto es como un hermano, siempre a mi lado. Un día estaba fatal, con fiebre, y de pronto aparecieron sus hijos con una tarta para mí", se emociona. El futuro le reservaba momentos mágicos como el *play-off* de ascenso, las históricas semis de Copa e ir con Cabo Verde. "No hay que tener miedo, ni vivir enfadado con el mundo, es un desperdicio", aconseja *Pai*, como le apodan en el vestuario. Todo un experto en exprimir lo bueno de cada capítulo de su vida.

39/100

LOS CAÑONES DEL SANTA INÉS

Vallecas tiene puerto de mar, batalla naval y su propio navío, el Santa Inés. Así rebautizó *La Vida Pirata* a ese Rayo que surca las aguas de Primera y se aferra a la pólvora de sus cañones para mantenerse a flote. Por su ataque han pasado Peñalva, Potele, Illán, Morena, Soto, Hugo Sánchez, Guilherme, Onésimo, Bolo, Piti, Pachón, Rubén Castro, Aganzo, Diego Costa, Tamudo, Bueno, De Tomás, Falcao… Delanteros cuya leyenda ha trascendido. Mucho dio que hablar la llegada de Hugo Sánchez al barrio (1993-94, 17 goles), después de que vistiera las camisetas de Atlético y Madrid. El mexicano, al que Ruiz-Mateos ofreció la vicepresidencia cuando se retirara, jugó en los tres equipos de la capital. "Estaba en el América, pero tenía una cláusula para poder irme a Europa. La propuesta del Rayo me agradó y pasé de pelear por títulos a hacerlo por no descender. La gente del barrio hace distinto al club", dice. La afición estaba "como loca" con él y con el equipo, a pesar de que aquel curso había marejada. Llevaron el timón tres entrenadores: Felines, Zambrano y Vidal. Este último le marcó. "Usaba términos graciosos para las charlas tácticas. Es uno de los técnicos más pintorescos que tuve", ríe Hugo Sánchez, a quien le pasó como a Morena, sus dianas no pudieron evitar el naufragio a Segunda. Uno de los tesoros del actor Adrián Lastra es precisamente algo suyo. "Fue la primera vez que pedí un autógrafo. Hugo estaba jugando a las tragaperras en un bar y cuando terminó me firmó un balón", cuenta quien soñó con emularlo. El intérprete de películas como *Primos* hizo las pruebas para el cadete franjirrojo, pero no valía: "Tenía velocidad, aunque era malísimo".

Otro de sus ídolos era Guilherme. El brasileño también probó las mieles y las hieles en sus tres temporadas (1994-97) con el Rayo, en las que subió a Primera y también descendió. Ambas experiencias con un denominador común: sus 14 goles ligueros. Dos de ellos dieron a la Franja su primera victoria en el Bernabéu (1-2, el 21 de enero de 1996), que le costó el puesto a Valdano. "Me salió un partido redondo y el ambiente me recordó a Maracaná", apunta Guilherme, que ha mostrado esos tantos a sus hijos en You-Tube. De hecho, cuando eran niños, tenía un plan: "Ellos querían ir a Disney, pero yo prefería llevarlos a Vallecas". Allí volvió a nacer. "Se puso malísimo e ingresó en La Zarzuela. No sabían qué tenía. Parecía apendicitis, pero no daba la cara. Les dije que operaran... Menos mal. Al meterle el bisturí salió pus. Le salvamos la vida", narra el doctor González, jefe de los servicios médicos del club.

Pocos cañonazos atronaron tanto como los cuatro de Alberto Bueno al Levante. Uno tras otro, atropellándose. *Boom*. El de Mora-talaz hizo un póquer en 14 minutos el 28 de febrero de 2015. Algo inédito en Vallecas. "Todavía me lo recuerdan por la calle. Fue un día de esos en los que te sale todo. Mi peque Lucía, que tendría ahí 3 años o así, me recibió mostrándome cuatro deditos", desvela el máximo realizador de la Franja en Primera (28 tantos, entre 2013 y 2015), que se quedó a las puertas del Trofeo Zarra en la 2014-15. Bueno estaba de moda. Su fichaje por el Oporto le robó la portada de *O Jogo* a Cristiano tras un repóquer de este. Solo le faltó la lla-mada de la Selección.

De Tomás fue internacional con el Espanyol, pero se quedó sin el Mundial de Qatar porque su traspaso al Rayo se firmó el 13 de septiembre de 2022, con el mercado cerrado y entre el cruce de acusaciones de agresión de un miembro de su agencia de represen-tación, Stellar, y el presidente Presa. Se convirtió en el fichaje más caro de la historia de la Franja: ocho millones. El *killer* redebutó contra el Betis en enero, aunque se reencontró con el gol en mayo. Nadie ha anotado más durante una temporada que RdT, con sus 24 dianas, en la 2016-17. La llave del ascenso y del único campeo-nato de Segunda rayista. Fue abonado de niño y su primer *flashback* en Vallecas le conduce a la tribuna alta de Arroyo del Olivar: "Des-de allí veía a Lopetegui con su gorra". Aún mira para allá mientras calienta. Le relaja pintar y de no ser futbolista hubiera sido torero, porque su timidez esconde dinamita.

40/100

EL FONDO FANTASMA

Vallecas tiene un fondo que aparece y desaparece. Un fondo fantasma, que se sitúa a los pies del muro que da a la calle Teniente Muñoz Díaz y que, tras la pandemia, cubrió una lona negra con la leyenda: 'Siempre en nuestro recuerdo'. Así se representó el homenaje del Rayo a los fallecidos por el coronavirus. La imagen anterior de aquella pared era antagónica. Emanaba alegría y celebración. Vida. A las tres palabras que definen la Franja (valentía, coraje y nobleza), les acompañaba una instantánea de los aficionados con sus bufandas, por lo que se creaba un efecto óptico y el campo parecía más grande. Ese fondo tuvo público en diferentes épocas de su vida. Antiguamente apenas eran tres filas en las que se congregaban entre 300 y 400 personas, todas ellas de pie, y se accedía por la puerta de garaje.

De principios de los ochenta datan los recuerdos de Dámaso Barroso, presidente de la peña 2004. "Vi a Quini en un partido contra el Sporting y todos nos saltábamos a la grada de preferencia de Arroyo del Olivar porque no se veía bien", confiesa. Una sensación que su compañero de la 2004, Paco Piris, compartía. "Estábamos demasiado pegados. Entonces no había ni baño, ahora con la próstata sería un problema", bromea. Esa cercanía la aprovechó Alberto Leva, presidente de la peña Piti, para molestar a los contrarios: "Al portero del Racing, Ceballos, le tirábamos gajos de mandarina chupados a la espalda y cuando pitaron el final se dirigió a nosotros: «Mira que sois majos y cabrones»". También permitió al actor Víctor Sevilla cumplir un sueño, el de tener a su ídolo Wilfred a unos metros. "Era un gato. Además, interactuaba mucho con la gente", le describe *Kikín*, de la peña Planeta Rayista, que entraba de una manera muy peculiar: "Iba con un colega que era cronometrador de la Federación de Fútbol Sala, igual que mi hermano. Ellos pasaban gratis con su carnet y yo, que tenía 16 años, lo falsificaba. Solo te lo miraban porque ahí no había tornos ni nada".

Wilfred fue un icono en los noventa. Y precisamente él terminó expulsado en esa promoción contra el Mallorca, el 1 de junio del 96, donde una vaselina de Onésimo selló la permanencia del Rayo. En ese fondo fantasma, lo vivió otro planetario, David Rodríguez, que también iba gratis con su carnet de árbitro. "Nada más pitar el final saltamos al campo y corrí con otros aficionados a felicitar a Calderón, que había dado medio gol con su pase. Nos agarró de los hombros y empezó a cantar: «¡Que bote Vallecas!». Él animaba a la gente. Aquel fue el primer *Tamudazo* de nuestra historia", comenta *Willy*, como le llaman en su peña, por su *nick* del foro. También vivió aquel duelo Rafael Plaza, alias *Puskitas*, uno de los primeros miembros de Los Petas: "Onésimo regateaba a uno y volvía atrás para regatearle otra vez".

Su primera experiencia en aquel fondo, a los pies del muro, se corresponde con su niñez y podría calificarse como... dolorosa. "Se les fue un balón en un calentamiento y me pegó a mí", ríe el taxista, con tantas anécdotas como viajes a sus espaldas. *Puskitas* estudió delineación y le gustaba dibujar, así que llevó una pancarta para el Rayo-Getafe de la 1976-77. "«Un punto necesitamos y en Primera nos plantamos», ponía. Me la compraron por una pasta. No quería venderla, pero mi padre me animó: «Dásela y luego te haces otra»", rememora este aficionado, que conoció los banquillos en el otro lado, el que da a la Avenida de la Albufera. Esa imagen se le quedó tan grabada como los gritos de David Vidal, siendo técnico del Logroñés, en la 1992-93: "¡Cógeme al melenas! Pero vaya mierda de jugador que tengo... ¡Al melenas!". Ese melenas era Polster, que marcó en el triunfo 2-1 de los madrileños.

La fisonomía del estadio ha cambiado. El último gran retoque fue la retirada de las vallas el 27 de marzo de 2011. El Rayo se convertía así en el último club del fútbol profesional en hacerlo. Antes, el 1 de junio de 2008, se cayó la valla del Fondo, durante la celebración del gol de Llorens al Benidorm. Por suerte, quedó en un susto. Vallecas es cercanía. Es una olla a presión. Incluso el hilo conductor de nuestra propia historia.

41/100

BARRANCO Y GARRIDO, DOS VECINOS QUE GOBERNARON MADRID

"Los domingos veíamos al Rayo desde mi balcón. Aquello parecía el camarote de los hermanos Marx. Era como verlo desde el anfiteatro, daban los balones en la pared". Estas palabras, que podrían suscribir decenas de vecinos de la calle Teniente Muñoz Díaz, pertenecen a uno de los más ilustres, Juan Barranco, alcalde de Madrid entre 1986 y 1989. Nació en Santiago de Calatrava (Jaén) en 1947 y llegó a Vallecas con 5 años. "Soy hijo de la inmigración de los 50", explica, enamorado del barrio donde pasó más de dos décadas. Aún hoy, cada vez que las cámaras enfocan a las terrazas durante la retransmisión, busca su hogar. Siempre encuentra ese segundo piso. Y si los niños vallecanos soñaban con vestir la Franja, Juan Barranco no fue una excepción. "Jugué de extremo en el juvenil. Era delgadito y corría mucho. De mi época nadie llegó", recuerda. Difícil alcanzar a Felines, Potele, Peñalva, Cobo, Bustamante..., sus ídolos. Ese amor hizo que comprara una acción "de forma simbólica". "El Rayo es nuestro emblema", sentencia.

Vallecas marca. Es motivo de orgullo para el sucesor de Tierno Galván. "Es un barrio fruto de la inmigración y ha bebido de la relación de vecindad y la lucha. Había gente viviendo en cuevas bajo los cerros. Una vez, inaugurando una estación de metro se lo decía al Rey emérito y no se lo creía", expone Barranco, quien se llevó a su nieta en una de sus últimas visitas al campo: "Pisamos el césped y, desde allí, vio dónde vivía su abuelo". Ese día nada tuvo que ver con otros partidos junto a las peñas Cota y El Cencerro, como comentarista de radio o en el palco. Fue mucho al del Bernabéu con Mendoza. Superstición pura y dura. "Pensaba que les daba suerte. Un día les dije que remontaban y pasó (*risas*)", desvela el exalcalde, un madrileñista confeso.

Lo demostró en su mandato. "Procuré ayudar a todos. Al Madrid le hicimos algún favor y se acometió una remodelación urbanística para poner unas tiendas. Con Calderón se firmó la cesión de unos terrenos por Carabanchel para una ciudad deportiva que no se hizo. Y el Rayo pasó por una crisis en la que le llegaron a cortar el agua y la luz. Yo era el primer teniente de alcalde y le dije a Tierno Galván que debíamos ayudarles. Lo hicimos", asegura quien pudo ser presidente del club. La propuesta se la hizo... ¡Ruiz-Mateos! "Coincidimos en Radio Intercontinental y durante la entrevista me lo ofreció. Pensé que era broma y lo rechacé. Al terminar, Ruiz-Mateos me dijo que iba en serio. «Pero vamos a ver, ¿cómo voy a ser yo presidente con usted de dueño si estamos en las antípodas el uno del otro?», le dije. Y me respondió: «Yo lo he comprado, pero ni sé dónde está Vallecas. Solo que allí le quieren mucho»", ríe este histórico del PSOE.

En otra de las calles que rodean el estadio, Arroyo del Olivar, nació en 1964 y vivió —hasta los 14 años— Ángel Garrido. "Desde mi casa casi no se veía el campo. Estaba frente al parque Azorín y había que bajar un poco para llegar", afirma quien fuera presidente de la Comunidad de Madrid de 2018 a 2019, que vivió hasta los "treinta y tantos" en Villa de Vallecas. Este aficionado del Atlético también lleva el Rayo en su corazón: "De niños todos lo éramos. Cuando echábamos partidos en la calle, nos poníamos una franja. Era fácil, nos la cosían nuestras madres sobre una camiseta blanca". Vallecas ha cambiado. "Posee más dotaciones culturales y deportivas que otros distritos, porque había espacio para crecer. Las condiciones de vida han mejorado. Sigue siendo un barrio de trabajadores y gente como mis padres, de Ávila y Jaén, que buscaron un futuro mejor", esgrime Garrido, que fue concejal-presidente de Villa de Vallecas de 1999 a 2012.

Se metió en política por un ideal y militó en el CDS, el PP y Ciudadanos. Siempre con el distrito en el radar. "Casi todos los que nacimos allí venimos de familias modestas y nos hemos tenido que ganar las cosas con el sudor de nuestra frente. Buena parte de lo que soy y de cómo soy se lo debo a Vallecas", aclara Garrido, que sigue yendo a Villa a visitar a su familia y sueña con volver a su primera casa. A Arroyo del Olivar. A ver a su vecina Maruja, la del cuarto. A su kilómetro 0.

42/100

LA GUERRA DE LOS PEDROS

Más que la presidencia del Rayo parecía que estaba en juego la del mismísimo Gobierno. Aquellas elecciones de 1989 fueron las últimas celebradas por el club, aunque por entonces nadie lo sospechaba. Esos comicios se bautizaron como la Guerra de los Pedros, aunque décadas después, ambos candidatos se muestren correctos con su rival. De aquella *Guerra* solo quedan los *Pedros*. Ambos se conocían de antes. Pedro García Jiménez (Ronda, Málaga, 1948) había sido vicepresidente deportivo cuatro años con Fontán, que dejaba el cargo, y Pedro Ruiz Campos (Jódar, Jaén, 1949) tenía la explotación publicitaria del estadio. Una vez que decidieron presentarse, comenzó la campaña de dos meses para asaltar la Casa Franjirroja.

La carrera por los avales la ganó Ruiz Campos (1.087 por los 948 de su rival) el 30 de enero de 1989, por lo que Pedro García debía echar el resto. "Pusimos una oficina electoral en la calle de Carlos Martín Álvarez e hicimos programa, mítines, encuestas… Ahí supimos que íbamos a ganar", recuerda Óscar Desio, gerente del club alrededor de una década y uno de los pilares de esta candidatura, en la que también participó Rafael Cañil, creador de Discoplay junto a su hermano Emilio. "Nos faltó ir casa por casa. Teníamos que inventar todos los días. Pusimos trenes a Huelva y A Coruña para dos partidos y movilizamos a más de 2.000 personas", asegura Pedro García, quien también sacó un casete: "Lo venden en Wallapop. Está el himno del Rayo y canciones de Los Tarantos". Para contrarrestar la imaginación rival, Ruiz Campos fletó varios autobuses a Huelva y A Coruña e invitó al almuerzo. En ese tira y afloja, las peñas tomaron partido. La Federación de Peñas San Isidro se sumó al bando de Ruiz Campos, con el presidente de El Cencerro, Paco Peco, a la cabeza y la Federación de Peñas Virgen del Carmen apoyó a Pedro García, así como varios jugadores que él había traído. "Botella me dedicó un gol", desvela.

Ambos candidatos fueron entrevistados por los medios, con el vaticinio —incorrecto— de alguna pitonisa incluido. Los dos se sentían favoritos. Sin embargo, el entorno de Ruiz Campos señala a una intervención del locutor José María García en la noche de la jornada de reflexión como la clave de su derrota. Palabras que el mismo aspirante denunció en su momento. El 18 de febrero, Pedro García ganó por 517 votos de diferencia y se convirtió en presidente del 89 al 91 hasta que Ruiz-Mateos compró el Rayo y depositó los 611 millones de pesetas necesarios para transformar el club en sociedad anónima deportiva. Un camino por el que se despeñaron Málaga, Burgos, Logroñés… Y un largo etcétera. "Me fui con la sensación de que había salvado al Rayo", insiste Pedro García.

Eso sí, los meses de negociación con Ruiz-Mateos no fueron fáciles. "Yo no le busqué, sino él a mí. Consiguió mi móvil y me llamó el Día del Padre. Conocí su voz de inmediato. Había unas elecciones europeas y entendió que el Rayo era muy goloso para tener repercusión. Empezamos a negociar, pero cuando sacó diputados no quería seguir adelante. Llevaba un maletín que grababa las conversaciones y buscó cosas contra mí para tumbar la operación. Tuve que cerrarle todas las vías de escape", relata Pedro García, que solo respiró cuando vio a Ruiz-Mateos, justo antes de la hora límite, enfundado en un batín de Loewe, sosteniendo el acta notarial que certificaba que tenía el dinero en la sede del CSD.

Ruiz-Mateos no solo tuvo relación con ese Pedro. También conocía a Ruiz Campos porque ambos eran supernumerarios del Opus Dei. Dicen incluso que fue él quien presentó a Jesús Gil y a Ruiz-Mateos en el palco del Calderón. Prácticamente su primer contacto con el mundo del fútbol. Ahí podría situarse el origen de una historia que terminó con la compra del Rayo por parte del gaditano, con quien el club pasó a ser una empresa. La Agrupación Deportiva Rayo Vallecano se convirtió en el Rayo Vallecano de Madrid. "No me gustó ese cambio. La Franja era, es y será de Vallecas. Él metió Madrid por puro *marketing*", concluye Pedro García, el último presidente elegido en las urnas.

43/100

EL RAYO, EL ÚLTIMO BAILE DE CUNNINGHAM

Sus últimos pasos los dio en Vallecas. Por eso, sus huellas perduran. Decían de Laurie Cunningham (Londres, 1956 – Madrid, 1989) que más que correr bailaba, como sus ídolos de la infancia Fred Astaire y Gene Kelly. "Nunca vi nada igual, corría con las punteras", le dibuja Morón, que fue su compañero de habitación en el Rayo y desliza una palabra que se repite para definirle: "Elegancia". Su magnetismo personal lo reflejaba en el verde. Por desgracia, se marchó demasiado pronto. El 15 de julio de 1989, con 33 años, sufrió un accidente a las 6:45. El Seat Ibiza que conducía se salió de la calzada en la A-6, a la altura de Puerta de Hierro, y chocó contra una farola y la protección, por lo que terminó volcando, según *El País*. Falleció por una fractura en la cabeza.

Aquella noticia heló la sangre al rayismo. "Estaba en el chalet familiar de Villar del Olmo. Mi madre lo escuchó en las noticias y subió a la habitación a decírmelo. Me quedé en shock", confiesa su compañero Cota. Su técnico, Felines, también estaba consternado cuando se acercó al Anatómico Forense. Años después, recuerda un detalle: "Ha sido el único suplente que siempre me deseaba suerte antes de cada partido". De hecho, dos semanas antes del accidente, había terminado su contrato con la Franja y tenía pendiente una conversación con el entonces presidente, Pedro García. "Íbamos a hacer la pretemporada en Benasque (Huesca). Al poco de llegar al hotel nos llamaron para darnos la noticia y con esa paliza de coche nos volvimos. Estaba para renovar y ayudamos a la familia por el compromiso que teníamos", hace memoria. El centrocampista pasó dos años en Vallecas (1986-87 y 88-89) y participó en un ascenso.

Sergio apenas tenía año y medio cuando su padre falleció y son los recuerdos de quienes le rodean los que le han permitido descubrirle, especialmente los de su madre Silvia. "Su hijo me pregunta muchas cosas sobre él. Me recuerda a Laurie en las facciones de la cara", asegura Cota, que era un chaval cuando compartieron vestuario y la veterana estrella le acogió bajo su ala. "Siempre estaba pendiente de mí. Además de un portento físico era una gran persona. Me decía: «*Cotita*, si Johan Cruyff te entrenase, serías internacional»", relata. El lateral lo conocía bien y sabía de su pasión por el *soul* y el *funk* y esos trajes de *estilo Gatsby*. "Un día bailó un tango con la mujer de Mendiondo y nos quedamos todos flipando", admite el vallecano. Esa destreza la demostraba también con el balón y eso que un pisotón del bético Bizcocho le dejó una lesión crónica en el pie izquierdo. Por eso empezó de suplente en un partido en Eibar. "Acabado el primer tiempo escuchamos aplausos, gritos… Al salir vimos a Cunningham calentando y haciendo malabarismos. Le pegaba con el exterior. Fíjate qué pases tenía que dar para que marcara hasta yo", bromea Cota.

Cunningham ha inspirado libros, como *Different Class* (Colectivo Bruxista, 2023), e incluso obras de teatro, como *Getting the Third Degree*. Su figura es un símbolo antirracista, después de haberse convertido en el primer jugador negro que vistió la camiseta de Inglaterra (la Sub-21, 1977) y de haber lidiado con el lanzamiento de plátanos en diferentes campos. Su lucha le valió su propia estatua —antes la compartió con Regis y Batson— en el estadio del Leyton Orient. También hizo historia al ser el primer británico en fichar por el Madrid (1979) —por un millón de libras— y por haber arrancado una ovación al Camp Nou. Un orgullo para su hijo Sergio, que durante años mantuvo su vínculo con la Franja. "Tras su muerte, el club vallecano seguía llamándonos. Incluso le quiso hacer un partido homenaje con el Madrid, que no se decidió. Mi familia tiene al Rayo en el corazón", admitió en *pasionporelrayo.com*.

Las lesiones aceleraron el declive de un artista que ofrecía espectáculo hasta en los córners. De un jugador de otra clase, que hizo historia a pesar de que la suya fuese triste. De un icono al que la afición franjirroja aún recuerda con tifos contra el racismo. Y es que en el barrio pudo ser más Laurie que Cunningham. Alguien de carne y hueso.

44/100

DE QUEEN Y METALLICA A LOS TESTIGOS DE JEHOVÁ

El Bernabéu y el Metropolitano agotan las localidades. Actualmente son los dos estadios de referencia para los grandes conciertos en Madrid, pero no siempre fue así. Hubo una época en que Vallecas sirvió de escenario para grupos y cantantes legendarios. Se alcanzaron los 40.000 asistentes viendo a algunos como Simon & Garfunkel (25 de mayo de 1982), Miguel Ríos, junto a Luz Casal y Leño (5 de julio de 1983), Rod Stewart (17 de julio de 1983), Bob Dylan y Carlos Santana (26 de junio de 1984), Stevie Wonder (20 de agosto de 1984), Deep Purple (17 de julio de 1985), Queen (3 de agosto de 1986), Scorpions (5 de septiembre de 1986), Status Quo, con Barón Rojo y Barricada (1 de agosto de 1987), Metallica (18 de junio de 1993)… y un largo etcétera, puesto que estas instalaciones también acogieron el festival Vallekas Rock. Ingresos extras para la maltrecha economía del club. "Cualquier cosa que entrase era buena. Los conciertos nos dejaban cuatro o cinco millones", desvela el presidente Fontán, el impulsor de esta idea.

Trató con los promotores más potentes de la época como Pino Sagliocco y, sobre todo, Gay Mercader, quien tiene a sus espaldas más de 3.400 conciertos y una amistad con Sting cuyo origen radica en Ruiz-Mateos. "Iba a actuar en el Calderón, pero hubo un problema. De allí nos fuimos a Vallecas, entonces llegó Ruiz-Mateos, que se pasaba todo por el forro, y lo mandó al traste. Rompió el contrato. Siempre pensé que él buscaba un escándalo mediático a costa nuestra. La noche anterior al bolo, nos tuvimos que mover a Las Ventas, cuyo aforo era menor. Fue un éxito apoteósico. Se lo expliqué a su mánager y me dijo: «Tranquilo. Sting te devuelve medio millón». Por eso para nosotros es sagrado", contó Gay en *Vozpopuli*. El sueño de Ruiz-Mateos era traer a Michael Jackson, pero aquello más que sueño era una utopía. Los conciertos, que empezaron con Fontán en la presidencia y terminaron con Ruiz-Mateos, marcaban el final de la temporada y después tocaba sembrar de nuevo el césped. Merecía la pena. Solían hacer alusión a algo del Rayo y del barrio. Uno de Queen dijo: "Viva Vallecas", en *spanglish*, recuerda Pedro García, vicepresidente con Fontán y luego presidente.

Pero no todo en Vallecas fueron rock y decibelios, también lo inundaron unas piscinas celestiales. Las utilizadas por la otra gran fuente de ingresos, los Testigos de Jehová. Durante un tiempo eligieron el estadio franjirrojo para celebrar sus multitudinarios bautismos por inmersión, que congregaron a unos 11.000 fieles, pero el sitio se les terminó quedando pequeño. Por eso ahora los realizan en el Metropolitano. "Nos pagaban un alquiler y nos dejaban las instalaciones muy limpias", afirma Fontán, a lo que Pedro García añade: "Estos bautismos se concentraban en un par de fines de semana y el estadio se ponía hasta arriba de gente. Ruiz-Mateos no quería que esto siguiera. Le tuve que convencer para que aguantara el año que estaba firmado". Se colocaban dos piscinas portátiles en dos esquinas del campo. La expresión de sus caras poco tenía que envidiar a las de los espectadores de los conciertos. Extasiados.

Hubo dos citas para la historia. "Fue la mejor actuación de Metallica que he visto en mi vida. La primera media hora no hacía más que llover. Abrieron con *Enter Sandman*", sentenció Mariskal Romero, periodista musical. El otro fue el de Queen. Apenas dos veces más actuó con Freddie Mercury. Ni las largas colas de acceso ni el calor sofocante deslucieron un espectáculo salvaje en su comienzo (*One Vision* y *Tie Your Mother Down*) y majestuoso en su final (*We are the Champions* y *God save the Queen*). Lo más parecido que se ha vivido en la etapa moderna fue una actuación de Mägo de Oz, durante el descanso contra el Barça, el 21 de septiembre de 2013. No dio tanto de sí como el de la final de la Super Bowl, pero lo suficiente para disfrutar de *La Fiesta Pagana*. Varios miembros de la banda, como su violinista Moha, presenciaron aquellos míticos conciertos, donde los más grandes encendieron las gargantas de Vallecas tanto o más que un gol.

45/100

EL SUICIDA Y OTROS MÍTICOS PORTEROS

Su apodo llama la atención, más si cabe tratándose de un portero, pero *El Suicida* conquistó a aquellos primeros rayistas. Recuerdan su osadía, plasmada en esas salidas a por el balón con la cara por delante y su particular manera de sacar, pasándose la pelota por detrás de la espalda. "No tenía miedo a nada. Él se tiraba en esos campos de tierra a agarrar el balón y no a despejarlo", matiza Juan Carlos, su hijo menor. En una época en la que una expulsión obligaba a un jugador de campo a ponerse bajo palos, *El Suicida* forjó su leyenda con artificios, aunque debajo estaba José Sánchez. Ese chico del barrio que tenía que salir a hurtadillas para jugar y defendió la Franja antes de la guerra y en los 40. Fue genio y figura hasta el final de su carrera, cuando coincidió en el Athletic Aviación con Ricardo Zamora como entrenador. "Quería explicar a mi padre cómo parar. Le pedía que despejara con la famosa *zamorana*. Tuvo problemas con él y le costó una sanción", cuenta Juan Carlos, que personalizó una edición de cuatro cajas de vino de Rioja con la foto de su progenitor —con su mítica gorra— y tres palabras que también le definen: valentía, coraje y nobleza. "No tenía conciencia de lo que fue en el Rayo, pero sí escuchaba que por la calle le decían: «Eres el mejor»", rememora Juan Carlos, cuyos hermanos José y Antonio jugaron en las categorías inferiores franjirrojas.

La portería ha forjado más mitos. Alcázar es uno de ellos. El cerrojo del primer ascenso a la élite y del *Matagigantes* coleccionaba discos y su hábitat fuera del campo fluctuaba entre Discoplay (Gran Vía) y Toni Martin (Martín de los Heros), las dos tiendas de música de referencia. En esta última tenían una foto dedicada de Anero, Luna y Alcázar. "Nada más entrar estaba colgada en un panel de corcho, junto a los anuncios de 'Vendo guitarra'", ríen sus protagonistas. También la banda sonora de Cristian Álvarez se movía entre dos frecuencias, la del rock para motivarse antes de los partidos y la del blues para relajarse después. Su día a día, durante la 2014-15, lo pasó entre guantes y libros de Hermann Hesse, John Fante... Entre su Smart y el metro. Entre Vallecas y Malasaña. Es tan fan de los Rolling Stones que tiene su lengua grabada en la piel: "Los porteros estamos todos zumbados".

Una particularidad de los guardametas en Vallecas es su proximidad a la grada, tanto por su ubicación dentro del verde como fuera de él. Descripción en la que encajan Samper, Wilfred, Cobeño, Toño... y Alberto García, un ejemplo de implicación que incluso llevó la Franja a las aulas. El capitán ofreció varias charlas a los alumnos de la ESO del colegio Santa Rafaela María, en Entrevías. La idea partió de la profesora Almudena Carrasco: "Le pedí un vídeo porque era el favorito de un alumno que necesitaba motivación. Alberto dijo que venía. Cuando apareció, alucinaron. Solo se escuchó a una chica decir: «¡Qué guapo es!». Los demás tenían los ojos como platos. Nunca les vi tan callados". Sus palabras calaron y se le ocurrió sortear sus guantes entre quienes más mejorasen. "Tuvo su efecto, los más rayistas llamaban la atención al resto para que no hablasen", admite Almudena. El sucesor de Alberto fue Dimitrievski, amante del café y la moda. Tras un partido ante el Madrid, en el que los blancos perdieron 3-2, el normacedonio pidió su cárdigan a Ancelotti y este se quedó tan descolocado que tiró para el vestuario.

Hubo también dos cancerberos que pasaron de Vallecas a España. Julen Lopetegui, Agote, Aranguren, Arteaga, Eizmendi, Kalparsoro, Usabiaga y Ugartemendia, con sus ocho apellidos vascos, estuvo en el Rayo como jugador (97-02) y técnico (03-04), aunque su estreno en los banquillos duró solo diez jornadas. Más maduro aterrizó en la Selección. Triunfó con las inferiores (ganó dos Eurocopas), aunque no lo pudo rematar con la Absoluta. A su lado, en la Sub-21, trabajó como entrenador de porteros otro ex de la Franja, Miguel Ángel España, que dio el salto a La Roja junto a De la Fuente. Sus vivencias por Vallecas (90-98) le ayudarán. Ingredientes: valentía, coraje y nobleza. Sin abusar de ese puntito *suicida*...

46/100

WILFRED, ICONO CONTRA EL RACISMO

"Negro, cabrón, recoge el algodón". Fuerte, ¿no? Esos fueron los cánticos que un amplio sector del Bernabéu dedicó a Wilfred en los 90. No eran los únicos. Las cámaras grabaron otros como "¡Ku Klux Klan!" El guardameta del Rayo despejó esos insultos con los guantes de la resignación: "Es normal. Soy moreno y habiendo parado como hoy esperaba que la gente me chillase. No pasa nada". Pero sí, pasó. *Willy* se convirtió en un icono de la lucha contra el racismo. Ese que sufrió en innumerables campos y situaciones. Él nació en Lagos, Nigeria, en 1966. Y cuando llegó a España traía en su maleta experiencia en equipos de su país como el New Nigeria Bank, el Abiola Babes y el BCC Lions, donde jugó tras su fallida aventura en el Brentford. "Lo descubrimos gracias a un comisario amigo mío de Vallecas. Demostró grandes cualidades y hubo clubes europeos interesados en él", apunta Pedro García, el presidente franjirrojo cuando fichó. Wilfred tenía 24 años y su primer entrenador fue Felines: "Se ejercitó con nosotros unos días y di el visto bueno. Se estrenó en el campo del Pozo y la superficie era durísima. Se daba unos barrigazos…". Nada más llegar, los primeros enredos. "¡Vaya lío fue dar de alta a su mujer en la Seguridad Social! Estaba embarazada y yo era incapaz de explicarle al funcionario que no había papeles de su boda. Por entonces, en su país, se daban cabras, ovejas o algo así", recuerda Magdalena Cárceles, secretaria de la entidad.

A lo largo de seis temporadas (de 1990 a 1996) y 177 partidos (76 en Primera y 101 en Segunda) le ganó la titularidad a Férez, Toni, Carou y España, aunque ya en su último curso se alternó con Abel Resino bajo palos. Sus reflejos y su agilidad le caracterizaban dentro del césped. Fuera, "la bondad", dice Pedro García. "Él vivía cerca de la frutería de mis padres y me llevaba a los entrenamientos en coche", expone su compañero Míchel. "Yo le hacía muchas bromas con el idioma en el vestuario", desvela Calderón. También su míster David Vidal se deshace en elogios hacia *Willy*: "Era un profesional íntegro. Daba consejos a los más jóvenes y podía haber sido un buen entrenador". Vistiendo la Franja fue convocado para el Mundial de Estados Unidos de 1994. A los 31 años, se retiró.

La vida se le fue complicando. Cuando volvió a Madrid, como preparador de porteros del Coslada, se gastó gran parte de sus ahorros en el tratamiento contra el cáncer de Maureen, su esposa, que terminó falleciendo. Encadenó varios empleos; el último, como mozo de carga en la empresa MRW en el turno de noche de Barajas. Algo que destapó el programa *El jefe infiltrado* (2014). "Trabajo duro para abrir una escuela de fútbol", fantaseaba. Atrás quedaron su sueño frustrado de jugar en el Madrid, sus chaquetas de terciopelo y su colonia de Paco Rabanne. También su cameo como rey Baltasar en la serie *Los ladrones van a la oficina*. Su vida había pasado a ser anónima, aunque Bukaneros quiso rescatarle del olvido con un emotivo homenaje en abril de 2011, durante el descanso de un Rayo-Real Sociedad. Estaba enmarcado en las Jornadas contra el Racismo, en las que *Willy* participó con una charla.

Su nombre volvió a la palestra cuando trascendió su grave estado de salud, por culpa de la misma enfermedad que se llevó a su mujer. El equipo lució una pancarta de #FuerzaWilfred y se hizo lo imposible para traer a sus hijos y que pudieran verle con vida. No llegaron a tiempo. Falleció el 27 de enero de 2015 y la burocracia hizo que Winthia, Stephania y Willison solo estuvieran presentes en el funeral. *Willy* se marchó envuelto en una bandera del Rayo y con una emotiva frase: 'La muerte es un momento y tu memoria, para siempre'. Cierto. Wilfred da nombre a un centro deportivo en El Pozo y a la puerta 1 del estadio, donde luce un mosaico —hecho por Bukaneros en una noche— con su imagen y la leyenda: 'Por tu defensa de la Franja y tu lucha contra el racismo. Nunca te olvidaremos'. Así es. Siguen presentes sus grandes mofletes, su fino bigote, su sonrisa… Eterna, aunque vinieran mal dadas. Quienes más le conocían coinciden: "En Vallecas era feliz". Y Vallecas, con él.

47/100
LAS REVISTAS RAYISTAS

La Franja no solo se ve, también se lee. Y durante años, por partida doble, ya que coexistieron *Tu revista* —impulsada por quien fuera jugador, Juan Luna— y *Rayo Vallecano de Madrid*, que era la oficial. La primera en llegar, allá por 1988, fue la de Luna (Madrid, 1951). El defensa aún conserva un ejemplar de cada número y eso que *Tu revista* tuvo una larga vida de 30 años. "Son parte de mí", confiesa, aunque de la otra parte, la de futbolista, también guarda un tesoro. "El balón del primer ascenso a Primera. Me lo firmaron y me lo quedé. Y eso que Marcelino Gil me lo estuvo pidiendo hasta que me marché", ríe el lateral zurdo, que era un loco de la música en general y de los Kinks en particular. Dejó el Rayo y continuó su carrera en equipos de Tercera, simultaneándola con su trabajo en discográficas. Pasó por Zafiro, Hispavox y EMI Odeon. Al término de esa canción, se reinventó en una editorial que le sirvió para alumbrar la idea de la revista. "El Madrid y el Atlético tenían la suya, así que hablé con el presidente Fontán y llegamos a un acuerdo para editarla. Ruiz-Mateos luego sacó otra, la oficial, en 1994. Convivimos sin problema porque entraba publicidad", resume Luna, que metía partidos, entrevistas, información de peñas… e historia. Idea que adoptó la revista oficial, que tenía un esquema similar, incluyendo unos fascículos escritos por Nieto-Sandoval. La nota diferencial era su toque (lógicamente) más presidencialista. De hecho, su antecesor, Pedro García, había probado fortuna con su propia publicación, pero no perduró.

Luna se rodeó de un buen equipo. La alineación era la siguiente: en las labores de redacción estaba su cuñado Andrés Clemente, periodista deportivo de *Diario 16*, y en las de fotografía, Justo Sánchez. "Abrí una tienda de fotos y hablé con Luna para meter publicidad en su revista. Terminé colaborando primero ahí y después, en la oficial", desvela el vallecano. "Sí, estábamos los dos", corrobora Juan Ruiz, el fotógrafo del club y, por consiguiente, de la publicación. Él cubría los actos de Teresa Rivero. "Y de Milene. Para eso la ficharon, para las fotos", bromea Juan, que en sus cintas VHS tenía grabados los partidos y hasta los entrenamientos con Camacho. Esta revista la imprimía el directivo de entonces Adolfo Rivero, propietario de una imprenta, y la parte de contenidos recayó en Luis Sanjurjo y Fernando López, responsables de prensa en diferentes etapas. El Rayo tuvo hasta álbum de cromos (2007-08).

Luna relata cómo salvó los obstáculos del camino: "Llegué a un acuerdo con Fontán, por el que dábamos al club un porcentaje de la publicidad y ese dinero servía de ayuda a la cantera. Cuando vino Ruiz-Mateos me denunció diciendo que no pagaba el canon. Le gané el juicio porque tenía los justificantes. Él me la quiso quitar y, como no pudo, hizo la suya propia". La puesta de largo de *Tu Revista* —que tuvo que cambiar el escudo de la portada, en su número 58, al no poder usar el original— reunió, en los Salones Romance, a los jugadores más mediáticos de la Franja entonces, Cunningham y Hugo Maradona; al presidente, Fontán; y al mismísimo presidente de la RFEF, Villar. Contra quien Luna jugó. "El partido de San Mamés era bronco y el campo estaba embarrado por la lluvia. Nieto se fue lesionado, echaron a Guzmán… le metí un plantillazo a Villar que le mandé al hospital", lamenta. Aquel *Matagigantes* cayó 6-0.

Ambas son ahora objeto de coleccionismo. Y más si cabe, sus predecesoras. A lo largo de las décadas de los 60 y 70 existió *Casetas*, una revista quincenal en blanco y negro, dirigida por Antonio Duarte. Presentaba un formato básico, con crónicas y estadísticas, y dos fijos en portada: la publicidad de La Casera y la de Auto Quer o Radio Quer, empresas de Luis Quer, presidente franjirrojo en la 1980-81. Otro anterior, Pedro Roiz Cossío, dirigió *AD Rayo Vallecano* a mediados de los 60. Esta publicación, cuyo redactor jefe fue Jaime Conde, llevaba cada mes una figura, patrocinada por Radio TV Vázquez. Dos revistas, anunciantes y la Franja como razón de ser. La historia, como las secciones, se repite.

48/100

NIETO-SANDOVAL, EL GUARDIÁN DE LA HISTORIA

La historia del Rayo se escribió con su letra y a través de los trazos de sus caricaturas. El trabajo de Ignacio Nieto-Sandoval (Madrid, 1926-2003) sigue siendo una fuente inagotable de sabiduría. Llevan su firma muchos de los cuadros con el escudo, del que decía que parecía una "cabeza de gato", y los onces míticos que salpican los pasillos del estadio, un inventario de trofeos de la Franja —dibujados con más mimo y detalle que cualquier fotografía— y el libro de registro de la plantilla de cada temporada, siendo la primera la 1923-24. Ahí figuran los nombres y apellidos de los jugadores. Muchos de ellos (Peñalva, Barragán, Joseito, Flores, Las Heras, Felines, Potele, Bordons, Dueñas, Illán…) fueron los protagonistas de sus ilustraciones, que iban desde el hogar donde nació el club, con el ventanuco por donde se metían las porterías, hasta figuras del día a día, como el utillero Toribio Pérez.

El *Señor Ignacio*, como le llamaban, era una institución en la entidad, con la que creció de la mano. Parte activa en sus primeros pasos y en los de la San Silvestre, desempeñó diferentes papeles dentro del Rayo, como secretario y, sobre todo, como historiador. Él era el guardián de la memoria. Por eso, todos querían a este vallecano, que vivía en la Avenida de la Albufera, 69. A solo unos metros de Caridad, la que terminaría siendo su esposa. En uno de sus paseos se conocieron y junto a ella creó su mejor obra: María Jesús, Maribel y Virginia. "Era un artista", aseguran ellas. Nieto-Sandoval no era delineante como se decía, sino un autodidacta. "Su talento era innato, pintaba desde niño", explica su viuda y lo desarrolla la menor de sus hijas, Virginia: "En la mili se escribía cartas con mi abuelo Pepe y dibujaba los sobres. Cuando lo vieron sus superiores decidieron meterle en las oficinas". En las franjirrojas trabajó durante años por las tardes y por las mañanas lo hacía en la fábrica de lámparas Metal Mazda. Conjugaba así la obligación y la devoción, porque el Rayo fue su vida. "Se involucró con todo y con todos porque amaba al club", incide María Jesús, la mayor.

Con los Ruiz-Mateos pudo desarrollar esa faceta de historiador y, entre sus encargos, estaban los de recopilar sus archivos para redactar la vida de la Franja en capítulos y organizar un museo. "Yo se lo mecanografiaba. Él conocía bien la historia porque había sido parte de ella", reconoce Caridad, quien conserva en su memoria nombres como los de Miguel Rodríguez Alzola, Peñalva, Tanco, Cota... "Los conocíamos cuando íbamos a buscarle. ¡Ah, y Felines! Tengo una foto con él de cuando me rompí un brazo de niña", exclama Virginia. Si cierra los ojos, ve a su padre dibujando en su mesa, mientras ella estudiaba. A su pregunta «¿qué quieres que te pinte?», su respuesta siempre era un animal. "Mi padre era una persona de honor, buena... por eso le hicieron tantos homenajes en el Rayo", afirma María Jesús. Lo acredita una vitrina de su casa, donde lucen placas de peñas como El Cencerro, El Pañuelo y El Campo, de la San Silvestre... "Era tan sensato que muchos jugadores le pedían consejo, pero hasta de amores", ríen sus hijas, quienes recibían un helado de postre los domingos cuando Nieto-Sandoval regresaba de ver esos míticos partidos a las 12:00. "No se entretenía porque venía a casa a comer", afirma Caridad, que le acompañó más al palco cuando sus hijas crecieron.

Ellas no son futboleras, pero sí fueron al estadio. María Jesús estuvo en el concierto de Simon & Garfunkel. "Nos dieron unas entradas y allí estuve con Víctor Manuel, Ana Belén, Miguel Ríos... Nos hicieron una foto y salimos en el *¡Hola!*", ríe la mayor de las hermanas. Caridad y Virginia viven en el barrio, pero ya no van por el estadio. "Antes me acercaba a por lotería y seguí vinculada un tiempo", argumenta la viuda. En el adiós del *Señor Ignacio* no faltó la familia rayista para abrazarlas y desvelarles la otra perspectiva de la historia. Esa en la que Nieto-Sandoval fue protagonista. De ahí que él sea mucho más que bibliografía de cualquier libro de la Franja. Todos bebieron de su fuente.

49/100

BUKANEROS, EL MOTOR DE UN AMBIENTE DIFERENTE

Vallecas es único por su atmósfera. No hay duda. Tampoco de que Bukaneros es el alma del estadio. Ellos levantan el ánimo de la tripulación, que va desde los jugadores al resto de afición, a quienes contagian su energía. Actualmente el grupo cuenta con unos 700 socios y 1.500 personas animando, aunque el origen está en siete fundadores que se conocieron en el bar Lieja. Habían quedado 40 para abordar el Fondo y allí solo aparecieron siete. "Bukaneros nace como peña a lo largo del otoño de 1992, en respuesta a las Brigadas Franjirrojas, que fue el primer grupo ultra copado por gente de extrema derecha. Entendíamos que eso no era natural en un barrio como Vallecas. Después del verano, intentamos ir al Fondo a hacernos notar, el conflicto era inevitable y nos pasamos al lateral", explican sus integrantes, que se reivindican como grupo ultra y se organizan de forma asamblearia.

Bukaneros permaneció en el lateral hasta el 97, cuando la directiva impulsó la creación de una grada joven en el Fondo, tras el exilio de unos meses al estadio de La Peineta. Aquello le juntó con otros grupos de animación como Los Petas, Brigadas Franjirrojas y Boys Franjirrojos, pero por poco tiempo. Brigadas no tardó en marcharse al lateral y crear Armada Ultra, que vivió un par de meses, y Boys, que era apolítico, aguantó hasta 2002. Mientras, Bukaneros fue ganando terreno y aglutinó un marcado componente político, social y deportivo. "Son inseparables porque Vallecas es fútbol, inmigración, solidaridad...", incide el grupo, que puso en conocimiento de la plantilla el caso de Carmen, la anciana desahuciada. Antes había constituido la Plataforma ADRV, con otras peñas, para habilitar una Fila 0 y ayudar a los empleados afectados por los impagos de los Ruiz-Mateos. Y en la pandemia recaudó más de 40.000 € para comprar material para los hospitales del barrio y abastecer a los Bancos de Alimentos. Su pancarta de 'Solo el pueblo salva al pueblo. Trabajadores sanitarios, sois nuestro orgullo' se hizo viral y reforzó esa imagen combativa que se habían labrado por otros tifos contra la violencia de género, la homofobia, los desahucios... "Eso atrajo muchas simpatías. Las pancartas fueron un potente medio de expresión hasta que se prohibieron dentro del estadio. Esta persecución coincide con la llegada de Tebas a LaLiga, que introduce una normativa por la que debes comunicar el mensaje para que sea autorizado y, después, conseguir un certificado ignífugo. Algo que puede costar 500 €. Lo entendemos como una forma de censura", esgrime Bukaneros, que optó por colarlas, como aquella de Zozulya. Las multas frustraron esa fórmula y abrieron otra vía, la de las camisetas. No obstante, la ley siempre deja resquicios: "Es cíclico".

En la 2013-14 nació la idea de hacer un *tour* por el barrio con los jugadores. El recorrido mezcla la historia con aspectos políticos, sociales, gastronómicos... "Antes, muchos vivían aquí, pero eso se ha ido perdiendo. Somos consecuencia de nuestro entorno y el barrio nos aporta una identidad diferente. Otro efecto que encontramos era el de quitar a los jugadores ese complejo de estrellas. Aunque a Advíncula le reconocían hasta con mascarilla, más que a Falcao", desvela Bukaneros, que defiende que en Vallecas no hay ídolos. Sí símbolos. Por eso, lo primero que sacó el grupo fue una bandera de Nigeria, donde se leía: 'Aúpa *Willy*, gol al racismo'. A lo largo de su vida, Bukaneros ha tenido sus luces y sus sombras, pero no rehúye la autocrítica. "Estamos en constante debate, aunque también debemos estar orgullosos de que el estadio y la afición del Rayo de hace tres décadas eran completamente diferentes a lo que son hoy", admite, sacudiéndose estereotipos: "Muchas veces llegamos a una ciudad y nos esperan despliegues policiales desproporcionados, que a menudo reconocen que son innecesarios". Para unos son queridos y para otros, odiados. Para unos son temidos y para otros, admirados. Solo hay dos certezas: no generan indiferencia y cuentan con el reconocimiento de la inmensa mayoría en Vallecas, que los ve como su motor.

50/100

TERESA RIVERO, LA PRIMERA PRESIDENTA

Fue la cara más amable de la época de Ruiz-Mateos. José María se convirtió en el accionista mayoritario en la 1991-92, pero la figura de presidente recayó unos meses en Daniel Jimeno y después en Manolo Gallardo. "Mi rol era representativo porque todo lo hacía él", recuerda Gallardo, a quien relevó Teresa Rivero (Jerez de la Frontera, Cádiz, 1935) el 12 de enero de 1994. "Es muy maja, aunque no tenía ni idea de fútbol", bromea su antecesor. El Rayo le dio vidilla en un momento personal delicado. "Empezó de presidenta del filial y luego con el primer equipo viajaba, se echaba su cigarrito... Disfrutó", asegura Justo Sánchez, que en sus dos décadas de fotógrafo en el club coleccionó más de 50 kilos de negativos. Teresa, que se había dedicado al cuidado de sus trece hijos, de repente se convirtió en una pionera. La primera presidenta de un Primera. Antes ya existió Amelia del Castillo, que había fundado el Atlético Pinto el 15 de octubre de 1963, donde simultaneó su papel de presidenta y entrenadora. "No me da rabia que se hable de Teresa. Ella tiene su mérito", dijo Meli en *As*. Teresa lo leyó y quiso conocerla, aprovechando que el B jugaba en Pinto. "Me acuerdo de un encuentro con el Toledo en Segunda, donde unos me increparon: «¿Qué haces aquí? ¡Vete a fregar!»", lamentó Teresa y Meli añadió: "Pues imagínate en los 60... ¡Me llamaban de todo!".

Teresa a veces echaba una cabezadita durante el partido, gritaba y gesticulaba contra los árbitros, se descalzaba... Allí, en el palco, estaba en su salsa, repartiendo pines e invitaciones. Solía acompañar a las peñas en sus cenas, a las que obsequiaba con alguna acción, y tiraba de sus jugadores para sus actos, desde la cabalgata de Reyes hasta las mesas por el día de la banderita de Cruz Roja. "Se fue ganando a la gente. Teresa iba a los centros comerciales con los nietos a firmar y las mujeres del barrio le tenían cariño", apunta Cota, lo que explicaría cómo llegó a tener su propia peña femenina (presidida por Encarnación Núñez) y a dar nombre al estadio (con un referéndum en el que participaron solo 700 personas). Al capitán hubo algo que siempre le sorprendió de las reuniones en su casa de Somosaguas: "Pensábamos que tenía criados y era ella quien nos traía el café". Además, con la presidenta, cada temporada, se hacía una ofrenda a la Virgen del Carmen de la Parroquia de San Ramón Nonato, donde está enterrada la piloto María de Villota, puesto que uno de sus antepasados (Isidro de Villota) construyó dicha iglesia.

Pocos conocen mejor a Teresa Rivero que Juan Ruiz, el fotógrafo del Rayo que acompañaba a la presidenta y a su directiva en los desplazamientos. "Es una buena tía, pero tardona. Aparecía una hora después de la que habíamos quedado en su coche. Conducía ella", ríe. Los dos se pasaron muchas tardes en la Torre viendo a las categorías inferiores y al Femenino y acompañaron al equipo en Segunda B. "Los canarios no tenían palco y la recuerdo a pie de campo en una silla de plástico", afirma el fotógrafo. No faltan anécdotas de las islas. "El día del Vecindario se sube al bus y nos suelta: «Hoy tenéis prima doble, que ha dicho mi marido que habéis jugado muy bien». Pachón y yo nos mirábamos extrañados. Quedamos 1-1 y el partido no lo habían retransmitido. ¿Cómo se había enterado ese hombre?", reflexiona Piti.

A Teresa es a quien más fotografías tomó del millón que pudo disparar desde su llegada en 1998. Juan percibió una evolución en la presidenta: "Se hizo valer en un mundo de hombres. A última hora ya sabía de fútbol". También pasó por su objetivo Ruiz-Mateos. "Su marido me encargó unas fotos cuando decían que había muerto", puntualiza el vallecano, que además hacía reportajes a los jugadores: "A Míchel le saqué las fotos de su boda y conservo una de Hernández con el pequeño Theo en brazos". Sin pretenderlo Teresa hizo historia y sin quererlo tuvo que dejar el club por la mala gestión de su familia. Años después, fue condenada por delito fiscal, pero no llegó a entrar en prisión. La presión social le abrió la puerta y desde que se cerró vive alejada de los focos. De ese Rayo que le descubrió otra vida.

51/100

EL RAYO GADITANO Y LA VASELINA DEL *CHINCHETA* ONÉSIMO

Más que amigos, hermanos. "Sangre gaditana en vena vallecana", dice la frase que mejor resume este sentimiento. Rayo y Cádiz, de la mano, dieron el salto a Primera aquel 5 de junio de 1977. El vértigo de la primera vez no noqueó la ilusión. Ambos cumplieron: los franjirrojos empataron con el Getafe (1-1) y los amarillos ganaron al Terrassa (2-0). Casualidad o causalidad, juntos empezaron a escribir una historia que aún hoy mantiene vivo ese vínculo, alimentado por dos aficiones hermanas. Hinchadas que disfrutaron en los 90 de un Rayo Gaditano. Ese que reunió, en la 1995-96, a Calderón, Barla, Jose González y Cortijo, jugadores gaditanos y ex del Cádiz.

Aquel equipo germinó gracias a lo sembrado en la 1994-95. A los mandos, en Segunda, estaba David Vidal, con pasado amarillo. La misión no era fácil: el ascenso. Para completarla, apostó como segundo de a bordo por Paco Baena, al que había conocido en Cádiz. Este tándem dejó momentazos. "Un día, en Leganés, Baena empezó a quemar romero en el vestuario para cortar la mala racha. Decía: «Romero, romero, que salga lo malo y entre lo bueno». El campo antiguo era pequeñito y casi mata a dos o tres de la humareda que formó", ríen testigos del ritual. No surtió efecto. Echaron a Vidal en la novena jornada y Baena ejerció de interino una más hasta que Paquito, otro excadista —recordado también por las fábulas que contaba a la plantilla, como "la del asno y las ranas", añade Cota—, se hizo cargo de la Franja, que por supuesto subió. "El carácter de los vallecanos se parece al de los andaluces y nos sentimos como en casa", afirma Barla. Da fe la Chirigota Vallekana El Desván, que cantó su pasodoble del centenario en el Carnaval de Cádiz: "Paseamos con orgullo el nombre del Rayo y el del barrio".

El punto álgido de ese Rayo Gaditano se alcanzó en la 95-96. La Franja sufrió varios *tsunamis* en el banquillo, que ocuparon Zabalza, Baena de interino, Marcos Alonso y Zambrano, con quien se cerró la permanencia en una histórica promoción contra el Mallorca. Aquel 1 de junio de 1996, el Rayo nadaba a contracorriente, tras haber caído en la ida en Palma (1-0, Morales). Los bermellones pisaban Vallecas con la seguridad de quienes llevan 18 partidos sin perder y después de calentar la cita toda la semana. El barrio no perdía la fe, aunque sí parecía haberlo hecho Ruiz-Mateos. "Reunió a los jugadores en el hotel y, lejos de ofrecerles una prima, les soltó: «No se preocupen. Son de Segunda y la culpa es mía por ficharles». Cuando se marchó, la plantilla refunfuñó: «Se va a enterar»", asegura el doctor González. Ese fue el motor para que los franjirrojos igualaran la eliminatoria al cuarto de hora, gracias a Guilherme. La grada se las prometía felices. Error. López Nieto expulsó a Wilfred en el 24' y eso dio oxígeno al Mallorca, pero el tiempo se paró en el 81'. Calderón oteó a Onésimo desmarcado y dibujó un pase para que el "7" cincelara una vaselina que entró por la escuadra. Al final, hubo prima y a Ruiz-Mateos le salió bien su psicología inversa.

El *Chincheta* Onésimo los salvó de la quema. "Era mi último partido, me iba al Sevilla, pero le había dicho a Zambrano: «Míster, tranquilo, nos salvamos». Metí el pie, corrí... Cumplí mi promesa y lo mejor del gol fue darme la vuelta y ver la alegría de Vallecas. Ahí te das cuenta de lo que significa el Rayo. Fue como ganar una Champions", equipara el *rey de los regates*. Un futbolista diferente, que con el balón en los pies encendía a la gente. "En Vallecas no solo valoraban las jugadas, que a veces también me gritaban «chupón, suéltala», sino que te dejaras el alma. El público estaba tan cerca que parecía que le tenía que regatear. Esos aplausos y silencios cuando la tocaba no se me olvidan", apunta Onésimo, cuya magia cautivó a generaciones, aunque no secundar las iniciativas de la plantilla franjirroja por los impagos de los Ruiz-Mateos mermó su popularidad. Aun así, el técnico siempre cuela en sus contratos una condición: "Les pido que me faciliten la salida si el Rayo me llama. En Segunda B se barajó mi nombre alguna vez". Una cláusula por si tiene que volver a sacar la varita.

52/100

VALLECAS, UN CAMPEÓN MUNDIAL

Vallecas debería reivindicar su estrella. Esa que se bordó en el pecho el 7 de julio de 1998. Mucho antes que la Selección masculina (2010) y la femenina (2023). Con motivo del Mundial de Francia, el ayuntamiento de Saint-Denis diseñó un campeonato del mundo de barrios de fútbol-7, en el que participaron 22 países, divididos en 37 delegaciones —15 francesas—, y ganó Vallecas. La gloria se la repartieron el seleccionador, Mariano Madrid (Madrid, 1965), y los nueve convocados: Aparicio, Israel, Chufi, Mario Gómez, Torres, Lobo, Pablo, Expósito y Otero. Siete eran del Rayo, cantera que el técnico conocía bien, puesto que entrenaba allí. Los otros dos venían de Adepo (Pablo) y Vicálvaro (Otero, pichichi del torneo con 21 goles).

El germen de la idea estuvo en un festival de música que querían organizar con motivo de la Copa del Mundo. Sus impulsores veían interesante compaginarlo con algo deportivo, como este torneo de categoría juvenil. Carmen Peire era miembro de la organización y, tras vivir dos décadas en Vallecas, pensó en el barrio. Al principio hubo reticencias en la concejalía por el nombre: *banlieue du monde*. Temía que se pudiera traducir como suburbios y no como barrios, pero finalmente salió adelante. El tema deportivo se quedó en manos de Fernando Palma. El presidente de las Peñas Rayistas y la peña Cota, que llegó a España en 1973 huyendo de Pinochet, buscó subvenciones y Caja Madrid puso 700.000 pesetas. "Hicimos la ida y la vuelta en tren litera. Íbamos con una ilusión tremenda. La primera fase fue la que más nos costó porque los rivales eran corpulentos. Nos mentalizamos y, eliminatoria a eliminatoria, nos dimos cuenta de que se podía. El sistema era un 1-2-3-1", afirma el seleccionador, a quien le impactó un equipo: "El de Sudáfrica. Verle calentar era un espectáculo, parecía un baile".

Vallecas se plantó en la final contra Buenos Aires, que se disputó en el anexo a Saint-Denis como aperitivo de la finalísima Brasil-Francia (0-3). "Apenas una hora antes de aquel partido, pasamos con el bus por delante del estadio de camino a la estación. Cuando acabó el torneo nos quedamos unos días en Eurodisney", cuenta Mariano, que aún se pone nervioso narrando cómo conquistaron la corona: "Ganábamos 2-0 y nos empataron. Conseguimos el Mundial por penaltis americanos. El jugador salía del mediocampo con el balón controlado y era un uno contra uno con el portero. Metimos los tres. En el último, Chufi ni recortó". Los chavales pudieron disfrutar también del otro Mundial. Les invitaron a ver la semifinal Francia-Croacia (2-1). "Salen unas imágenes de ese partido en la serie *Lupin* y me acordé. Llevábamos una bandera española y cuando expulsaron a Laurent Blanc dije a los chicos que la guardaran. El árbitro era el español García Aranda", hila.

Para entonces, el país estaba pendiente de ellos. Más si cabe con la Absoluta en casa. 'Vallecas venga a Clemente', tituló la prensa de la época porque aquella selección salió en *El País*, *As*, *Marca*, Telemadrid... A la vuelta, más de un centenar de aficionados franjirrojos aclamaron a sus héroes, que fueron recibidos por el alcalde, Álvarez del Manzano, quien les entregó el Oso y Madroño de plata. A cambio, le dieron el balón de la final firmado. "El Rayo, a través de su presidenta, nos dio un dinerillo. Nos invitaron al palco y a salir a saludar desde el césped", explica Mariano, quien se topó por casualidad con su preciada Copa. ¿Dónde? "En la primera planta de la Junta Municipal", confirma. Lo atestigua una foto que le hizo el conserje.

Mariano es el principal exponente de la saga de los Madrid. Desde 1987, siempre ha habido alguno en el Rayo. O él o sus mellizos, Alberto y Mario. "Empecé de técnico del Rayo Felines y *Felo* siempre nos hacía la coña: «Si solo tenéis que ganar a uno, que sea al Rayo Potele». Luego entrené al filial en uno de sus dos ascensos a Segunda B (con Sandoval, 09-10, y el suyo, administrativo, 13-14)", resume. Lo que más le enorgullece es su legado. Sus hijos. Esos que le acompañaban de la mano a ver fútbol. A ellos no se les olvida que su padre tiene estrella.

53/100

UN RAYO EN EL CIELO DE PRIMERA

Mirar al cielo y ver al Rayo no es lo habitual. Este fenómeno, más futbolístico que atmosférico, apenas se ha dado en Primera. De ahí su estruendo. Filtrando aquellos lideratos y colideratos anecdóticos del inicio liguero, los franjirrojos solo han encabezado la clasificación por hechos y con derechos en la temporada 99-00. Entonces, ese equipo recién ascendido y dirigido por Juande Ramos lideró la tabla durante cuatro jornadas: la cuarta, la octava, la décima y la undécima. Aquel último fogonazo data del 6 de noviembre de 1999. Casi nada. Pasaron las semanas, pero los vallecanos no levantaron el pie del acelerador y terminaron esa campaña con un más que meritorio noveno puesto. Preludio de una aventura aún mayor, la de la UEFA, en la 2000-01, un curso que comenzó como líder eventual después de golear (1-5) al Villarreal.

Aquel recurrente liderato en la élite se vivió como una fiesta. La del rey de reyes. "Hicimos camisetas con la clasificación. Al principio estábamos de cachondeo, pero luego empezamos a ver que no era una anécdota. En esa época, mucha gente se hizo del Rayo", relata Cota, el capitán de un grupo que revolucionó el barrio. "Vallecas estaba como loco. Cuando salíamos de viaje comíamos por allí y nos agasajaban. El trato era apoteósico", afirma Juande, el cocinero de uno de los platos más sabrosos de la historia franjirroja. ¿Los ingredientes? "Mezclamos futbolistas que venían de clubes grandes y querían reivindicarse, otros con experiencia que deseaban despedirse haciendo algo glorioso y jóvenes, savia nueva, que aportaban ilusión", apunta el técnico. Desmenuzando aquella alineación encontramos a veteranos como Cota, Alcázar, Estíbariz y Jean-François Hernández —padre de Theo y Lucas—; extranjeros aún por descubrir como Poschner y Keller; talentos en busca de protagonismo como Luis Cembranos, Bolo y Canabal; un lateral inédito en Primera, Llorens; y un canterano de La Masia, Ferrón. "La altura media de nuestra delantera era 1,92", bromea el tercer punta en discordia, Míchel II.

Siete integrantes de ese once habían sido la base del ascenso. Una 1998-99 en la que Llorens y Pineda se la liaron a Juande. "Los sábados hacíamos una pequeña activación y nos íbamos para el vestuario. Nos quedamos los dos en el césped, mientras al míster le hacían una entrevista. Me dijo Pineda: «A ver quién chuta desde el centro del campo, pega en el palo y entra a portería». Voy yo, pega en el palo, pero no entra. Va él, con tan mala suerte que le da en la cabeza a Juande, que estaba en el punto de penalti. Todos nos descojonamos y nos metimos en el vestuario. Cuando acabó de hablar con Telemadrid, que lo había visto todo el mundo, el míster entró y nos preguntó quién había sido. Nadie salía y al final confesó Pineda. Pues creo que estuvo un mes sin jugar", ríe *Charly*.

El liderato de la 99-00 sorprendió porque el Rayo tenía fama de equipo ascensor. Subiendo y bajando sin parar. De una categoría a otra. Y vuelta a empezar. "El valor de aquello es que no llegó la primera semana por el *goal average*, sino según avanzaba la Liga. Adelantamos a Real Madrid y Barça con uno de los presupuestos más pequeños", incide Juande, cuyo punto fuerte era la estrategia. "Sacábamos rentabilidad ahí porque teníamos otras limitaciones", argumenta el entrenador de un grupo "unido e involucrado". Así lo define el gran capitán, Cota. Orgulloso de haber portado el brazalete en una de esas fotografías para la posteridad. "Intentaba ayudar a los chavales de la cantera, los defendía, me sentía su protector. Yo venía de ahí. Viendo cómo sufrí con los veteranos, que te hacían recoger balones y no te podías sentar con ellos en la mesa, no quería eso para los demás. Yo tenía mucho temperamento y con los años empecé a dialogar más con los árbitros. Quería dar ejemplo a los otros chicos del barrio. No fallar a mi gente", confiesa el lateral. Lejos de decepcionar, la Franja ilusionó como nunca e hizo bueno el lema de un cartel visto en Vallecas: 'Ya lo dijo don Pelayo: delante del Madrid, el Rayo'.

54/100

LOS TÍTULOS SE ESCRIBEN EN FEMENINO

Ellas surgieron de la nada para ganarlo todo. Los títulos del Rayo se han escrito en femenino plural: una Copa de la Reina (07-08) y tres Superligas consecutivas (08-09, 09-10 y 10-11), lo que además conllevó su participación en Champions. Todas las grandes figuras de aquel emergente fútbol femenino querían vestir la Franja. Solo Vero Boquete se le resistió. Su padre prefirió el Espanyol, aunque estuvo en la agenda. Natalia Pablos (Madrid, 1985) vivió esos primeros pasos. "Yo venía del Buen Retiro. Nuestro técnico, Juan Medina, le ofreció el proyecto a Teresa Rivero y el Rayo absorbió al equipo en verano de 2000", narra la delantera. Medina se lanzó tras ver a la presidenta en el programa *Con T de tarde*, de Terelu. El primer fichaje mediático fue el de Milene Domingues, la *Ronaldinha*, que había entrado en el *Libro Guinness de los Récords* (1997) por dar 55.197 toques. No obstante, la misma Teresa Rivero admitió que era puro *marketing*. La estrategia funcionó y el Rayo Femenino, de repente, existió. "Empezamos a salir en todos lados, aunque futbolísticamente no era *top*", puntualiza Natalia. "Bueno, a mí me marcó dos goles", ríe Alicia Gómez (Madrid, 1986). Otro de los iconos de un Rayo que, en tres años, había dado el salto de Preferente a la Superliga, con Carmen Martín como jugadora y entrenadora simultáneamente (01-05). Pedro Martínez Losa la relevó en el banquillo en 2005 y se trajo del Pozuelo a Alicia.

La sección femenina iba *in crescendo*. Esa era otra de las labores de Juan Pedro Navarro. "Le dieron posibles y diseñó varias plantillas campeonas. Durante su buena etapa, el Femenino tuvo más presupuesto que el Tercera", apunta José Luis Martín, director de la Ciudad Deportiva. *Juampe* contó con ayuda. "Yo le echaba una mano para confeccionar los equipos. Me decía lo que necesitaba y le daba nombres", desvela Natalia. Ese buen trabajo culminó en la 2007-08. Solo el *goal average* decantó la balanza a favor del Levante en la Superliga. "Nos recibieron como mil aficionados en Atocha", rememora Alicia. A lo que Natalia añade: "Lo celebramos más que el Levante, que era el campeón". Eso sí, se sacaron la espinita ganándole la Copa en Torrelodones. La entidad fletó dos buses. "Cuando paso por allí me acuerdo. Nos llevamos el trofeo de fiesta. Eso fue un antes y un después", asegura la cancerbera. No le falta razón. "Ahí ya se vio que el Rayo iba a dar guerra", incide Natalia, la máxima artillera de su historia. Un seguro de gol. El otro era la vallecana Sonia Bermúdez.

Ambas marcaron los tantos de una victoria para la historia. Esa que lograron ante el Arsenal Ladies (2-0), el 4 de noviembre de 2010. Los octavos de Champions congregaron a 8.000 almas en el estadio de Vallecas. Su gran triunfo, aunque no pasasen de ronda. "No oía a mis centrales. Aún conservo una pancarta que hizo Irene Ferreras, que decía: 'No tenemos a Casillas, no tenemos a Buffon, pero tenemos a Ali, que es mucho mejor'", confiesa. Aquella cita contó con dos testigos de excepción, Ana Blanco y Marta Perarnau, que eran recogepelotas. Un año antes (2009), el Rayo había vivido su primera vez en Champions contra el Rossiyanka ruso. "Había más directivos que jugadoras en la expedición", bromea Natalia y Alicia se queda con otro viaje: "El de Islandia ante el Valur. Hacíamos escala en Londres y solo llegamos Estefi y yo. Las demás se perdieron. Para el siguiente vuelo, de las 20:00, solo cabía medio equipo y *Juampe*, con su inglés, empezó a decir mosqueado: «¿A quién me llevo? ¿A las porteras y las delanteras?»".

El Femenino fue la debilidad de Teresa Rivero. "Su ojito derecho. A nosotros nos repetía que a ver si aprendíamos de ellas", apunta Cota. La salida de los Ruiz-Mateos las relegó a un segundo plano. "Lo notamos cuando jugamos Champions, de nuevo contra el Arsenal, pero en la Ciudad Deportiva", señala Ali como algo sintomático. Los descensos, el escándalo de Santiso (incitando a hacer "una como los del Arandina")... provocaron la ruptura con la afición. Esa que años antes creó su propia peña, 20 de Abril, para alentar a sus pioneras. "¿Quién sabe dónde hubiéramos llegado con los medios actuales?", reflexionan dos leyendas de un Rayo eterno.

55/100

PICA, LA MASCOTA QUE VOLÓ EN VALLECAS

Su cabeza lucía naranja, al igual que las alas en forma de rayo. Mientras que su cuerpo alternaba el negro y el amarillo, representando una abeja. La mascota, de nombre *Pica Pica*, no podía ser otra. Era el símbolo de la empresa Nueva Rumasa, propiedad de los Ruiz-Mateos, como el club en ese instante. Uno de aquellos hombres bajo el disfraz era Iván Fernández (Madrid, 1983). Pasó de ver los partidos en el Fondo a ser recogepelotas y de ahí, a enfundarse el traje de abeja. Le llegó la propuesta y no la pudo rechazar. El vallecano, que es abonado desde 1998 y tiene el número 1.152 en el carnet, ni se lo pensó. "Lo volvería a hacer. Lo más gratificante era ver la cara de felicidad de los niños. Hablaba con ellos, daba toques al balón... ¡Animaba un poco el cotarro!", afirma. Antes existió otra mascota, pero esa no llegó a cobrar vida. Era un dibujo de un niño vestido del Rayo con la capa roja de Superman y el gesto de la mano típico de José María Ruiz-Mateos. Aquel que acompañó a su icónica frase: "¡Que te pego, leche!".

La piel de *Pica* no era pesada, pero sí calurosa. "Salías sudando", confiesa Iván. Lo lógico teniendo en cuenta que las mallas negras y el traje de felpa apenas dejaban los ojos al descubierto. Eso alimentó la leyenda de quién se escondía bajo el disfraz... "Nuestra identidad era una incógnita. Te preguntaban. Estuve trabajando de seguridad en El Corte Inglés y los vendedores me conocían por *Pica*. Bueno, y en la hermandad de Semana Santa también. Eso me sigue acompañando", ríe orgulloso. Había dos momentos álgidos: los quince minutos previos al partido y el descanso. Ahí copaba los focos. La mascota era la estrella y, de entre los miles de fotos que se hizo, destaca una. "¡Con mi hijo Elías! Apenas tenía unos meses... La pusimos en su habitación plastificada. Incluso conseguí que mi madre se abonase al Rayo", reivindica el vallecano, que siempre lo tuvo claro: "Antes que un equipo grande, prefiero el del barrio. Lo representa como nadie. Es humilde, obrero, trabajador…".

Ya sea como recogepelotas o como *Pica*, Iván ha vivido momentos inolvidables desde abajo. "Los ascensos eran la bomba. Y eso que corrían otros tiempos porque aún había vallas en el campo. Se respiraba muy buen ambiente con Míchel, Cota, Bolo… Eran muy majos. ¡Y Lass, que le regaló la camiseta a mi hijo! Recuerdo también que a Sandoval, durante una entrevista, le tiramos el agua de unas botellas por encima", comenta Iván. La venta del Rayo a Raúl Martín Presa en 2011 puso punto final al vuelo de más de una década de la abeja. Sin embargo, este aficionado desvela su propuesta al máximo accionista. "Yo le di un boceto de una nueva mascota. Era un rayo rojo, con sus ojos. Lo guardó y nunca más se supo", lamenta.

Aquello sucedió en una cena de su peña, El Cencerro, la más antigua —nació en 1973— de las inscritas en el libro de registro del club. Iván llegó hasta ella gracias a un familiar, Joaquín, "el que tocaba el bombo". Sin embargo, una grave crisis interna y el coronavirus la dejaron en *stand by* desde 2015. En sus mejores años alcanzaron los 175 miembros —todos abonados franjirrojos, era condición *sine qua non*— y su lotería era célebre. Tenía fama de tocar. "Hemos llegado a vender hasta 65.000 euros. Nos cayó un quinto premio y después cosillas pequeñas. Luego había que firmar mil y pico papeletas", recuerda Antonio García, el secretario de una peña que recorrió toda España: "Una vez fletamos un avión a Sevilla y, a la vuelta, como sobraba hueco, recogimos a varios jugadores del Atlético".

Esa pasión por el Rayo y por el fútbol ha salpicado la vida de Iván. El peñista es también árbitro. Lleva desde 1998 pitando. De benjamines a sénior. De Vallecas a La Elipa, pasando por Hortaleza y Chamartín. "Lo he intentado dejar, pero es imposible. Cuando me retire, quiero ser informador", avisa. Porque hay amores que *pican* y dejan su aguijón eternamente.

56/100

LA PRIMERA AVENTURA EUROPEA

"Érase una vez un Rayo que iluminó el cielo continental...". Así arranca la historia de aquel *EuroRayo* (2000-01), cuya aventura duró 217 días y 12 partidos y se extendió hasta cuartos. Solo un duelo fratricida con el Alavés le despertó de un sueño que tardó 25 años en repetirse. La llave fue el *Fair Play*. La UEFA sorteó dos plazas entre catorce federaciones, que previamente habían seleccionado un equipo en función del juego limpio. El azar premió a Lierse (Bélgica) y Rayo (España). Fue una sorpresa para el cuerpo técnico, formado por el míster, Juande Ramos; su segundo, Joaquín Mas Davó; y su preparador físico, Carmelo del Pozo. "No hubo que modificar la planificación. Combinar varias competiciones hizo que todos participaran y el rendimiento subiera", afirma el entrenador. La noticia cambió los planes, especialmente los de Bolo, que tenía programada su luna de miel por California. "Fuimos una semana a Ibiza y vuelta. La pretemporada se adelantó 15 o 20 días por la ronda previa", explica el delantero. Al capitán Cota le pilló en Benidorm: "Pegué un grito enorme, pensaba que me estaban vacilando". Pues no, la UEFA era una realidad y su primer escollo, el Constel·lació de Andorra, pan comido. "Aquello sonaba a amistoso, pero nos lo tomamos en serio", confiesa Cembranos. Los franjirrojos le endosaron un global de 16-0, aunque la alegría no fue completa. Cota se fracturó la tibia y se despidió de la competición. Después, vino el frío y eliminaron al Molde noruego y al Viborg danés. "El estadio del Molde me encantó, era supermoderno. Me traje un gnomo de Noruega, de esos que dan suerte, aunque de noche lo que da es miedo", ríe Míchel. El periodista de la SER de entonces, Manu Martín, guarda otro recuerdo especial de Dinamarca: "Mi hija veinteañera sigue durmiendo con el peluche que le compré en el aeropuerto de Aarhus con Teresa Rivero, que iba a entrar en *El Larguero*". Para Bolo, el mejor *souvenir* fue otro. "¡Visitar los fiordos!", exclama. "Parecíamos catetos", coinciden.

Eso sí, el desplazamiento estrella fue el de Rusia. Tocó el Lokomotiv y todos se trajeron el *must*: el típico gorro de pelo. "Había casi 20 grados bajo cero y el campo estaba helado y sin hierba", recuerda Juande. Escenas que también visualiza Pablo Sanz: "No podíamos ni hablar del frío y las botellas de agua eran bloques de hielo. En el descanso hicimos una hoguera, prendiendo algodones con alcohol para calentarnos". Sin embargo, la odisea empezó en el avión y terminó en la Plaza Roja, pasando por el metro y un hotel de cinco estrellas. "Nos tiramos bolas de nieve, nos hicimos fotos… Intercambié mi gorro de lana con el escudo por uno de los suyos de conejo. Negocié por señas", admite Isi, el utillero, que colecciona anécdotas: "A la ida fuimos jugando a las cartas y se me hizo más largo, pero a la vuelta nos liamos con los chupitos de vodka y el caviar de beluga que compró *Mami* Quevedo".

En Moscú, les arroparon las familias y Cota, con sus muletas. "Cuando entramos en el metro, creo que me volvieron a romper la pierna del empujón", bromea el capitán, que insiste: "Nunca había visto esas caras de ilusión. Todo el mundo iba con el Rayo". Y para pedir que todo fuera bien ya estaba la presidenta. "Allá donde íbamos, Teresa Rivero se acercaba a la iglesia más cercana", asegura Isi. Las plegarias fueron escuchadas y llegó el Girondins. "Burdeos fue el despertar de la afición para movilizarse de nuevo. Preparábamos los viajes juntos: «Yo llevo el jamón, tú el queso… ¡Y la bota de vino!». La gente nos miraba en plan: «¿De dónde han salido?»", narra *Gelo*, presidente de la recién nacida Planeta Rayista. No obstante, Andorra fue el destino que más hinchas congregó. "Estaba más cerca y era verano", argumenta. La Franja ganó, contra todo pronóstico, al *coco* francés y se plantó en cuartos. "Ver ahí a un equipo de barrio fue increíble", presume Pablo Sanz. El Alavés significó el final, aunque el paso del tiempo ha revalorizado esta aventura. "Nos trataban como el patito feo y nos rebelamos", esgrime Juande. A lo que Manu Martín añade: "Se tuvo la sensación de que el Rayo era grande". Y vaya si lo es.

57/100

DEL FORO DE PLANETA A TWITTER RAYO

Twitter —ahora llamado X— es punto de encuentro y de desencuentros. La irrupción de las redes sociales ha cambiado la forma de relacionarse entre los aficionados, que hace décadas tenían que recurrir a otras vías para interactuar o encontrar seguidores de su equipo. Al menos, esto sucedía en el Rayo de finales de los 90 y principios de los 2000. Años en los que los foros se pusieron de moda. "Los miércoles había un chat en la web del Rayo donde se conectaba todo el mundo. El argentino Fernando Luis Puente mandó unos detalles de River e hicimos una quedada para conocernos y repartirlos", cuenta Ángel Domínguez, *Gelo*, el presidente de la peña Planeta Rayista, cuyo origen estuvo precisamente ahí, en el foro. Y como no podía ser de otra manera, esos "colegas de internet" se citaron para su reunión fundacional en el restaurante El Filón de Cota, propiedad del defensa. Sobre la mesa, se sirvieron dos nombres: Planeta Rayista o Universo Rayista. Gustó más Planeta. "Fue la primera peña digital que se hizo física", la define el periodista Antonio Luquero, que aún recuerda cómo en su programa de Tele-K muchos de esos foreros se pusieron cara, entre ellos *AngelOne*.

El Rayo introdujo unas modificaciones en el chat e implementó un sistema de validación de mensajes, lo que causó cierto recelo entre sus participantes y les empujó a probar nuevas experiencias. "Aprovechando su tirón decidimos crear el foro de Planeta", explica Óscar Gálvez, informático y uno de los moderadores de este lugar de reunión, cuyos mensajes no necesitaban "un registro de usuarios como el otro". Algo que sí tendría, a la postre, la versión más moderna. La antigua dejó montones de anécdotas. "Miguelito, uno de nuestros míticos, metió cientos de mensajes de «Míchel, quédate» cuando este entrenaba al equipo en Segunda B (2005-06). Lo hizo desde diferentes perfiles. Por eso, los Ruiz-Mateos tenían miedo de echarle", ríe Óscar. Este chat creaba tendencia y muchos directivos, técnicos, jugadores, empleados del club y periodistas se sumergían para ver las corrientes de opinión. "Era un buen termómetro", afirma *Gelo*. Allí interactuaban clásicos como Lola Barraza, alias *Tizona*, y Alberto Leva, que era *Poschi*, en honor a Poschner. "Sandoval me llamaba *Poschi* porque se metía en el foro. Es más, a veces leía comentarios a los jugadores en el autobús", asegura Leva.

Algunas de las iniciativas de la entidad franjirroja se asemejaban a las propuestas que se hacían por estos lares. "Las campañas de abonados, por ejemplo", esgrime Óscar, que apostilla: "Nos escuchaban". A nadie se le escapaba su relevancia, de ahí que el entorno de algunos futbolistas y entrenadores decidieran usarla a su favor. Eran los *bots* de antaño. "Los elogios a Sandoval eran recurrentes y nos hicieron pensar que había alguien detrás", apunta el informático, que estuvo acompañado por Fernando Magallanes, *Maga*, a los mandos de esta aventura. "Hubo muchas polémicas por Lass. Los que insultan van a la nevera. No queremos el *guerracivilismo* de Twitter. Todavía se siguen abriendo *posts* de partidos, la porra continúa y los rumores… Parecemos *Sálvame*", bromea *Maga*. Un asiduo a bucear entre ellos era Israel Herraiz, periodista de Radio Marca. "De adolescente me metía todos los días. Estoy seguro de que la gente se inventaba jugadores", ríe el vallecano, quien desvela: "A muchos del foro me los encuentro en Twitter Rayo y mantienen hasta sus nombres". También se ofrecía información de servicio para las hinchadas visitantes.

El chat sigue activo y sobrevive pese a que las redes sociales están en ebullición. "El foro no morirá porque tiene un punto de vista más amplio", vaticina *Maga*, que ve Twitter más aburrido. "El chat de Planeta ha llegado a reunir a más de 2.000 personas en su punto álgido, el de aquel ascenso frustrado de Eibar (2006-07), y ahora las visitas diarias han caído hasta las 200, aunque en periodo de fichajes repuntan y promedian las mil", reconoce Óscar. Este foro se resiste a morir y apela a la nostalgia de aquellos que se conocieron en sus líneas. Sus mensajes. Su comunidad.

58/100

¡QUIETOS, ESTO ES UN ATRACO!

Tiene todos los ingredientes de un *thriller*, pero fue real. "Aquí ha habido robos, incendios… Y hasta un atraco. Aún recuerdo cómo me apuntaron con una pistola en la sien", comienza Magdalena Cárceles (Madrid, 1959), secretaria del club durante 37 años. Aquel viernes 4 de enero de 2002, tres atracadores entraron a las oficinas sobre las 12:30. Y nada más bajar por las escaleras se toparon con Magda. "Vi por el rabillo del ojo que venían tres encapuchados con pistolas y a la primera que pillaron fue a mí. En ese momento estaba hablando con la secretaria de Somosaguas y ella escuchó: «Suelta el puto teléfono y al suelo, esto es un atraco». Ella dio la voz de alarma", cuenta la vallecana. Los delincuentes encerraron a los empleados en un despacho, incluidos varios jugadores (Graff, Bolo, Etxeberria y Azkoitia) porque era día de cobro y recogían sus nóminas allí. "Preguntaban constantemente por el director financiero, Rafael Díaz. Querían que abriera la caja fuerte", explica Magda. Pero la realidad es que se llevaron pagarés nominativos que no podrían cobrar y 6.000 € en metálico.

"Lola y Chelo, las encargadas de la lavandería, volvían de tomar café y se dieron cuenta de que algo raro sucedía, así que cerraron la puerta metálica de tres metros para que no salieran. Los atracadores se empezaron a poner nerviosos y aprovecharon que había una escalera para montar una línea telefónica para la prensa. La cogieron para escapar. Cota y Lopetegui los persiguieron", narra. Había un cómplice fuera en un Renault Clio, según *El País*. "Fuimos detrás. Es la única vez que he visto un atraco en Vallecas", añade Cota. Tras tomar declaración a los testigos, estos reconocieron a un caco de la zona. Para colmo, esa semana, varios miembros de la plantilla habían sufrido un hurto en el gimnasio Castellana Sport donde entrenaban. Se llevaron el plumas de Lopetegui, la cazadora de Mainz, los pantalones de Hernández y el móvil de Alcázar.

Las oficinas del club eran un continuo trasiego. Miles de caras y de vidas. Magda fue parte de muchas de ellas. La vallecana tan pronto iba a las casas de los abonados a cobrar, como hacía el primer contrato profesional a Cota. "Él siempre me lo recuerda", confirma. Además, tuvo amistad con algunas mujeres de jugadores, como la periodista Cristina Tárrega, esposa de Quevedo. También hubo momentos de complicidad y bromas con la presidenta: "Teresa Rivero me decía: «Hija, desde que se me ha retirado el periodo, no veas qué gusto verme los pies. Estando casada no había manera»". Trece hijos lo atestiguan.

Algunas anécdotas las contaba en casa y otras las compartía *in situ* con su marido Enrique Ramiro (Madrid, 1958), quien trabajó más de una década en las taquillas del estadio. "Llegó una señora extranjera y me preguntó que cuándo jugaba el equipo, porque quería dar una sorpresa a su marido. «A las 16:15», le dije. «Uy, pues está trabajando, me lo tiene que dar más tarde», me respondió, como si aquello fuera el cine", ríe el vallecano que se abrió su propia cuenta de Twitter para ayudar a todos. "Una familia de Bilbao vino a última hora y solo quedaban entradas de 70 €. Eran cuatro. El padre, con la txapela, dudó hasta que la hija le dijo: «Aita, ¿somos o no somos del Athletic?». Se envalentonó y sacó los billetes", bromea. Enrique tenía especial debilidad por los abonados más antiguos, patrimonio de la Franja: "Falleció el socio número 1, Rafael Sanjuán, y este pasaba a manos de Antonio Sánchez Berenguer. Pero murió meses después, ni le dio tiempo a ver su carnet. Se lo hicimos y se lo entregamos a la familia en el tanatorio".

Magda y Enrique formaron una de las pocas parejas en las que ambos trabajaban en el club. Un problemón cuando sacudieron los impagos. Hogares enteros se quedaron sin ingresos y ahí la afición creó una Fila 0 para ayudar a quienes más lo necesitaban. Magda y Enrique tiraron de sus ahorros para que los fondos recaudados llegaran a los empleados sin recursos. Ellos son ejemplo de solidaridad y resistencia. De profesionalidad y rayismo. De ayudar a quien pase por su ventanilla… Abierta 24 horas.

59/100

LOS PALCOS DE VALLECAS

Se vende un noveno piso en la calle Teniente Muñoz Díaz. Tiene 70 metros cuadrados repartidos entre el *hall*, tres habitaciones, baño, cocina y un salón con acceso a una terraza de impresionantes vistas. Las del estadio. Este anuncio es real y el apartamento cuesta 175.000 €. Se trata de un abono prémium porque estos son los mejores palcos de Vallecas. Con suerte, puedes vivir la experiencia de los hermanos iraquíes Hamza y Haider, que guardan el balón que Fede Valverde mandó a su balcón durante un Rayo-Madrid (2022-23). Cada tres meses, los ingenieros pasan un par de semanas en España con sus padres, Gaber y Zainab. "Mientras grababa un vídeo para mis amigos, Valverde golpeó y no fue gol contra el Rayo, sino contra la terraza", explica el chico, a lo que su madre apostilla: "Son buenos porteros y no se rompió nada". Surgieron las dudas entre los hermanos porque Haider quería devolverlo, pero Hamza no. La grada los decantó: "¡Quédatelo!". La casa de los Al Mula fue lugar de peregrinación el día después del derbi. Desmintieron que la pelota estuviera en venta en Wallapop por 200 €. Aquel anuncio viral era *fake*. "No lo vendería ni por un millón. El dinero viene y va, pero esto es para siempre", sentencia Haider. Su madre, Zainab, lo tiene claro: "Es un regalo de Alá".

Estos bloques también albergaron el rodaje del spot *La casa de tu vida* para Bankia (2016-17), campaña que corrió a cargo de la agencia El Ruso de Rocky, que tiene entre sus clientes a LaLiga. Este anuncio mostraba la historia de un matrimonio que buscaba piso después de ser padres. Para ahorrar, el marido debía renunciar al abono de su equipo, pero la nueva casa tenía trampa —o premio, según se mire—: se veía Vallecas. "El Rayo no dejó que apareciera ningún distintivo suyo, así que le añadimos un anfiteatro, un fondo... Los aficionados en Twitter pidieron que se cogiera nuestro diseño para una reforma del campo", bromea Ángel Torres, director general creativo y socio fundador de la agencia. Años después, no ha olvidado el *spot* ni su grabación. "El director se quedó encerrado en el ascensor y lo tuvo que rodar desde allí. Me fue dando indicaciones, mientras yo estaba delante de la cámara", recuerda Ángel, a quien su 1,85 de altura le jugó una mala pasada: "Me tenía que agachar, era una casita como de *hobbit*. Y para colocar todo parecía el Tetris. El dueño era un señor mayor que nos contó la cantidad de peticiones que le llegaban en los partidos grandes. Le llamaban al telefonillo y le ofrecían pasta por ver al Madrid o al Barça". Una práctica todavía habitual.

Pero no para todos es un estímulo convivir con el fútbol. A David Castillo y Ruth Rueda les dio que pensar. Ellos buscaban un lugar sin jaleo por su niña y al final concluyeron que un tercero en la calle Teniente Muñoz Díaz era una buena opción. "Kira se sabe las canciones de Bukaneros", confiesa su padre, que contempla el estadio desde las ventanas de las habitaciones. David es vallecano y rayista. "Yo veía estas casas desde el campo y ahora vivo en una de ellas", reconoce ese colega al que todos quieren visitar cuando juega la Franja: "Nos hemos llegado a juntar doce personas. Mis amigos abonados prefieren ver los partidos aquí. Es como un palco VIP porque te puedes tomar tu cerveza. En invierno lo vemos con la ventana abierta por el ambiente. Hay un radiador estratégicamente colocado debajo. Quien lo puso lo tenía bien estudiado", ríe.

Se sienten unos privilegiados, observando entre bambalinas. "Es bonito cómo muda la piel el césped, todo el proceso", dicen. Por eso, en casa no pueden faltar los prismáticos. "Siempre vemos conocidos en la grada y si miramos arriba están los vecinos asomados", asegura esta familia, que llegó al término de la pandemia. Ahí fueron los únicos espectadores. "Era increíble cómo se escuchaba hablar a los jugadores. Hice una prueba, grité y se giraron a mirar", asegura David, un enamorado de la parte social del fútbol. Por la otra, la más visceral e irracional, han tenido que poner candados a las ventanas de los rellanos, puesto que la gente se cuela. Y es que no hay mejor vista para un rayista.

60/100

RAFA, EL *SPEAKER* MÁS ROCKERO

Vallecas es diferente. Lo perciben todos y cada uno de los sentidos. Huele diferente. Sabe diferente. Suena diferente. A rock. A *La Fiesta Pagana* de Mägo de Oz. A *Como un Rayo* de Ska-P. A *Highway to Hell* de AC/DC. A *Sweet Child O' Mine* de Guns n'Roses. A *Smoke on the Water* de Deep Purple. A *My Sharona* de The Knack. Suena a Rafael García Navas (Herencia, Ciudad Real, 1947). Lleva más de dos décadas como *speaker* del Rayo, desde la derrota contra el Numancia del 19 de octubre de 2003, solo interrumpidas por la pandemia y algún que otro susto, dado que ha esquivado la muerte hasta en tres ocasiones, como consecuencia de un accidente doméstico y del cáncer. La maldita enfermedad que le privó de su Merche. Pero Rafa volvió en plena forma para seguir entonando frases que forman parte ya del imaginario colectivo rayista. "Posiblemente la mejor afición del mundo", grita a pleno pulmón este antiguo corredor, cuyas piernas coleccionan 36 maratones, aunque su repertorio con el micro es todavía más amplio: "Eduardo Franco, que trabajaba en la SER, se jubiló y Félix Uceda me ofreció el trabajo. Le pedí cambiar la música. ¡Fuimos los primeros en dar la bienvenida a la afición visitante! Y para los goles elegí *The Final Countdown* de Europe. Justo habíamos descendido y simbolizaba la cuenta atrás para volver, pero cuando subimos ya me dijeron que la dejara", desvela el gran culpable de que Vallecas piense inmediatamente en el Rayo al escuchar ese *riff* de sintetizador. Inconfundible.

Rafa tiene un don. Este fan de Bob Dylan y Simon & Garfunkel, a los que vio en concierto en el estadio, consigue también que ruja cada quince días. Todos lo valoran. "El míster Iraola me decía: «Creas esa atmósfera que necesitamos»". Mientras que Isi, el *jodío*, me manda la música techno que le gusta y se la ponemos. *Freed*

from Desire de Gala, *Wanda* de Quevedo, *Vagabundo* de Sebastián Ya-
tra...", desliza orgulloso este manchego de nacimiento y vallecano
de adopción. A Palomeras, a casa de sus tíos, llegó para continuar
sus estudios en el Ramiro de Maeztu. "De pequeño era del Madrid por Di Stéfano, Puskas... pero viviendo en el barrio me hice
abonado del Rayo hace más de 50 años y nunca me he borrado.
Siempre he viajado con mi bandera, porque entonces no había bufanda, y una trompeta de estas de los basureros para hacer ruido",
bromea este amante de los decibelios, como bien refleja su *playlist*.
Es la prueba del algodón. "Vallecas es rockero. Un barrio acoge-
dor, humilde, obrero... Mis hijas y seis nietos son vallecanos y del
Rayo", afirma el polifacético *speaker*, que además está escribiendo
una autobiografía y su propio himno del centenario.

Aunque pocas cosas le emocionan más que la comunión entre
el equipo y la grada, de la que él se siente partícipe: "La gente lo
vive. *La Vida Pirata* es un himno. Cuando pincho pienso que podría
ser Old Trafford o Anfield. Vallecas tiene el encanto de los campos
ingleses, con la afición encima e incluso el estilo de juego, directo,
es muy de allí. El ambiente es la leche, quien viene repite". Como
él. Y eso que en su día le ofrecieron el micro de La Romareda y el
del Bernabéu, cuando Ramón Calderón ostentaba la presidencia.
Su experiencia es dilatada. Empezó como *speaker* en los 100 kilómetros de Vallecas y se ha atrevido con todo tipo de deportes: el
campeonato del mundo de gimnasia rítmica, el de artística, el europeo de kárate, la Copa Federación de Tenis, la gira de la NBA de
tres contra tres por toda España... "Esto me da la vida. Siento que
hago algo por los demás y me llena", explica Rafa.

Tanto es así que él aparece en una de las diferentes teorías existentes respecto al origen de la mítica canción *El año que viene Rayo-
Liverpool*. El *speaker* reivindica que fue él quien la creó y que data del
ascenso de la 1988-89. De hecho, asegura que la tiene registrada
a su nombre. "Yo pertenecía a la peña La Bota y la empezamos a
cantar por la calle, también sonó en el campo y luego cayó en el
olvido. Ahora cuando la entona el estadio me emociono", relata
ese niño que soñaba con ser médico como su padre para terminar
siendo medicina. La voz del Rayo.

100 historias de un Rayo centenario

61/100

LOLA, LA OTRA PRESIDENTA DEL FEMENINO

Las mejores cosas de la vida aparecen de repente. Así es como Lola Barraza (Carcabuey, Córdoba, 1955) se topó con el Femenino, su media naranja, con perdón de su marido Antonio. Por casualidad. Fue después de un partido del Rayo B y de la desbandada general del resto de aficionados. Se quedó y ese día se alargó décadas. "Las chicas jugaban mejor que los chicos", asegura. Lo corroboran una Copa de la Reina y tres Superligas. Eso que empezó siendo ocasional terminó convertido en ritual. Algo sagrado. El Femenino se transformó en una gran familia y en los viajes se juntaba con la madre de Natalia Pablos, la de Pili, las hermanas de Vanesa Gimbert, los familiares de la *Burgos* (Sonia Vesga)… Precisamente en uno de esos desplazamientos, a Rusia, vivió una de sus mejores anécdotas. "Nos enseñaron las instalaciones, nos invitaron a café… ¡Con una amabilidad! Y cuando voy a poner una pancarta me comentan: «No, señora presidenta, usted no. Ya lo hacemos nosotros». Le respondí: «Uy, no, yo no soy la presidenta. Ella se ha quedado en Madrid». Luego se lo conté a Teresa Rivero y me dijo: «Lola, si no estoy yo, lo eres tú»", dice con la misma forma de hablar de la jerezana. La clava. "Cuando las rusas vinieron aquí se volvieron locas con los churros", ríe quien entró de cabeza a la ducha tras la conquista de la Copa de la Reina.

Los viajes con sus niñas dieron para muchas batallitas. "En Huelva me ligué a uno que me regaló una caja de fresas, pero no pasó nada. Vamos, que ni me quedé con la caja", bromea Lola, que encadena una tras otra: "En Torrejón, Miguelito y yo no parábamos de animar y los rivales se mosquearon tanto que encendieron los aspersores y pensé que nos ahogábamos". No todas fueron amables. El día en que el Rayo se jugó el título liguero con el Espanyol,

133

viajaron dos autocares y recibieron escupitajos, insultos… "Me llamaron muerta de hambre y era por la publicidad de Clesa de las camisetas. No hubo santo al que no rezara y ganamos", afirma una aficionada que es patrimonio rayista. Ha estado en la peña Atocha, la 20 de Abril, Planeta Rayista y ahora en la peña Piti. Lola es la "mami" de todos. Imposible no quererla.

Está la primera en los entrenamientos, los partidos… Y siempre suele ir cargada. Sus tortillas son las más célebres de Vallecas. Las han probado entrenadores, jugadores y aficionados de generaciones diferentes. Y hay unanimidad: "Son las mejores". También las magdalenas, aunque esas llegaron bajo demanda. Se las pidieron Manucho y Bebé. "Éramos el Trío La La La. Nos queremos", confirma. Tiene cariño para todos y son muchos sus ojitos derechos: Amaya, Llorens, Movilla… "Aunque nadie te dice «amor» de forma más bonita que Aganzo", ríe esta enamorada del barrio. Su casa, desde donde se ve el Cerro del Tío Pío, está salpicada por cientos de detalles rayistas. Desde los imanes de la nevera (con un cartel de 'Vallecas nación, Rayo Selección' y una foto de Jade Boho) a la taza con la que le obsequió Rubén, un chico que falleció en un accidente. Poder ayudar a quien lo necesita es uno de los grandes regalos que le ha dado la Franja. Ella siempre está y lo da todo. Es y hace rayismo. También en el Fondo, donde se sienta. No deja que nadie insulte. "Eso no nos representa", sentencia.

Sí lo hizo, y como nadie, Natalia Pablos. Lola siente debilidad por este mito de la Franja y guarda como un tesoro la camiseta que lució en su último partido. "Eso no tiene precio. No tengo para comer y no la doy", ratifica su defensora a capa y espada. "Me peleaba con su padre, Domingo, porque le echaba unas broncas…", rememora con cariño la madre de Gema, Jose y Ángel, los primeros rayistas de la casa. Ellos le descubrieron ese sentimiento. "Somos de Vallecas, hay que ir al campo", la invitaron y de aquello han pasado más de veinte años. También el vínculo con sus niñas sigue. "Jade se ofreció a acompañarnos donde hiciera falta cuando Antonio empezó con su enfermedad, Pili estuvo en la operación de mi hija en el Marañón, *Willy* (Ana Romero) nos invitó a su boda…", relata. Mujeres como Prudencia Priego y Lola Barraza son el pegamento que ha hecho del Rayo un hogar centenario.

62/100

LOS DESPLAZAMIENTOS MÁS MÍTICOS

"No te abandoné, en Segunda B. Allá donde estés, yo te seguiré. Forza Rayo, alé". Más que un cántico es una declaración de intenciones. No importa la categoría ni la competición, solo la Franja. Los primeros desplazamientos masivos datan de los años en Tercera, en los que se movilizaban hasta cien autobuses a Aranjuez, Toledo, Segovia… "Salíamos en caravana y dejábamos sin pan esas ciudades", recuerda Antonio García, de la peña El Cencerro. Se bautizaron como las excursiones del Rayo. Ese espíritu resurgió en el infierno de Segunda B. Justo en el último desplazamiento antes de caer al pozo, en el Helmántico, nació la Peña 2004. Empezó con 40 integrantes y terminó superando los 226, con una ramificación en El Escorial. "Ahí nos decidimos a crearla. La gente del barrio nos empezó a seguir, también del entorno laboral y amigos. Incluso le comí el tarro a los padres de otros niños que iban al parque", cuenta su presidente Dámaso Barroso.

El equipo, ya dirigido por Mel, llegó hasta la final del *play-off* en la 2006-07 y la gente se volcó. La primera estación de la promoción fue El Puerto de Santa María. "Un tío nos tiró un bote, pero la policía le pilló porque iba con muletas y no pudo escaparse", rememoran desde la 2004. Y la última fue Ipurua. El viaje más cruel. El Rayo financió los autobuses y los franjirrojos se las ingeniaron para sacar más entradas. "Alguien del club comentó a varios aficionados que las cogieran de las taquillas y les abonaban los gastos. Se pusieron una y otra vez en la cola hasta que los empleados del Eibar lo detectaron y empezaron a pedir el DNI mosqueados. El cupo inicial era de 350 y fuimos unos 1.500. Nos reubicaron en el lateral", narra Dámaso. También acudió Fernando Luis Puente, presidente de la peña rayista Riverplatense, desde Argentina. La ciudad se había engalanado con banderas. "Se respiraba que nos iban a ganar", lamenta el presidente de la 2004. Así fue. No había consuelo en la vuelta. "El gerente, Jesús Fraile, nos llamaba para saber cómo íbamos y según bajamos nos recibió con un abrazo llorando", apunta Dámaso. La Franja terminó subiendo en la 2007-08, tras otro playoff de desplazamientos masivos. El club repitió la fórmula de los buses gratis. Casi 2.000 hinchas rayistas se congregaron en Benidorm (1-1) y más de 3.000 en Zamora (0-1). El viaje más especial de Alberto Leva. "En el descanso me enteré de que iba a ser papá. Me llegó una foto del predictor y me puse a llorar como una magdalena. Tres meses antes habíamos perdido un bebé. Mis amigos me decían: «No llores, que ascendemos»", bromea el presidente de la peña Piti.

La Segunda B dejó miles de anécdotas. "Mi mujer Marisa quería conocer las Canarias y le dije: «Te voy a llevar a Lanzarote, ya tengo los billetes, el hotel…». Y ella, que se olió la tostada, le consultó a nuestro hijo Dani si jugaba el Rayo allí. Confirmado. «¡Me cago en tu madre!», me respondió", ríe Julio Berjillos, que se fue al viaje con su *hermano* de Planeta Rayista, Ino Romero y su esposa Chus, que de primeras tampoco sabía de aquel Orientación Marítima-Rayo. La pasión de Ino es tal que fue a hacer socio a su hijo antes de que naciera. "En las taquillas me preguntaron la fecha de nacimiento y claro… solo teníamos la ecografía", confiesa el *planetario*, un manojo de nervios. Hasta el punto de que en un choque contra el Athletic le subió la tensión a 22 y terminó en el hospital. Su hijo se quedó con Julio, quien de niño cumplió su sueño de conocer a su ídolo Potele e ir con él en coche a Vallehermoso.

Otro punto álgido de esas movilizaciones fue la UEFA. "No pudimos ir a los lugares más fríos. La logística era compleja", argumenta *Gelo*, presidente de Planeta, que no duda: "El más numeroso fue Andorra porque era la primera cita, estaba cerca y era verano, aunque rumbo a Burdeos iban caravanas de autobuses". Igual que en Tercera. "Siempre a las buenas, siempre a las malas, te animaré", predica y practica la hinchada. Por eso, el último gran desplazamiento fue a Anoeta (2015-16), con la amenaza del descenso. Se fletaron 19 autocares, pero el Rayo cayó (2-1) en una tarde rara. De indignación y sospecha. Por suerte, la excepción a la regla.

63/100

FELIPE MIÑAMBRES, EL EXPERTO EN FICHAJES *LOW COST*

Sonó el teléfono. Al otro lado, una voz conocida decía: "Felipe, ¿no sabrás de algún director deportivo?". Con esa pregunta de Pepe Mel empezaba la andadura de Miñambres (Astorga, León, 1965) en el Rayo. "¡Yo!". El resto es historia. De la Franja. Pasó la entrevista con el gerente, Jesús Fraile, y estuvo en el cargo nueve temporadas (2007-16) en las que realizó 116 fichajes a coste cero. Una media de 12,8 por campaña. Durante los tres años de concurso se hicieron 45 altas y se reforzó así su idea de fichajes *low cost* y contratos cortos. Algo a lo que, además, sacó rendimiento. El club vallecano recaudó más de 55 millones por las ventas de jugadores de su etapa, como Embarba (10 M€), Álex Moreno (9,7 M€), Fran Beltrán (8 M€), Baptistao (7 M€), Mojica (5 M€)...

El primer gran éxito de Felipe fue Diamé. El Rayo se trajo libre al centrocampista, tras no llegar al número de partidos para su renovación automática con el Linares, y lo traspasó al año siguiente por 3 M€. "Teníamos esa oferta del Wigan y otra inferior del Mallorca. Él prefería España. Se enteró Amaya y me propuso: «Oye, si le convenzo para lo de la Premier, ¿me metéis en la operación?». Llamamos a Roberto Martínez, que era el técnico del equipo inglés, y aceptó. Y Amaya, no sabemos cómo, convenció a Diamé", bromea Miñambres, que solo ha llorado una vez de frustración. Por no lograr que Jean Beausejour vistiera la Franja. "Quedaba libre por un periodo de tiempo y los Ruiz-Mateos tenían preparado el contrato, pero al final el chico no quiso quedar mal en su país", lamenta el director deportivo, que estuvo a punto de atar a Denis Suárez y a Nolito.

Sí lo logró con Michu. Otra de sus grandes operaciones. Llegó a coste cero y, tras una brillante temporada con 15 goles, lo fichó el Swansea por 2,5 M€. "Aquello salió gracias al *Tamudazo*, porque si bajábamos quedaba libre", confirma Felipe, quien vivió una de las etapas más convulsas por Vallecas, la de los impagos de la 2010-11. Para costear los desplazamientos y competir, la entidad tuvo que vender un porcentaje de varios jugadores. Eso sí, el Rayo siempre se quedó con más del 50%. Miñambres fue clave en ese equipo que se convirtió en un trampolín. "Me siento orgulloso de haber cambiado la vida, o al menos la carrera, de mucha gente", se emociona. Esta lista la engrosan Diego Costa, Saúl, Bueno, *Mudo* Vázquez, *Chori* Domínguez, Larrivey, Falque, Rochina, Kakuta, Jozabed, Diego Llorente…

Tanto él como su segundo, Ángel Medina, estaban atentos a cualquier oportunidad de mercado. "Álex Moreno renovaba si llegaba a los 25 partidos con el Mallorca B, pero como jugó con el primer equipo nos lo pudimos traer libre", coinciden. Hay un apellido que pronuncian con especial cariño, el de Cueva. "Era internacional con Perú y, como no tenía minutos en el primer equipo, pidió jugar en el filial. En campos de tierra. Debutó con tres goles al Inter de Madrid", indica Felipe, quien tuvo que relevar en el banquillo al destituido Mel durante la 2009-10. "Ruiz-Mateos pidió reunirse con Luis Aragonés en Somosaguas y allí declinó la oferta, así que Teresa me dijo que lo cogiera yo porque era quien más conocía a los jugadores", asiente Miñambres, que nunca daba pistas de sus pasos, aunque su hijo Alberto, siendo un niño, espolvoreó alguna en Twitter para mosqueo de su padre.

Antes de marcharse, Felipe dejó firmado a Comesaña y un consejo: rescindir a 15 jugadores tras el descenso. Le hicieron caso omiso y casi se baja de nuevo. Ya en el Celta, quiso fichar a Trejo, entonces en Toulouse, y se llevó al canterano franjirrojo Fran Beltrán. "Le pregunté sin mucha fe, pero él no se sentía valorado. Cuando me dio el OK nos llevamos al futbolista a un hotel para que estuviera tranquilo y, tras abonar su cláusula en la RFEF, varios rayistas me dijeron que hice bien en sacarle de casa o no se hubiera ido", ríe. La afición quería tanto al jugador que sintió aquello como una traición. Ahora muchos de sus fichajes han seguido sus pasos en el oficio. Los Cobeño, Rubén Reyes, Michu, Piti, Susaeta, Jordi Figueras… tratan de emular su búsqueda de talento. Del bueno, bonito y barato.

64/100

UN ASCENSO DESDE LOS INFIERNOS

El pozo de Segunda B es profundo y tenebroso. A veces, sin fondo. Allí el Rayo se pasó sumergido cuatro temporadas (2004-08), después de encadenar dos descensos que le dejaron tocado, pero no hundido. La llegada del técnico Pepe Mel (2006-07) hizo que el equipo trepara hasta ver la luz, pero en el último segundo, con la remontada del Eibar durante la final del *play-off*, su mano se resbaló y cayó de nuevo a los infiernos. Calado por la frustración de quien pudo ver el cielo. "Recuerdo una tarde-noche lluviosa en Vallecas y aquel gol de Piti que nos ponía en ventaja contra el Eibar, un rival rocoso. Y en diez minutos fatídicos en Ipurua perdimos todo un año. La gente estaba derrumbada y yo, también", lamenta Mel. Así lo vivió también Collantes, alias *Goyito*: "El vestuario era un drama. Se había desplazado muchísima gente, también nuestras familias y terminamos todos llorando".

Esa rabia y decepción fueron la base del posterior regreso a Segunda (2007-08). El entrenador y buena parte de esa plantilla (Coke, Amaya, Baquero, Llorens, Cubillo, Enguix, Míchel, Albiol, Piti, Mauri, Yuma, Zazo, Alba y Collantes) continuaron. "El mismo día de Ipurua los Ruiz-Mateos me ofrecieron seguir", rememora Mel. Su Rayo era el coco. Tenía una plantilla de relumbrón con las incorporaciones de Tete, De la Vega, Rubén Reyes, Salva, Manolo, Falcón y Pachón. Y un vestuario de diez. "Éramos una familia y nos gastábamos un montón de bromas", asegura Amaya. Piti no olvida una con el míster: "Hacía tanto calor en Canarias que se quitó la camiseta y se puso un peto con todo el pecho lleno de pelos. Menudo cachondeo". Era un clásico escuchar "¿es el día más frío del invierno?" en boca del andaluz Baquero antes de cada entrenamiento en Las Rozas. O las canciones de Manzanita y

Tijeritas a todo trapo en la habitación de Pachón y Piti durante la pretemporada. "Dejábamos la puerta abierta y parecía la música de los coches de choque", dice el "*9*". ¿El resultado? La Franja terminó la fase regular en cabeza y se enfrentó a Benidorm y Zamora en la promoción. "Aquel año fue todo rodado. Nos sacamos la espina de otros anteriores", apunta *Miguelito* Albiol.

Vallecas no ha olvidado aquel gol de Manolo al Benidorm. Mucho menos él. "Lo sigo viendo en el ordenador. Para mí fue un año complicado porque era la primera vez que salía de casa. Poco a poco, cogí confianza y me sentí más a gusto. Aquello no lo olvidaré en la vida", se sincera el murciano, protagonista también de las paredes de La Frasca, un bar cercano al estadio. El otro héroe, el de Zamora, fue Pachón. Ya tenía experiencia en eso porque, cuatro años antes, había interpretado ese papel, subiendo al Getafe a Primera con un póquer. Aquel 15 de junio de 2008, el estadio rayista estaba a reventar y soplaba viento a favor después del 0-1 en la ida. El 0-0 reinó hasta el descanso y, en el 58', Pachón cabeceó al fondo de la red un córner botado por Albiol para delirio de la grada. Luego tocó sufrir con el empate de Iván García a cinco minutos del final y los paradones de Dani Giménez, que terminó vistiendo la Franja una temporada después. "Mel regaló un viaje a algunos trabajadores cercanos al primer equipo que no tenían prima", señala uno de ellos.

"Aquel fatídico partido del Eibar me enseñó lo que significaba el Rayo", confirma Piti, que había vuelto cedido por el Hércules, y Amaya ratifica ese vínculo tan especial: "El día de Las Palmas hubo problemas en la grada. Nada más terminar, cogimos los móviles y llamamos a la afición. Hablé con Yoli, de Planeta Rayista, para ver si les había pasado algo. Este es un club diferente". Mauri apoya ese sentimiento: "Me lesioné de gravedad y, en el partido siguiente, nuestra hinchada desplegó una pancarta dirigida a mí, que ponía: «Nos vemos en Segunda». Yo apenas llevaba unos meses en el club... Volvería a repetirlo. Todo, hasta romperme el cruzado, solo por jugar con la Franja". Aquel cartel fue premonitorio. Ese 15 de junio hubo invasión de campo, visita a la Fuente de la Asamblea... Incluso fuegos artificiales. Por fin brillaba la luz del fútbol profesional tras tantas tinieblas.

65/100

LA VIDA PIRATA Y OTROS CÁNTICOS PARA UNA VIDA MEJOR

Seis palabras bastan para crear la magia. *La Vida Pirata, la vida mejor* suena en Vallecas y el estadio se prepara para seguir la canción. Es siempre el epílogo perfecto. El Fondo es el culpable de que un cántico infantil se haya convertido en patrimonio del rayismo. "A un miembro del grupo, en su paso por el servicio militar, se lo cantaba su superior para las marchas. Después, él introdujo cambios y estuvo un año dando el coñazo en los viajes. Hasta que caló en el desplazamiento a El Puerto de Santa María por el *play-off* de la 2006-07. Ese día se hizo un corteo y, cuando el grupo apareció por un puente con los banderones, nuestro *speaker* arrancó a cantarla y la gente respondió. Luego se la pedían", explica Bukaneros. Aquello se fue instaurando, viendo que empezaba a formar parte de una identidad propia. Y casi un lustro después, *La Vida Pirata* terminó siendo el himno de cualquier victoria rayista. Incluso de las suyas, por ejemplo, cuando se ponía fin a una huelga de animación. "Alguna vez la hemos empezado a cantar antes de terminar el partido y casi nos juega una mala pasada", bromean.

Hay más sonidos representativos en Vallecas. *A las armas* es otro de ellos. Su origen está en la afición del Marsella en los años 80, aunque se fue extendiendo por toda Francia. A Bukaneros le llegó gracias a un ultra del Nimes al que conocieron en Segunda B. "Lo adaptamos porque casaba muy bien con nosotros, con esa mentalidad vallecana y revolucionaria. Además, nos servía para conectar con el resto de grada. Antes de *La Vida Pirata* era el cántico más icónico", reconoce Bukaneros, que también tiene otros 100% originales. Basados en sus experiencias y con la base de algunos *hits* del momento. Sin perder de vista referentes como Kortatu o La

Polla Records. Beben de la rumba, el flamenco, el rock, el punk... Inspiración no solo para el ritmo del cántico, sino también para las frases de los tifos y para sus diseños. Muchas de las miradas, durante los 90 minutos, están en la figura del *speaker*. Megáfono en mano, se coloca de espaldas al césped y guía la animación del Fondo y, por ende, de todo el estadio. "Te acostumbras a ver el partido en la cara de la gente", confiesan. Sus gestos, sus gritos... dibujan las diferentes acciones del equipo.

Los cánticos han evolucionado. Los hubo en blanco y negro, como "¡Qué bonitos, qué bonitos, son los goles del Rayito!" y "¡Vamos Rayito, Rayito, Rayito!", que solían arrancar de la peña El Cencerro. Y pasaron a color con Los Petas, que hicieron célebre aquel: "Cada canuto que nos fumamos, alucinamos con el Rayo Vallecano". Vuelan los años y tanto las letras como las melodías se van renovando, pero muchas forman parte ya del imaginario colectivo. No hay rayista que no se sepa clásicos como: "Arriba, arriba, arriba, arriba con la Goma-2, que Vallecas se prepara, que Vallecas se prepara, pim, pam, pum, la revolución", "El día que yo muera, quiero ver mi cajón, pintado franjirrojo, como mi corazón" o "Un día porque sí, cuando cumplí los cinco años, mi padre dijo ven, te voy a llevar, al nuevo estadio. Yo sé que esta pasión, nunca jamás, te va a hacer daño. Y así te conocí, Rayo Vallecano". Himnos que entona todo el estadio, como una única voz.

Si los resultados son propicios, se desempolva *El año que viene, Rayo-Liverpool*. Su nacimiento alimenta diferentes teorías. Rafa García Navas, el *speaker* del club, lo reivindica como suyo y lo data en la 1988-89. Mientras que otra —más extendida— se lo atribuye a Bukaneros en la 99-00. Son muchos los aficionados que recuerdan que la primera vez que se escuchó fue el 6 de noviembre de 1999, cuando el Rayo se adelantó 2-0 ante el Madrid, aunque terminó cayendo (2-3). Y por momentos la broma del Liverpool estuvo a punto de ser una realidad. Los cánticos se contagian. Y si no que se lo digan a los técnicos y jugadores que lo han entonado a pleno pulmón, como Sandoval, Míchel, Coke... También las futbolistas del Femenino y los chavales de la cantera. Porque *La Vida Pirata* es más que una canción. Es sentimiento y pasión. Es unión y fuerza. Es celebración y Rayo. Y eso sí hace la vida mejor...

66/100

DE ILLÁN A COBEÑO, DEL PICHICHI AL ZAMORA

La gloria y los trofeos parecen diseñados para los equipos de mayor presupuesto. También los de Pichichi y Zamora, porque marcar o evitar goles tiene un precio. Y habitualmente, elevado. Sin embargo, el Rayo puede presumir de haber tenido en sus filas uno de cada. Eso sí, en Segunda. El máximo artillero de la 1972-73 fue Antonio Illán (Callosa de Segura, Alicante, 1948), gracias a 19 dianas. De todas ellas, solo una fue de penalti y formó parte de uno de los tres dobletes que firmó ese curso (Barakaldo, Nàstic y Córdoba). El extremo vistió la Franja del 70 al 74 y pronto demostró que tenía un don. Por eso a nadie le sorprendió que, años después, en la 1975-76, volviese a coronarse Pichichi de la categoría de plata con el Tenerife y, de nuevo, con 19 goles. "Me gusta el riesgo. Juego así y si hay peligro, voy hacia él", admitía en *As*.

Illán presentaba un amplio ramillete de virtudes, entre las que sobresalía su velocidad. "Era el más rápido de aquel momento. Parecía Gento, se iba de todos", le recuerda el portero Gómez. Tampoco le ha olvidado el lateral Luna, que siendo su compañero le tuvo que sufrir durante una pretemporada: "Me tocaba marcarle en los entrenamientos y no había quien lo pillara. También era muy oportuno de cara a puerta". El central Tanco lo ratifica: "Siempre estaba en el lugar y momento precisos. Era pícaro, muy listo...". Todas estas cualidades las confirma Lorenzo Benito. "Le pegaba fuerte al balón y además de buen jugador, era buena persona", apunta *El Cheli*, porque entonces todos tenían apodo: "A Illán le llamábamos *La Cabra*; a Luna, *El Pájaro*; a Aguilar, *El Cabezón*; a Eliseo Salamanca, *El Soso*...", recita de memoria el mayor de los hermanos Benito. El pequeño, Elías, también vistió la Franja. No obstante, fue Lorenzo quien dio nombre a la peña de un jugador rayista que más tiempo vivió: 49 años.

Instinto. Talento. Suerte. Trabajo. Son muchos los ingredientes necesarios para marcar y para evitar que lo haga el contrario. Por eso, David Cobeño (Móstoles, Madrid, 1982) consiguió el más difícil todavía, aunando ambas facetas en la 2008-09. Por un lado, el guardameta franjirrojo se erigió como el Zamora de Segunda, después de encajar 35 goles en 40 partidos, con un promedio de 0,88, el mismo que el realista Claudio Bravo. Y por otro, anotó el único tanto de su carrera, un golazo de portería a portería al Elche, que no evitó la derrota (1-2), pero le abrió un hueco en la historia. "Saqué rápido porque vi a Aganzo desmarcado, con la suerte de que marqué. Pero no fue aposta... Antes mis hijos lo veían un montón en YouTube y lo comentaban con sus amigos", reconoce el canterano rayista, a quien firmó Juan Pedro Navarro con 12 años. Por entonces, ya había pisado Vallecas. "Mis vecinos conseguían entradas y nos invitaban. También iba porque estaba en un equipo afiliado al franjirrojo", explica.

Al principio, su hábitat eran las porterías y los guantes. Después, los despachos y los teléfonos. De hecho, alguna vez ha afirmado que puede llegar a recibir más de cien llamadas al día en plena vorágine del mercado. Es su otra realidad. Pasó de ejercitarse con Pedro Moncayo a reunirse y negociar con representantes. Algunos, viejos conocidos de los rayistas, como los exjugadores Pedro Hontecillas, Pedro Riesco y Álvaro Zazo. Nada más retirarse, en verano de 2016, Cobeño trabajó en el club en diversas labores —desde jefe del *scouting* hasta enlace con la afición— y aprendió mucho del entonces director deportivo, Ramón Planes, a quien relevó en el puesto en 2017. Aquella primera temporada apostó por el regreso de muchos ex, como Trejo, Abdoulaye, Armenteros, *Chori* Domínguez, Bebé... "Al llegar nuevo, me rodeé de gente que no me iba a fallar", reflexionaba Cobeño, a quien la jugada le salió redonda con el ascenso.

Ha ido creciendo, hasta el punto de que el Sevilla pensó en él para sustituir a Monchi en 2023. El Rayo no le dejó salir, pero su frustración duró tan poco como la negociación porque, pese a lograr una Copa, una Supercopa y una UEFA con los hispalenses, el mejor momento de su carrera viste la Franja: "¡El *Tamudazo*!". Un gol con sabor a título.

67/100

JOSÉ LUIS, EL ALMA DE LA CIUDAD DEPORTIVA

Parte de su vida fue errante. De un lado a otro. "Hubo una época en la que el trabajo más importante en el Rayo era buscar dónde entrenar al día siguiente", confirma José Luis Martín (Madrid, 1965), director de la Ciudad Deportiva. Su sueño se hizo realidad el 28 de junio de 2010 y puso fin a ese peregrinaje del primer equipo y de la cantera. "No había móviles, así que debíamos tener localizados a los futbolistas para avisarles de la hora y el lugar", recuerda el vallecano, fundamental en esa lucha por unas instalaciones propias. Era un clamor popular. El primer paso fue crear la Fundación. Después, contactar con el Ayuntamiento y la Comunidad y ver los terrenos del Ensanche de Vallecas. Solo quedaba argumentar el porqué de dicha necesidad. "La clave estuvo en todas las solicitudes de prueba para la cantera que teníamos al año —unas 800— y que no podíamos atender. Alquilábamos un campo y llamábamos al 20%para hacerlas. A las reuniones llevábamos una caja con esos formularios, demostrando la demanda que había", apunta José Luis, quien cuida de la *City*, situada en la calle Rayo Vallecano, nombre que responde a una propuesta de las peñas respaldada por más de 6.000 firmas. Un serial de *As* con la historia de la Franja salpica los pasillos de las instalaciones y por las escaleras asoman fotos y portadas. Entre sus tesoros destacan muchos documentos del historiador Nieto-Sandoval, que realizaba caricaturas de los jugadores. Y José Luis tiene la suya.

Juan Pedro Navarro, el fallecido director de fútbol base, era su otra mitad. "Lo conocí en el 82, cuando yo colaboraba en el Instituto Municipal de Deportes. Se enteró de que había unos torneos y, como yo jugaba en el juvenil de Pastelerías Mallorca y entrenaba a su aficionado, le ofrecí ayuda. Hicimos dos equipos con los chavales de las pruebas —el Rayo Felines y el Rayo Potele— para el trofeo Príncipe de Asturias. A partir de ahí fue un no parar. Creamos una estructura sin campo y sin material, forzando al club a reutilizar la ropa de los mayores", relata José Luis. Esa fue la semilla del primer torneo local de fútbol-7 en España, nacido bajo el paraguas del Plan Director para potenciar la cantera. "Era la forma de hacer las pruebas e involucramos a muchos rayistas. La ropa nos la subvencionaron los expresidentes Manolo Gallardo y Daniel Jimeno y el exjugador Lorenzo Benito. Los 20 conjuntos llevaban el nombre de futbolistas como Hugo Maradona y la Federación Madrileña nos mandaba árbitros de la escuela", afirma. También fueron pioneros en tener una base de datos y el departamento de ayuda al estudio, así como una biblioteca donde los chavales hacían los deberes. Además, se guardó un espacio para construir una residencia. El anhelo de *Juampe*.

Ambos comparten, como hermanos, las mejores anécdotas. "El médico del Rayo era militar y dijo a *Juampe* que alegase el estrabismo para librarse de la mili. «Por la noche no veo», adujo ante el tribunal en el Gómez Ulla. «¡Toma, ni yo! A la mili», sentenció el capitán. Acabó conduciendo tanques", bromea José Luis, que conserva las cartas que le remitía Magdalena Cárceles, preguntándole si le habían arrestado ya. "Le mandaba tabaco", admite la secretaria. José Luis ha sido extintor en incendios varios y ha tomado las riendas del primer equipo tres veces, dos en Primera y una en Segunda, siempre consciente del nombre de su sustituto. No tener la oportunidad fue su espinita. "Un día iba a dar clases de gimnasia y acabé en La Peineta para dirigir la sesión. Habían echado a Goikoetxea y justo estaba en la radio poniendo a parir a la plantilla. Más rocambolesco fue cuando llegó Gustavo Benítez. En lugar de ejercer, se vino a escuchar la charla y se subió al palco para ver la primera parte ante el Recre. Ganábamos 0-1. Al descanso dice: «¿Me permites?». Les pidió aguantar, lo contrario a lo que iba a decir yo. Perdimos 2-1", ríe el primer míster de Míchel, a quien reclutó para dar una charla a los canteranos de lo que implica ser capitán junto a Cota, Morón, Felines… "Ellos representan un barrio y unos valores", insiste. Bien lo sabe José Luis, el alma de esa casa, la de todos.

68/100
EL ASCENSO MÁS HEROICO

Elegir un ascenso es como hacerlo entre mamá y papá. Sin embargo, todos los que vivieron el de la 2010-11 lo tienen claro. El Rayo había empezado a toda máquina, pero tras la derrota en Tenerife, a mediados de febrero, estalló la bomba. Llegaron los impagos para quedarse. Cada semana se declaraba un nuevo incendio, "hasta el punto de que competir era un alivio". Así lo vivió David Aganzo, el delantero entonces y el presidente de AFE ahora. "Se hablaba más de lo extradeportivo. Recibíamos muchas promesas de los Ruiz-Mateos, pero la realidad es que hubo gente que tuvo que vender sus coches, recibir dinero de otros compañeros para sobrevivir... Ya no era un tema económico, sino de que nos dijeran la verdad", asegura Aganzo. "Yo llevaba el pelo largo porque no tenía dinero para cortármelo", bromea Trejo, tratando de rebajar el dramatismo, porque la amenaza de la desaparición del club era tan real como recurrente. "Nos lo decían abiertamente", afirman los miembros de un vestuario que se unió como nunca.

Fue una temporada de más reuniones —algunas interminables en Somosaguas— que entrenamientos. De más dudas que certezas. Por el ambiente flotaban conceptos como venta, concurso de acreedores, quitas... "Era incómodo. La mayoría ni sabíamos lo que era una Ley Concursal", admite Aganzo, aunque uno de sus compañeros tenía un máster. Para Javi Fuego esta era la cuarta consecutiva, después de vivirla con Sporting, Levante y Recreativo. "Le decíamos de broma: «Javi, ¿dónde vas a ir el año que viene?». Él nos iba explicando todo al resto", desvela el delantero. El vestuario llegó a gestionar el dinero de alguna taquilla. "Se ponía en medio para que cogiera quien lo necesitara", describe Amaya. La palabra solidaridad cobró una nueva dimensión. La afición creó una Fila 0 para ayudar. "Se acogieron varios empleados, entre ellos, alguna jugadora del Femenino", apunta *Gelo*, el presidente de las peñas entonces. "Nos preocupamos mucho por ellas, por el filial... Y pese a todo lo malo, los miembros del cuerpo técnico siempre nos recibían con buena cara", valora Aganzo.

El Rayo ganaba y el ascenso a Primera se tornó en obligación. "La presión era enorme, más que en cualquier equipo grande, porque no podíamos no subir", coinciden. El 22 de mayo de 2011, en una calurosa mañana de elecciones municipales y autonómicas, Sandoval tocó la tecla emocional para motivarles. Proyectó un vídeo de las familias de los jugadores insuflándoles fuerzas para ese último arreón. "Luego, en la cena de celebración, Coke le dijo: «Míster, otra vez no nos pongas ese vídeo, que más que motivarnos nos ha hecho saltar al campo llorando»", recuerdan algunos miembros del *staff*, que advierten que Míchel —capitán de aquellas con Cobeño, Movilla y Coke— empleó una fórmula similar siendo entrenador franjirrojo en la 2017-18. No le salió tan bien. "Nos puso el vídeo en el hotel y el Alcorcón nos metió cuatro", ríen. Eso sí, ascendieron a la siguiente jornada contra el Lugo en Vallecas.

Aganzo corrobora aquellas palabras de Coke. Él también pisó el césped con los ojos vidriosos. "Sentíamos que luchábamos por el escudo y por nuestra gente. No le dimos ni opción al Xerez", sentencia. El Rayo se impuso 3-0, aunque le costó abrir la lata. De hecho, no fue hasta después del descanso cuando apareció Trejo para inaugurar el marcador valiéndose de una gran jugada de Aganzo. "Nos intercambiamos los papeles", cuenta el delantero. A partir de ahí, la Franja se volcó en el área jerezana. Armenteros —pichichi del equipo con 20 goles— culminó una contra regateando al guardameta visitante Chema y Susaeta remató la faena a cinco minutos del final, con un golpe franco al borde del área. El pitido supuso una liberación y Vallecas fue una fiesta, con la gente saltando al campo para abrazarse a sus héroes. Esa imagen fue portada de *As*. "La afición fue el motor que hizo andar a este coche", reconoció el técnico en rueda de prensa. Después, 10.000 almas les acompañaron a la Fuente de la Asamblea. No les soltaron la mano en las buenas, como tampoco lo habían hecho en las malas.

69/100

LOS PROTAGONISTAS EN LA SOMBRA

El fútbol es un gigantesco truco de magia. Mientras las miradas se centran en los jugadores, el *staff* desarrolla, entre bambalinas, una labor tan oculta como vital. Los más veteranos en el Rayo son José Vargas, que llegó en la 1992-93 y además de utillero es masajista; y Carlos Beceiro, el médico, que lo hizo en la 1994-95, después de haber trabajado en los Juegos Olímpicos de Barcelona. Dos temporadas más tarde, aterrizaron el fisio Marcos Marín y el utillero Kiko Jiménez, aunque este en el tramo final. Toda la vida lleva también Pedro Moncayo, el entrenador de porteros, que pasó de la cantera al primer equipo en la 2012-13 y el otro fisio, Miguel Ángel Martín —alias *Fly*—, dio ese salto en la 2014-15. Ya estaba como delegado Miguel Ortiz, que entró en la 2007-08, aunque había jugado en el primer equipo seis campañas (1986-92).

Por el centenario camino se quedaron otros como Isidoro Prieto (Madrid, 1953), más conocido como *Isi*, el utillero durante tres décadas. Su padre y su hermano eran rayistas, por lo que no es de extrañar que sea abonado desde los 13 años. El presidente Pedro García le abrió las puertas del club en la 1988-89 y desde entonces coleccionó siete ascensos: seis a Primera y uno a Segunda. "Cuando entré no quería ni librar", admite. No se ha aburrido. Su vida se cuenta por batallitas. "Recuerdo la pretemporada en China. Paco Jémez me cedió su asiento VIP en la ida y fui acostado, pero a la vuelta no me lo dejó. Se conoce que lo pasó mal y madre mía... El viaje no se acababa nunca", ríe. De aquello no solo se trajo la experiencia, también "el gato ese que mueve el brazo". Su compañero de aventuras solía ser Kiko, al que acogió con 16 años —era hijo de unos amigos suyos de la peña Los Cepas— para enseñarle el oficio.

"Yendo juntos a Girona con la *furgo* paramos a comer en Zaragoza. El del bar conocía a Movilla y nos dio un atajo. ¡Terminamos en Jaca!", asegura el utillero, que vivió el peregrinaje de un sitio a otro para entrenar. "Llevábamos el material en el coche de Vargas, con un remolque. Parecíamos titiriteros", confirma Isi, que se jubiló en noviembre de 2018. Otro utillero carismático, de una etapa anterior, fue Elías Gallego, padre del jugador Manolo Gallego, quien puso en su sitio hasta al mismísimo Di Stéfano: "Usted habrá sido capitán general en el fútbol, pero aquí mando yo".

Por el banquillo rayista han desfilado todo tipo de entrenadores. Algunos muy rectos, como Juande, cuya palabra fetiche era "innegociable". Y otros que, por contra, buscaban acuerdos. "Manzano era un adelantado: introdujo dinámicas de grupo y hacía *coaching*", confirma Víctor Paredes, readaptador hasta 2018. Uno de los rostros más conocidos junto al del fisio Miguel Ángel Cordero. Ellos vivieron esas partidas de pocha en las concentraciones, las pachangas y posteriores comidas con Fernando Vázquez… Con él de entrenador, presenciaron una de las más célebres rajadas de Teresa Rivero. "Se puso en la primera fila del bus y entró en *Carrusel* con Paco González. Empezó: «Vaya mierda de partido». Con la radio puesta se oía en estéreo. Menos mal que alguien se levantó a apagarla", bromea Víctor. De los inicios de Lopetegui, los miembros del *staff* destacan: "Tenía buenas ideas, pero un equipo de cromos, con más nombre que nivel". Ese año también pasó D'Alessandro, derrochando el mismo histrionismo que en *El Chiringuito*. "Poseía un alto nivel de conocimiento del juego y enamoró", desvelan, al igual que "el discurso luchador" de Jémez y "la humildad" de Míchel, que en la 2001-02 se sacó el nivel 1 en La Torre.

Los auxiliares estuvieron en algunas reuniones de Somosaguas con Ruiz-Mateos. Lo mismo sonaba en bucle una canción de Demis Roussos que preguntaba a los presentes su signo del zodiaco. "Se los sabía todos", cuentan. Sandoval es tauro. Se definen como tercos, saben conquistar… Y él lo hizo con el dueño del club. Había ascendido al B con La Quinta de la Torre (Borja García, Lucas Pérez…) y le convenció de que era el indicado para el primer equipo. Para que este funcione, tiene que hacerlo el engranaje en la sombra. Los otros protagonistas.

70/100

TREJO, EL LÍDER SILENCIOSO

Su luz marca el camino. Es faro. Trejo (Santiago del Estero, Argentina, 1988) no necesita artificios para que los demás le sigan. Su timidez y humildad le hacen brillar más. "Es un líder silencioso", como lo definió certero su técnico Míchel. Para las nuevas generaciones, es el mejor jugador de la historia de la Franja porque es magia dentro del campo —mece el balón o electrocuta el partido a su antojo— y compromiso fuera de él. El *Chocota* es el primero en implicarse cuando percibe injusticias con la cantera y el Femenino, en llevar agua a los aficionados que esperan colas kilométricas para sacarse el abono o en romper una lanza a su favor si entiende que la directiva debería tener su voz más en cuenta. Ese fue uno de los motivos por los que renunció a la capitanía en la 2023-24. También dio un paso al frente para abastecer a quienes retiraron la nieve de la Ciudad Deportiva por la Filomena y para pelear contra el ERTE que afectó a los empleados durante la pandemia. Esos grandes gestos se suceden. Uno de los últimos lo encarnan dos letras en su camiseta: J. P. No son las iniciales de sus hijos, sino de alguien que es como de la familia. Juan Pedro Navarro, el director del fútbol base del Rayo, fallecido. Este homenaje lo meditó con sus imprescindibles. Su esposa Marina y sus hijos Mía, Lucca, Santi y Leo. De la llegada del más pequeño se enteró cuando celebraba el ascenso de la 2020-21. El más reciente de los tres que colecciona este experto en goles para la historia.

Abrió el marcador contra el Xerez en el de la 2010-11, el más heroico por los impagos de los Ruiz-Mateos. "Cuando estoy de bajón me lo pongo. Lo sigo mirando por lo que significa. Ver a la hinchada y a tu familia llorando, las llamadas desde Argentina...", confiesa. Sus padres se ausentaron en el de la 2017-18 por problemas de salud y el *Chocota* los tuvo en su pensamiento en

2021, cuando culminó la remontada en Montilivi e hizo subir a los franjirrojos. Era el Día del Padre en Argentina y le dedicó el tanto al suyo, que les había dejado un par de años antes. También selló, de penalti, el pasaporte a las semifinales de Copa de 2022. El argentino, sigilosamente, ha igualado el número de ascensos de Míchel y está a otro del récord de Cota, aunque ya tiene el de extranjero con más partidos. "¡Es magia pura! Cuando coge el balón sabes que algo va a pasar", le dibuja Piti, que siempre tuvo más gol que Trejo. No es el único. "Mi hijo Lucca hace muchos en la escuela y me dice que no le voy a alcanzar", ríe. Con ellos también habla de la vida. De lo pequeño que era cuando tuvo que hacer las maletas para irse a Boca. "A la mayor, Mía, le cuento que con 12 años me marché y dejé de ver a mis papás. «¿Pero dónde fuiste?», me pregunta. A Buenos Aires, a más de mil kilómetros y 14 horas en bus. Al principio lloraba", lamenta quien soñaba con emular a Tévez: "Con 15 años, mi papá se acercó en un evento y le pidió: «Una foto a cambio de una empanada». Se la hizo y, además, me regaló una camiseta firmada".

A Trejo este camino le llevó a encontrar su sitio. Si en su primera etapa lo intuía, en la segunda llegó la certeza. "Quiero retirarme aquí. Lo que te dan el Rayo y Vallecas no lo tienes en ningún lado. Es el mensaje que quiero dejar a mi familia, que no todo es el dinero", admite. Por eso creó su Fundación, que lleva desde 2012 trabajando para que los niños de Santiago del Estero tengan cubiertas sus necesidades. Por ello, el Senado argentino le distinguió con el premio Dr. René Favaloro al Deportista Solidario en 2016. De crío, su día a día consistía en ir al colegio, a diez cuadras, y ayudar a su madre en el negocio, pero los fines de semana tocaba diversión. El sábado, fútbol y el domingo, baloncesto con sus hermanas. "¿Cómo era de pequeño? No ha cambiado. Callado, de buen humor... Él habla con la pelota", le describe *Pancho* Cerro, al que conoció con 8 años y con quien jugó una campaña en Vallecas. Así, en silencio, trata de cambiar la vida de los demás. La suya y la de los suyos es el Rayo. Su lugar.

71/100

LOS TERCEROS TIEMPOS FRANJIRROJOS

Los partidos en Vallecas nunca terminan cuando pita el árbitro. Ni siquiera cuando el Fondo entona *La Vida Pirata*. El tercer tiempo se juega en los bares que abrazan el estadio y, a veces, solo a veces, da más alegrías que el reglamentario. En los últimos años era habitual ver a Fran García comiendo con su familia en Il Capriccetto y a Dimitrievski tomando algo en El Sitio. Sin embargo, esto viene de lejos, de décadas atrás, cuando los jugadores franjirrojos frecuentaban Sol y Aire que, como publicó *La Hoja del Lunes* de Madrid, agotó todas las cervezas con el primer ascenso del Rayo a Primera. Esos salones, donde se celebraron bodas, bautizos y comuniones, se levantaron en la Avenida de la Albufera, justo en el esquinazo frente al estadio, desde finales de los 40 y hasta 2001. Por allí desfilaron Peñalva, Felines, Potele, Morena… Y un largo etcétera, transversal a otros deportes. "Me colaba en las bodas a bailar. No sabían si era amigo del novio o de la novia", bromeaba el fallecido Ángel Nieto, campeón del mundo de motociclismo 12+1 veces, quien llegó a montar un negocio en el barrio: "¡Una discoteca! El Lover Club". No fue el único. Cota tuvo durante décadas el bar de dentro del estadio, el punto de encuentro de aficionados, jugadores y periodistas. El Cota albergó juntas de accionistas, premios de peñas, cenas de los veteranos… Incluso el banquete de boda de rayistas como Luis Miguel Castro y Lourdes Garrido, que saltaron al césped para sus fotos.

Las quedadas no solo se hacían en el barrio. Durante los años del *Matagigantes*, después de las palizas de Álvarez del Villar en la Casa de Campo, los futbolistas se quedaban en la cervecería-marisquería Köln. Este negocio sigue en el paseo del Quince de Mayo, cerca del extinto Calderón. Por ahí venía una de sus anécdotas más recurrentes. "Coincidíamos con los jugadores del Atlético. Ellos estaban con sus patatas fritas y llegábamos nosotros pidiendo una de gambas. Nos decían: «Madre mía, estos del Rayo, ¡qué cabrones!». No íbamos muchas veces, pero cuando lo hacíamos, era a tope", ríe Francisco. A lo que Potele añade: "También tirábamos de cigalas porque quien perdía el entrenamiento pagaba". Felines se dejaba una de ellas asomando por el bolsillo de la chaqueta para dar fe.

El vínculo entre los jugadores y la hinchada es fuerte, como se demostró el 14 de abril de 2023, cuando Trejo compartió un rato con varios aficionados, tras el triunfo contra Osasuna (2-1). "La historia es un poco surrealista", avisa Guillermo, más conocido como *Belushi* en Twitter Rayo. Ahí fue precisamente donde se gestó este encuentro. "Alguien puso, de broma, que había que decir a los futbolistas que se vinieran a nuestras previas. Le respondí que antes del partido no, mejor después, porque quizá Trejo o Isi se apuntaban. Los cité y todos nos sorprendimos por la respuesta del *Chocota*", confiesa *Belushi*. "Cuenta conmigo e Isi. Organízalo y nos dejamos caer", prometió el argentino. Fue dicho y hecho. Trejo puso facilidades para propiciar el encuentro, pero el reto entonces ya era controlar el aforo. *Belushi* lo consiguió. El local y la terraza de La Frasca se llenaron de habituales, de quienes fueron a celebrar la victoria, de quienes lo hicieron para conocer al *Chocota*... *Belushi* no dio pistas de lo que se cocía cuando llamó para reservar. Allí estuvieron el argentino y su familia, acompañados de su amigo e integrante de la secretaría técnica Emi Armenteros.

El fin de semana libre propició la baja de Isi, que se apuntó para la siguiente. Un plan que salió del mismo Trejo. "Dijo que teníamos que repetirlo. Me sorprendió la importancia que le da a la conexión jugadores-afición. ¡Es la leche!", reconoce *Belushi*, que elogia el gesto: "Esto no sucede en otros equipos". El *Chocota* fue un derroche de cercanía haciéndose fotos, firmando autógrafos y charlando con la gente. Siempre dispuesto a hacer rayismo, como *Belushi*, que es padre de una niña, llamada Mérida, desde mayo de 2023. "¿Mi deseo? Que salga rayista", desvela. Ahora, más que nunca, las previas también serán en los parques...

72/100

SE VENDE CLUB POR 961,66 EUROS

Manifestaciones. Cánticos. Pancartas. La marcha de los Ruiz-Mateos —*La familia*, como se la bautizó en un tifo en el estadio que imitaba la carátula de *El Padrino* (1972)— era un clamor y la situación, insostenible. La única solución pasaba por la venta. Los todavía gestores le ofrecieron el club a Lorenzo Sanz, pero este lo rechazó. A partir de ahí, en ese proceso, aparecieron nombres como los de Carlos González (posterior propietario del Córdoba), José Expósito (luego se hizo con el Alcorcón), González Sobrino y Pedro Roiz, hijo del antiguo presidente franjirrojo Juan Roiz. "Presa ha sido el más serio de los candidatos. Tiene un plan de viabilidad y esperamos que salga adelante", dijo Javier Ruiz-Mateos en su adiós. Su identidad por entonces era un enigma. Trascendió que el empresario tenía 34 años —convirtiéndose así en el presidente más joven de Primera—, ocho patentes relacionadas con la publicidad y era abonado rayista. "Fue una negociación complicada. Hubo que hacer una auditoría, quizá sin contar con todos los datos que debiera, pero había que entrar a operar o el paciente se iba. Yo sabía dónde me metía, que era una situación difícil, aunque luego lo fue todavía más. Comprar el Rayo fue una buena decisión. Da sentido a mi existencia", confesó Presa en Onda Cero cuando cumplió una década en la propiedad.

De aquel 5 de mayo de 2011, en que se elevó a público el contrato de compraventa de las acciones del Rayo entre la sociedad Senero y Presa. La cuantía fue de 961,66 euros, es decir, el actual dueño pagó un céntimo de euro por cada acción. Títulos que en su momento llegaron a costar 60,10 €, aunque Senero ya los había adquirido en diciembre de 1995 por una peseta. Además, había una condición que, de no darse, era causa de resolución del contrato:

el ascenso a Primera. Este se produjo y el traspaso se completó. Eso sí, detrás de los 961 € había un importante pasivo. "Cuando llegué, el club estaba quebrado, con más de 62 millones fijos de deuda y unos contingentes judiciales importantes", afirma el presidente, cuya estimación total rondaba los cien millones. Su idea inicial era no entrar en Ley Concursal, pero lo hizo. "Analizando en profundidad los datos, vimos que era necesario para la protección del club", justificó Presa, quien contrató a Javier Tebas como abogado y asesor general de la Franja desde junio de 2011 hasta febrero de 2013. "Jamás he sido un títere suyo ni de nadie", se defendió el máximo accionista, que se define como rayista desde niño. No imaginó terminar en el palco, donde se estrenó ante el Elche un 12 de mayo de 2011. No se ha perdido cita alguna.

Ha vivido mucho, bueno y malo. Entre lo primero, figura el *Tamudazo*. "Fue un ejemplo de vida. Esa noche terminamos en urgencias con mi padre por la tensión", recuerda. Porque él, Santiago Martín, era el pilar de su vida. De ahí que su fallecimiento por covid en abril de 2020 le sumiera en un profundo dolor. Plasmó su adoración en una carta abierta, en la que destacó su faceta como futbolista —jugó en el Atlético, hasta una lesión de tobillo con 18 años—, como emprendedor —creó varias empresas de artes gráficas— y le reivindicó como presidente en la sombra, asesorándole y prestándole el dinero para hacerse con el club. Por eso, y a pesar de ofertas mareantes, no vende. Parece que a Presa el Rayo le conecta a su padre.

Si la gestión económica y deportiva del primer equipo se podrían calificar como los puntos fuertes de su mandato —manifiestamente presidencialista—, el aspecto social es el más polémico. De ahí que se escuche "Presa, vete ya" durante los partidos en Vallecas. "Claro que me da pena. Me gusta llevarme bien con todo el mundo, pero ¿a qué precio?", reflexionó. La afición le demanda "apostar más por la cantera y el Femenino y que el Rayo crezca", aprovechando una materia prima única. La de un club rico en valores, con la idiosincrasia de un barrio trabajador y una afición que es su capital más valioso. Su verdadero capital social.

73/100

EL RAYO, PATRIMONIO DE VALLECAS

Muchas vertientes confluyen en el Rayo para convertirlo en un fenómeno único. Es patrimonio material e inmaterial de Vallecas. Un conglomerado de sentimientos heredados o adquiridos a los que mimar para que puedan ser transmitidos a futuras generaciones. Y a la vez, una actividad económica, la más antigua del distrito de Puente. Solo La Tahona, situada en la calle de Sierra Gádor, de Villa de Vallecas, data de una fecha anterior a 1924. Este horno de pan lo fundaron unos franceses en 1902 y en 1915 se lo traspasaron al gallego Constantino Souto, bisabuelo de los actuales dueños. Se reinauguró en 1917, fecha de la que presume en su toldo. De las más de cien panaderías que trufaron Vallecas, solo esta sobrevive y es un negocio familiar. El encargado es Carmelo, el hijo del ya fallecido *Tinín*, conocido entre todos los vecinos por su habilidad haciendo maquetas. Su taller, una de las habitaciones de la casa donde está La Tahona —cuartel del ejército republicano en la Guerra Civil—, alberga una reproducción a escala del pueblo de Vallecas. Una labor de orfebrería. "Mi madre iba a hacer rosquillas y bizcochos. Dejaban el horno a los vecinos", recuerda Pilar, que atiende en una farmacia cercana. Allí todos se conocen. "«¿Fernando, el pescadero?». Tenía la tienda en la calle de La Revoltosa. Era muy del Rayo", indica Paco, *El Frutero*.

La hija de Fernando, Montse, es la propietaria de la Clínica del Pie Gómez Maya, en la calle de la Peña Cervera. Ella, con apenas 15 meses y ataviada con la Franja, protagonizó la portada de *ABC* en el primer ascenso a Primera en 1977. "Mi padre iba a todos los partidos con la peña El Cencerro. Ese día era especial y me tunearon entre todos. A la falda le pintaron un rayo y a la camiseta le cosieron un escudo. Un zapatero del barrio consiguió unas botas de fútbol y las tuvieron que llenar de algodones porque me quedaban grandes. Todavía las conservo", confiesa. No es lo único. También tiene la portada enmarcada, esa que su padre colocó orgulloso en la pescadería. Fernando era de los fieles que viajaban con el equipo, junto a la familia. De ahí que a la podóloga el Rayo le despierte simpatía: "La gente de Vallecas siente debilidad por el equipo".

Tal es la afinidad que muchos comercios de Puente de Vallecas han sido bautizados con el nombre del Rayo. A lo largo de la Avenida de la Albufera hay espolvoreadas una tienda de móviles (Rayo Electronics), una administración de lotería (El Rayo), una peluquería (Rayo), un kebab (Rayo Döner Kebab) y una autoescuela (Rayo) y, más lejos, en la calle del Río Orinoco, existe una churrería El Rayo. Sin embargo, si hubo un establecimiento que participó de forma activa en la vida de la Franja, ese fue Alcampo. El supermercado de la calle Monleón abrió sus puertas en 1982 y se convirtió en el más antiguo de Madrid, además del tercero de España, por detrás de los de Utebo (Zaragoza) y Vigo (Pontevedra) en 1981. Es más, llegó a ser su espónsor e insertar su nombre en la Franja del 84 al 87. Incluso hubo un año (1985) en que el Trofeo Vallecas pasó a llamarse Trofeo Alcampo por dicha publicidad. Al Rayo también le patrocinaron Repuestos Menéndez (1987-88) y Mercasa (1989-90), antes de que los Ruiz-Mateos aprovechasen el frontal de las camisetas para colocar a las empresas de su grupo.

Ahora ha irrumpido con fuerza el *gastrorrayismo*, gracias a los bares que pueblan el Mercado de Numancia, la calle Sierra de Cadí, la Avenida de la Albufera... Y aunque la relevancia económica y social del Rayo es incuantificable, existe un informe de la consultora Price Waterhouse Coopers, elaborado en la temporada 2018-19, que trata de dar luz a su impacto en el barrio, la ciudad e incluso el país. Ese documento desvela que la Franja generó 267 millones de euros en actividad económica en toda España y que contribuyó en Vallecas con 91 millones, lo que representa el 1,7% del PIB del barrio. Por encima de eso está la relevancia del Rayo en la sociedad, creando comunidad, formando a través del deporte, ayudando a la integración... Aspectos que le hacen ser patrimonio de todos y para todos.

74/100

UN CONCURSO POR LA SUPERVIVENCIA

Cuando el Rayo entró en parada, el concurso fue la descarga que le reanimó. Durante la 2010-11, lo deportivo era lo único que mantenía sus constantes. Los impagos de los Ruiz-Mateos asfixiaron al club y los dueños se lo vendieron a Presa el 5 de mayo de 2011. La entidad se encontraba en preconcurso, desde el 17 de febrero, y se acogió al concurso de acreedores a finales de junio. "El día 27, me llamaron del Juzgado de lo Mercantil número 3. Allí me encontré con Luis Pérez Gil, que era economista y había sido designado administrador como yo. El tercero fue la Agencia Tributaria, su mayor acreedor, representada por Soledad García", recuerda José Plaza, abogado con una dilatada experiencia en el mundo del fútbol. Nada más aterrizar en el club se toparon con una bronca entre el técnico, Sandoval, y el nuevo presidente y una deuda de unos 60 millones de euros, aunque el convenio que se aprobó la dejó en 35 millones a pagar en ocho años con dos de carencia.

El tratamiento surtió efecto. Y eso que el diagnóstico era descorazonador. Fallo multiorgánico. "Tenía menos papeles que una liebre. No había documentación de a quién se debía ni cuánto. Descubrimos una doble o triple contabilidad, duplicidad de contratos, pagos en B... Tampoco trabajaba con bancos. Solo con el Banco Etcheverría, de Nueva Rumasa, y funcionaba con *cash*", apunta el socio-director de Bufete Rosales. La desaparición era un peligro real. "Sí, sin duda", confirma Javier Tebas, asesor del Rayo durante el proceso. "Recibí en mi despacho a Presa y me preguntó. La única solución era un concurso. Yo, como abogado, habré hecho cinco o seis. Se han dicho más, pero no", sentencia el actual presidente de LaLiga, al que le sorprendió que la Franja "tenía una de las deudas más elevadas del fútbol español con la Agencia Tributaria".

Los administradores elaboraron un informe con la situación financiera para el juez. Ya recompuesto el puzle, se hizo una lista de acreedores. "Fue muy farragoso. Había mucha gente no incluida y otra a la que se le debía más de lo que se decía", confiesa Plaza. La entidad diseñó un plan de pagos. La presencia de los administradores se notaba en el día a día. El club proponía y ellos aprobaban. "Supervisábamos todo, desde la compra de folios al salario de Paco Jémez, que era un dineral, aunque la decisión fue muy acertada", relata el letrado. Con las firmas de dos de ellos bastaba. También para los fichajes. "Un verano me fui a Cádiz y me vino a buscar con el coche Ángel Medina para dar luz verde a alguna operación", explica Plaza, que subraya dos logros como la clave para la supervivencia: el ascenso de la 2010-11 y el *Tamudazo* de la 2011-12.

El Concurso puso punto final a una década del Plan Director, diseñado para que un par de canteranos de cada hornada llegara al primer equipo. Sin embargo, se respetó el presupuesto de un millón de euros para el fútbol base. También se mantuvo el Rayo Femenino, a pesar de ser deficitario, primando su componente histórico y social. Cada operación suponía hacer encaje de bolillos. Unas se podían y otras no. Por ejemplo: "Se propuso que el club recomprara un porcentaje de los derechos de algunos jugadores como Lass, pero no lo aprobamos". A finales de 2013, el Juzgado aceptó el convenio propuesto y aprobado por un 75,77% en la Junta de Acreedores y terminó así el concurso y la presencia de José Plaza, del ya fallecido Luis Pérez Gil y de Soledad García. No sin antes haber investigado si Presa tenía relación con los Ruiz-Mateos, pero no encontraron pruebas ni tan siquiera indicios. Al Rayo le dieron el alta. "Hoy en día goza de buena salud en lo económico", afirma el abogado, que acompañó a la delegación franjirroja hasta Suiza en verano de 2013, en su lucha por participar en la Europa League ante el Tribunal de Arbitraje Deportivo (TAS). No hubo manera. Se quedó sin Licencia UEFA por las deudas, pero aquel enfermo sanó. ¿Intervención divina? "Eran usuales las primas por objetivos y también las cobraba el sacerdote, que ejercía de psicólogo, de cura...", enumera Plaza. El Rayo es, en sí mismo, un acto de fe.

75/100

EL *TAMUDAZO*, EL GOL MÁS ÉPICO DEL RAYO

"Empujé el balón y al girarme no vi a mis compañeros, desperdigados por el campo, sino a todo Vallecas dentro celebrando el gol conmigo", cuenta Tamudo, ese héroe de profesión, que años antes había protagonizado otro *Tamudazo* con el Espanyol. Este, el del 13 de mayo de 2012, está grabado a fuego en el rayismo. Su cabezazo *in extremis* al Granada supuso la permanencia y la supervivencia del club. Tras haber transitado 33 agónicos minutos por Segunda, quien terminó bajando fue el Villarreal. "El gol es histórico también en el plano económico. Sin él, hablaríamos de otra realidad", diagnostica José Plaza, uno de los administradores concursales.

Rebobinemos. Aquella última jornada había cinco candidatos a acompañar al Racing en la quema: Sporting, Villarreal, Granada, Zaragoza y Rayo. "Esa semana hubo días difíciles", explica Tamudo. Lo corrobora Sandoval, que cerró los entrenamientos, salvo uno: "Necesitaba que los jugadores vieran el sentimiento de la gente". La afición decoró el vestuario con mensajes y disputó su propio partido. "Fue clave, incluso molestando al rival. Acudió la noche previa al hotel de concentración del Granada", desvela Movilla. Lo ratifica Jose Ajero, antaño integrante de Bukaneros: "Recuerdo un ambiente como nunca antes. Estábamos como locos". No faltó detalle. Tifos, globos, confeti y la grada llena.

Fueron 90 minutos asfixiantes. De 0-0. "Ambos equipos estábamos asustados. En el descanso me temblaban las manos. A última hora subí a la desesperada, teníamos que marcar como fuera", admite Cobeño. Esa angustia la compartían la grada y el verde. En el 57', Movilla dejó su sitio a Trashorras: "No me encontraba fresco de mente y pedí el cambio. Me coloqué al lado de su portero. Era agónico". Los resultados no se daban y la soga iba apretando el cuello. "El delegado, Miguel Ortiz, nos decía: «Oye, que tenéis que ganar». Ya, eso intentábamos", ríe Michu. Varios jugadores tantearon a los nazaríes para que se dejasen ir. Nada. "No se fiaban", coinciden.

Y cuando el mundo se abría bajo sus pies, el Rayo regateó su destino. Tamudo estaba calentando y tuvo un pálpito. "Vino Nacho Sancho, el preparador físico, y nos comentó: «Oye, dice Raúl que lo saquéis que esto lo soluciona él». ¡Vaya si lo hizo!", afirma Ismael Martínez, segundo de Sandoval. "Cuando todo acabó se lo fui a recordar, en plan: «¡Te lo dije!»", advierte el protagonista, que salió en el 75' y marcó en el 91'. "Al botar un córner vimos a la gente con lágrimas en los ojos… Y en un segundo te cambia la vida", reflexiona Michu. La jugada se inició con un zurdazo de Piti, que se topó con la zaga enemiga. El rechace le cayó a Michu y su balón se estrelló en el larguero. Ahí apareció la cabeza de Tamudo y el resto ya es historia. Su camiseta, el tesoro más preciado, la conserva el readaptador Víctor Paredes.

Llegó el éxtasis. "El corazón me pasó de no latir a estar desbocado. Volví a vivir. Me di la vuelta y me abracé a un guarda jurado creyendo que era mi hermano", se ruboriza Sandoval, que prosigue: "Me quitaron la corbata y ni me di cuenta, porque me llevaban en volandas como a Jesucristo. Años después, un padre y un hijo me la enseñaron y se la firmé". Su inseparable Isma no daba crédito: "Tuve que mirar tres veces si la pelota estaba dentro". El cuerpo técnico y la afición invadieron el césped. Entre ellos Isi, el utillero. "Fue mi mayor alegría en el Rayo", rememora con ese desparpajo con el que admite el fuera de juego: "De haber existido el VAR, hubiéramos bajado. Menudo favor nos hizo Fermín, el del banderín, que ese día se jubiló".

Hubo tantos *Tamudazos* como almas en Vallecas. "Fue como ganar una Champions", sentencia Piti. Y la guinda a la carrera de Míchel: "Lo veo como una gran despedida". A Jose Ajero, le evoca a José Luis, su padre. Le habían detectado un cáncer y apenas le quedaban dos meses de vida. "Le tuve en mente todo el rato y aquella noche hablé con él. Le hice rayista también", se emociona. Ningún franjirrojo olvidará dónde estaba en ese instante de catarsis colectiva, en el gol que hizo de los desconocidos una familia.

76/100

ZAPEANDO HASTA EL RAYO DE PEDROCHE Y PEINADO

Zapeando se puede llegar hasta el Rayo. Basta con dar con Quique Peinado (Madrid, 1979) y Cristina Pedroche (Madrid, 1988), sus dos mejores embajadores televisivos. Ambos, vallecanos y rayistas. Ellos son dos rostros habituales del programa *Zapeando* de LaSexta y no han perdido ocasión para hablar de la Franja. Cristina lo hacía como reportera de *Otra movida*, donde su grito de guerra no podía ser otro: ¡A las armas! "La gente me veía por la calle y me decía: «Cristina, a las armas» y yo les contestaba: «¡Eh, a las armas!»". Era como un saludo". Eso hizo que el club pensara en ella para la campaña de abonados de la 2012-13. Ya desde pequeñita iba a los partidos y se hizo socia cuando creció, como hizo con su hija Laia con apenas un mes. "Yo soy del Rayo y punto, no tengo otros equipos. Aún conservo mi camiseta de la abeja. La relaciono con mi infancia", explica la vallecana, que empezó como modelo y tuvo su primera gran oportunidad televisiva en *Sé lo que hicisteis* (2007). La fama no la cegó. Siguió estudiando Dirección de Empresas y Turismo y conservando su naturalidad. "Soy de las que va al fútbol con la bufanda y el bocata", confiesa. Pueden dar fe muchos aficionados con los que se ha hecho fotos en el estadio. Por eso, Vallecas la ovacionó cuando hizo el saque de honor en la 2014-15.

Para ella, el Rayo "lo es todo". Lo dice y lo escribe. "Está por encima de jugadores, técnicos y presidentes. Es de la afición. También del barrio", argumentaba en una opinión en *As*. Ese amor se lo ha transmitido a su marido, el cocinero Dabiz Muñoz, que llegó a ser abonado. "Antes decía que era un 51% del Atleti y un 49% del Rayo, pero cuando llegaba a casa me insistían en que estaba equivocado. Ahora digo que es al revés", bromeó en el programa *Joaquín, el Novato*. Tiene su explicación: "Jugué cinco años en el Atlético".

La popularidad de la Pedroche se disparó y el enigma de su vestimenta para las campanadas se convirtió en un clásico de Nochevieja, como otra vallecana, la San Silvestre. Durante su primera vez en la Puerta del Sol (2015), desveló que quiso ponerse la camiseta del Rayo y no le dejaron. Siempre presume de equipo e ídolo. "He entrevistado a Brad Pitt y Angelina Jolie y no me he puesto tan nerviosa como con Movilla", contaba la Pedroche, que admiraba a Sandoval: "Me encanta su humildad". Con él, el equipo franjirrojo se unió a la huelga general del 29 de septiembre de 2010 y del 29 de marzo de 2012. Orgullo de clase. Orgullo para Cristina, que se confiesa de izquierdas. "Si yo ingreso más, entiendo que me deben quitar más. Esos impuestos quiero que se destinen a hospitales y educación pública", dijo en *La Vanguardia*.

Esa ideología impregnó la primera incursión literaria de su compañero Quique Peinado. *Futbolistas de izquierdas* (Léeme, 2013) fue la antesala de *A las armas* (Libros del KO, 2015), una obra mucho más personal. Su historia en cien páginas. "A mis hijos les digo que nosotros existimos por el Rayo. Mi padre, Enrique, era de Vallecas y mi madre, Visitación, de Valladolid. Ella se vino a trabajar aquí muy jovencilla y se conocieron porque eran de la peña Sierra Díaz. Iban a lo que mi madre llamaba las excursiones del Rayo, un sitio guay para conocer gente", resume el periodista.

Su particular batalla ahora es que sus hijos, Mikel y Héctor, que viven en el barrio de Tetuán, abracen la Franja. "Les voy lavando el cerebro. Los llevo al estadio porque para un niño conocer a los jugadores es la leche. ¿Cuántos de su clase pueden decir que han visto a Isi o Fran García salir de detrás de una valla para hacerse fotos? Y les insisto, tú no quieres a tus amigos porque jueguen mejor al fútbol o saquen mejores notas, así que no tienes que querer a tu equipo porque gane", reflexiona Quique, para quien el ascenso de la 1988-89 fue un antes y un después. "Me llevó mi tío Luis con su hijo, Luis Alfonso, que era mi padrino. Bajamos al campo y cogí un poco de césped", añora. Aquellas briznas —secas ya, en una bolsita de plástico— se perdieron, no ese sentir. Por su sangre corren la Franja, el boxeo y una conciencia de izquierdas. Eso que, como el nombre, heredó de su padre.

77/100

TOCANDO HASTA EL MEJOR PUESTO DE LA HISTORIA

La premisa no era nada halagüeña, pero el Rayo nunca sacó más con menos. El presupuesto más bajo de Primera consiguió la mejor clasificación de la historia de la Franja, solo igualada en la 2024-25, aunque con menor puntuación. Aquel primer octavo puesto se cimentó en apenas 7,2 millones para plantilla y cuerpo técnico. "Los administradores nos dijeron que no podíamos pasarnos ni un céntimo. Felipe hizo un trabajo espectacular. Y nuestra labor fue de convicción. Está instaurada esa idea de jugar como un equipo pequeño, pero el viento sopló a favor y lo hacíamos como los ángeles", explica uno de sus grandes culpables, el entrenador Paco Jémez. Aterrizó en el banquillo en verano de 2012, después de haber vestido la Franja en dos etapas (1992-93 y 2003-04), con una propuesta de tiqui-taca. "Los comienzos no resultaron fáciles en Vallecas porque la plantilla no estaba diseñada para ese tipo de juego, pero las cosas se fueron ajustando y el rendimiento de los futbolistas se disparó", desvela el segundo de Jémez, Jesús Muñoz, que se encargaba del balón parado. A la exigencia —no sorprendían los cambios antes del minuto 30— le acompañaba la motivación. "Allí la comodidad no existía", insiste Muñoz. Fue la clave de los récords. Al octavo puesto de esa 2012-13 llegó con 53 puntos y siendo el tercer equipo con más posesión de Europa (58,13%), por detrás de Barça (69,13%) y Bayern (63,62%). Además, los franjirrojos ganaron por primera vez en campos malditos como Mestalla y San Mamés. Ningún otro Rayo ha firmado más triunfos en Primera (16).

Puerta grande o enfermería. Ese era el mejor resumen de aquel equipo. Valiente hasta el extremo y capaz de quedarse con defensa de tres para ir a morder. "En el Bernabéu y el Camp Nou casi siempre era enfermería, pero que nos quiten lo *bailao*", ríe Trashorras, el buque insignia de entonces. "Teníamos una idea y la llevábamos a cabo independientemente del rival. No nos daba para ganar a los grandes, pero sí a los demás. Ser fieles a nuestro estilo nos hizo diferentes", asegura el cerebro de la Franja, que además de ganar enamoraba. "A todo el mundo le gustaba vernos. Éramos un poco extremistas porque nunca nos echábamos para atrás. No especulábamos", apunta Trashorras. Otra pieza clave fue Piti, que se erigió en el pichichi vallecano con 18 goles. "Paco hacía hincapié en que la gente que venía a vernos hacía un esfuerzo para comprar un abono y debíamos ofrecerle espectáculo", esgrime el catalán, que también recuerda las multas del técnico si alguien se retrasaba un minuto: "¡3.000 euros! Yo llegaba media hora antes".

El míster y su filosofía no dejaban a nadie indiferente. Para Jémez, el Rayo nunca fue uno más. "Fue el primero con el que jugué y al que dirigí en Primera. Eso es como el primer amor, no se olvida", añora alguien que aboga por la honestidad como llave para abrir un vestuario. "Los jugadores tratan con muchas personas y saben cuándo les engañan. Tienen un radar para calar a la gente. El vestuario, en una hora, sabe qué entrenador eres. O les llegas o no te van a creer", asiente el autor de la página más brillante de la historia del club, donde figuran Rubén, Cobeño, Tito, Gálvez, Figueras, Casado, Javi Fuego, Trashorras, José Carlos, *Chori* Domínguez, Piti, *Mudo* Vázquez, Baptistao, Delibasic... y Lass, por quien el Valencia llegó a ofrecer siete millones. En dicha lista está hasta el príncipe heredero de la isla Siau, el central Jordi Amat, que años después descubrió su ascendencia indonesia y es alteza real. Además del autor del gol 600 del Rayo. El único que hizo durante su etapa en Vallecas.

Consciente de que muchos no continuarían en el siguiente capítulo, el cuerpo técnico decidió darles una sorpresa en su último partido. Las familias participaron en la charla. "Hablé con Jesús Muñoz para prepararles un vídeo, pero había jugadores brasileños, argentinos o guineanos que apenas veían a su familia y decidimos traerla. Hubo un representante de cada jugador y eso que nos costó encontrar a algunos. Hasta que dimos con los amigos de Lass, tela", cuenta Jémez. Esa fue su última gran victoria, la de dotar de alma a unos números de leyenda.

78/100

ENTRENADORES CON CHISPA

Muchos pasaron por el banquillo de Vallecas, pero pocos dejaron poso. A lo largo de las temporadas se han sentado todo tipo de técnicos, pero entre los más precoces asoma José María Martínez, *El Chispa*. Con 13 años entrenó más de un mes al guardameta Vicente, desde que el internacional salió del Madrid hasta que encontró equipo y firmó con el Mallorca (1964). Ahí José María fue consciente de su vocación. Él estaba acostumbrado a hacer de todo en el Rayo: "Con 8 años llevaba los balones del primer equipo para el pesaje, luego fui el encargado del material en aquel partido de Puskas y Gento con la Franja y después ejercí de ayudante, de míster en la cantera… Incluso jugué en el equipo de fútbol sala que creó Manolo Gallardo, con Felines, Potele, Lorenzo Benito, Ángel Vilda…". *El Chispa* atesora muchos conocimientos, de ahí que haya dado clase en el curso de entrenadores a Simeone, Aguirre, García Remón, Valdano, Juanito, Camacho, Lopetegui… y asesorado a Marcelino Gil en fichajes como el de Landáburu: "Le dije al presidente que debíamos hacerlo ya". Del 76 al 78 también ejerció de colaborador, "aunque no de forma permanente", con García Verdugo y Héctor Núñez. Dos perfiles antagónicos. El primero tenía "mucho conocimiento, pero le faltaba carácter". Justo al contrario que el uruguayo. Lo ratifica uno de sus jugadores, Anero: "Núñez tenía labia y era muy seguro de sí mismo". "Siempre venía con el mate", le visualiza Tanco. A lo largo de su carrera, a José María le ofrecieron tomar las riendas del primer equipo en dos ocasiones, pero nunca aceptó. Desde chaval se le vio esa *chispa*. Fue un revolucionario llevándose a los juveniles de concentración, con tiendas de campaña, a Mataelpino. Además, les cambió los dorsales. "Cada número se asocia a una posición y los moví todos, salvo el del portero. Al rival le volvíamos loco y los chavales aprendían a involucrarse en más de una demarcación", cuenta.

Uno de los más introvertidos fue Di Stéfano, aunque soltaba perlitas. "Tenía unas expresiones peculiares", incide Luna. De hecho, sus pupilos tardaron un tiempo en descubrir el significado de la frase que exclamaba cuando chutaban: "Le pegó al Danone". Lo comprendieron mirando al cielo del Bernabéu. "En lo alto de los fondos había anuncios de Danone", ríe Anero, quien recuerda a su entrenador saliendo del Seat 600 en el que le acercaban sus amigos —uno de ellos, el madridista *Marquitos*— y vestido con una gabardina con el cuello subido.

Otro genio y figura fue Camacho. "Hacíamos tropecientas cenas para hacer grupo. Nos llevaba a las Cuevas del Molar y el dueño tocaba la guitarra, así que terminábamos cantando todos", bromea Cota, quien prosigue: "Paco Jémez es Camacho, pero en moderno". Ambos poseen un carácter similar. Cuentan que cuando Ruiz-Mateos firmó a Camacho y salieron juntos a la calle no paraba de mascullar: 1-0, 2-0, 2-1... ¿El motivo? Ruiz-Mateos contaba la gente que conocía a uno u otro. "Y como estábamos por donde el Bernabéu gané yo", confirma Camacho.

A muchos técnicos diferentes conoció Pablo Sanz con la Franja, doce en siete temporadas. Máximo Hernández lo fichó del Barça B, donde ya había estado a las órdenes de Juande. "Es quien más rendimiento me ha sacado", ratifica Pablo, que recuerda cómo Manzano introdujo métodos ligados al aspecto mental, aunque antes habían tenido las figuras de Ricardo de la Vega y José Carrascosa como psicólogos. "Hacíamos ejercicios de relajación y siempre gastábamos la misma broma. Nos íbamos avisando para levantarnos y que se quedara uno allí solo con los ojos cerrados. Vaya susto cuando los abría", narra Pablo, el segundo de Lopetegui. Un vínculo tejido en el Rayo. "Julen y yo fichamos el mismo año del Barça, él del primer equipo y yo del filial, y fuimos compañeros de habitación. Éramos como hermanos", corrobora, por eso tenerle de entrenador no fue nada fácil. "Era una presión añadida. Un día me expulsaron y perdimos, así que cuando me miró... Supe lo que me quería decir", admite el Sancho de sus quijotadas en la Selección, el Madrid, el Sevilla, el Wolverhampton... Y las que vengan.

79/100

MANUCHÍN BARBA FERNÁNDEZ

Hay jugadores eternos. Unos por su extraordinario talento. Y otros por su gran carisma, como es el caso de Manucho. A pesar de estar solo cuatro temporadas en el Rayo (2014-18), donde anotó un total de 15 goles, el delantero dejó huella. Cada vez que saltaba al campo, Vallecas se caía. Atronaban los aplausos, coreaban su nombre, se respiraba cariño. ¿Por qué? "No lo sé. Quizá porque me gusta hablar con la gente y soy cariñoso. O porque allí valoran mucho el trabajo", trata de explicar el protagonista, que causaba furor especialmente entre los más pequeños. "Los niños estaban como locos conmigo. Las madres me preguntaban: «¿Qué les haces?». Se ponían hasta pelucas para parecerse a mí. Eso es precioso. Los críos tienen inocencia y el corazón puro. Ellos ven el interior de las personas", argumenta.

Uno de esos chavales es José Barba Fernández, alias *Josete*, el apelativo que usan en casa para distinguirle de su padre, José Antonio, el primer rayista de esta saga. Cuando el patriarca apenas tenía diez años, su tío le ofreció ir a un encuentro: el del Madrid o el del Rayo. Él elegía y apostó todo a la Franja. Los locales empezaron perdiendo en la primera parte y su tío le propuso irse en el descanso. Volvió a sacar la manzana. A tentarle con el Madrid. Pero nada, José Antonio siguió firme en su decisión. "Se quedó y el equipo remontó. Entonces se produjo el flechazo", cuenta Ana, el otro gran amor de su vida, su mujer. Ella tenía antepasados franjirrojos ("¡Mi abuelo!") y, cuando la pareja se conoció, uno de los primeros regalos fue una entrada para ver juntos un partido, el del Girondins de UEFA. La prueba de fuego. "Me enamoré de él y del Rayo", desvela Ana. De ahí que a Josete le corriera el rayismo por las venas ya desde antes de nacer. "Iba al campo en mi barriga.

Estábamos en el Fondo y, en cuanto me veían, me abrían paso para no espachurrarme. Nos pusimos en ese sitio hasta que cumplió 3 años. Era una locura estar detrás de él todo el rato y nos cambiamos al lateral", narra la madre de un Josete que cayó rendido a los encantos de Manucho. "Cada vez que salía, Vallecas era una explosión y él debió pensar «¡qué guay es este tío!». Era su jugador favorito. Siempre le buscaba", confirma.

Esa pasión llegó hasta límites insospechados. Cuando Ana volvió a quedarse embarazada, pensaron que iba a ser niña y se iba a llamar Sofía. Hasta que, semanas después, los médicos les avisaron de que finalmente venía un chico de camino. De repente, se quedaron sin nombre y Josete lo tuvo claro: "¡Manucho!". "No le hicimos caso, pensamos en Nico o Álex, pero él decía que le daba igual cómo le pusiéramos porque pensaba llamar a su hermano Manucho. Así que negociamos ponerle Manuel. ¡Manu! Josete aceptó y, de pequeñín, todos le llamábamos *Manuchín* en casa", ríe Ana, que inmediatamente se delata: "Bueno, lo seguimos haciendo".

El octavo cumpleaños de Josete trajo un regalo muy especial. A las botas firmadas por Isi y Álvaro García las acompañó un vídeo… "Aquí el mítico Manucho, que te quiere mucho", le dice. Junto a él, Lola Barraza, toda una institución dentro de la afición y la cómplice de este momento mágico. "¡El crío flipó!", cuenta su madre. Ahora el jugador quiere quedar con todos ellos. "Nunca me había pasado algo así. Manu será un *sangre de león*, como yo, un muchacho fuerte. Eso va en el nombre", bromea el futbolista. Ana lo tiene claro: "Quizá no era el mejor del mundo, pero si un niño, sin conocerte de nada, te quiere así es por algo". No le falta razón. "No tienes por qué ser Messi o Cristiano Ronaldo. Lo importante es esforzarte y ayudar al equipo", asegura Manucho, el delantero. El otro, *Manuchín* Barba Fernández, ya sabe de sus orígenes: "Me llamo así porque a *tete* le gustaba". A Josete. El mismo que comparte nombre con un lateral izquierdo que defendió la Franja en la década de los 90. Todo queda en familia… rayista.

80/100

UN JUVENIL CAMPEÓN POR PARTIDA DOBLE

El Juvenil A del Rayo siempre ha sido la joya de la corona, por allí pasaron Cobeño, Amaya, Mainz, Coke, Lass, Baptistao, Negredo... Aquel de la temporada 2014-15, dirigido por Diego Merino, deslumbró por partida doble. Se veía venir porque los franjirrojos fueron los líderes de su grupo de División de Honor mucho tiempo y llegaron a aventajar al Madrid hasta en 10 puntos. No había recetas mágicas, pero los ingredientes eran de calidad y se sazonaron con compañerismo. Lo confirma su entrenador, el timón de la nave. Así definía a parte de su tripulación: "¿Clavería? Competitividad. ¿Akieme? Madurez e inteligencia. ¿Shafa? Magia, cualquiera pagaría una entrada para verlo. ¿Raúl Uche? Gol. ¿Nico Cañizares? Tuvo que salir de la Juve, su predisposición a aprender y aportar nos sorprendió". Otros nombres propios fueron Javi Ruiz, Quirós, Poblete, Kike Pérez, Pep Biel, Joni Montiel, Juancho, Franchu... Algunos, asiduos en los entrenamientos del primer equipo. Paco Jémez solía ir a verlos en casa y fuera. "Tratamos de formar jugadores para que el día de mañana puedan estar en el Rayo", decía Diego entonces.

El 19 de abril de 2015, mientras el primer equipo jugaba contra el Almería, Vallecas tenía el transistor pegado a la oreja. Línea directa con el juvenil, que se jugaba la Liga con el Madrid. Buena parte de ese domingo, el campeonato estuvo en manos de los blancos, que ganaban al Puente Castro, mientras los franjirrojos empataban con el Alcorcón. Hasta que el pichichi Raúl Uche marcó el 0-1 en el 89' —su vigésimo gol de la campaña— y puso el colofón a un año de sobresaliente, con 25 victorias, dos empates y tres derrotas. Un título que antes solo había conseguido el juvenil dirigido por José Manuel Jimeno en la 2007-08, la generación que luego ascendería con el filial a Segunda B (2009-10).

Los caminos de Rayo y Madrid discurrieron paralelos en la Copa de Campeones, en la que ambos cayeron en semifinales, pero volvieron a cruzarse en la final de la Copa del Rey, el 27 de junio, en Ceuta. La primera para los vallecanos y la tercera consecutiva de los blancos, en cuyas filas estaban Reguilón, Mayoral, Lazo, Febas… A pesar de eso, los de Merino confiaban en sus posibilidades y poco les importaba que el presupuesto del rival fuera 35 veces mayor. Ya les habían arrebatado la Liga. Para llegar al estadio Alfonso Murube tuvieron que coger un tren y un *ferry*. "Menudas risas nos echamos", reconoce el centrocampista Kike Pérez. Los franjirrojos se adelantaron por medio de Uche. Lienhart puso el empate y fue Kike, que se había perdido la Copa de Campeones por lesión, quien anotó el 1-2.

A partir de ahí, la locura. Primero Mayoral y después Clavería vieron la roja. El capitán del Rayo era el único que había debutado en Primera, el 13 de diciembre de 2014, en Mestalla. Además del hijo del mítico portero de fútbol sala, Jesús Clavería, y bisnieto (por parte de madre) de uno de los fundadores del club, Tomás Rodríguez, cuyas cenizas fueron esparcidas en el estadio. La mano del pivote dentro del área cayó como un jarro de agua fría. Se venía drama o gesta en el 95'. Javi Ruiz eligió la segunda y paró el lanzamiento a Molina, convirtiéndose en el gran héroe de Copa. "Cuando lo pitó me entraron todos los males. Me aislé y firmé el final deseado", confiesa el meta, que recuerda cómo al terminar le esperaba su padre al otro lado del teléfono: "Rompí a llorar". A la vuelta, centenares de aficionados aguardaban en Atocha.

En pleno subidón Merino se acordó del director de fútbol base, Juan Pedro Navarro, y del director deportivo, Felipe Miñambres, que les acompañó en Ceuta. "Será difícil igualarlo", aventuró *Juampe* aquel día. No le faltaba razón. Tampoco en que "la gente de Vallecas quiere canteranos". De aquella plantilla, solo Kike estaba en el primer equipo en la 23-24, pero cogió el camino largo, con estaciones en Lugo, Cerceda, Valladolid y Elche. "Igual entonces no era el momento y ahora sí. Tuve que salir y madurar", reflexiona el toledano, que conserva las camisetas del doblete cual tesoro. El que le confirma como el último superviviente de una generación de oro.

81/100

CUANDO GANAR FUE SALVAR A CARMEN

El número 10 de la calle Sierra de Palomeras hervía a primera hora de aquel 21 de noviembre de 2014. Hubo sirenas, gritos, empujones, lágrimas… Y una terrible mezcla de indignación y desesperación entre el centenar de personas allí congregadas. Los vecinos y activistas presentes no pudieron evitar lo inevitable, el desahucio de Carmen Martínez Ayuso, una anciana de 85 años. "Prefería morirme a ver que me quitaban mi casa. Era lo poco que tenía", lamentaba rota de dolor. Varias unidades de antidisturbios llevaron a cabo uno de los 7.966 lanzamientos registrados aquel año en la Comunidad de Madrid y uno de los 68.091 de toda España, según un estudio del Consejo General del Poder Judicial (CGPJ). Días antes, Vallecas y el Rayo habían comenzado a movilizarse. El barrio era un clamor y la afición plasmó ese sentir en tres tifos en el Fondo, donde podía leerse: "Los desahucios de un Estado enfermo. La solidaridad de un barrio obrero. #CarmenSeQueda". Había que escribir un final digno para ese drama.

Luis Jiménez Martínez, el único hijo de Carmen, la utilizó como aval para un préstamo de unos 40.000 euros que le hizo un particular, según narraba *El País*. Iba a destinar ese dinero a salvar el bache económico por el que estaba atravesando. Sin embargo, el agujero fue creciendo más y más. Al no poder pagar la deuda, que ascendía ya a 77.000 euros por los intereses, el prestamista se hizo con los poderes del hogar de la anciana, valorado en unos 160.000 euros. El nuevo propietario no quiso negociar nada, sino disponer del mismo y acudió a la Justicia, ciega, como se la representa. Esta obvió que Carmen llevaba cinco décadas en su hogar de Villa de Vallecas, cobraba una pensión mínima de unos 630 euros y tenía problemas de salud, además de una avanzada edad. Solo le dieron una prórroga de un mes antes de firmar la ejecución del desahucio. La Plataforma de Afectados por la Hipoteca de Madrid (PAH), que había recibido cerca de 200 llamadas entre ciudadanos que querían ayudar y medios de Corea, Canadá, Japón... para hacerse eco de su historia, acompañó a la familia durante el proceso y criticó que este estaba "lleno de irregularidades y cláusulas abusivas" y que "nadie de la familia informó de nada" de lo ocurrido a Carmen, que se enteró por una notificación judicial. Ella no sabe leer ni escribir, así que fue una vecina quien le explicó lo que estaba sucediendo.

Su historia hizo ruido, gracias a que Vallecas y el Rayo se volcaron con ella. Mientras que otros se pusieron de lado, la Franja abordó el problema con ese carácter solidario y combativo que bebe del barrio. "Vamos a ayudar a esa señora", anunció el técnico Paco Jémez en la previa de un Rayo-Celta. Avisó de que jugarían su partido más importante, el de la humanidad. No solo la plantilla y el club movieron ficha —con aportaciones a nivel individual y destinando 5 € de las 4.000 localidades que salieron a la venta contra el Sevilla—, la afición participó de forma ejemplar en la Fila 0 abierta para Carmen, que recaudó 21.000 €. Dinero que la anciana terminó compartiendo con los hijos del mítico guardameta Wilfred para que pudieran viajar a despedirse de su padre. Todos ellos fueron eslabones de una cadena de favores. "Lo que han hecho por mí no lo hace nadie", expresó la octogenaria.

Nadie del Rayo se sentía cómodo por la repercusión de este gesto desinteresado. "Al principio nos pidieron un vídeo de ayuda, pero la vi llorar y me rompió el corazón. Pensé en mis abuelos, mis padres... generaciones que se mataron a trabajar. Perder todo lo que tienes a esa edad es una injusticia muy grande", resume Paco Jémez, que estuvo pagando el alquiler a título personal hasta aproximadamente abril de 2019, cuando la familia ya se pudo encargar de ella. "Yo sigo atento", corrobora el técnico, que tiene grabado a fuego un consejo de su padre, el fallecido cantaor flamenco Lucas de Écija: "Si puedes ayudar a alguien, hazlo". Juntos dieron una lección al mundo, un lugar mejor gracias a todos esos héroes —algunos anónimos y otros, no tanto— que tejieron una red de solidaridad inaudita.

82/100

ZHANG CHENGDONG, EL FICHAJE MÁS EXÓTICO

Corría el verano de 2015 cuando el Rayo se alojó en las portadas. Media pensión. O lo que es lo mismo, una ventana en los diarios deportivos *As* y *Marca*. El fichaje más exótico de LaLiga llevaba la Franja. Zhang Chengdong (Baoding, Hebei, 1989), alias *Dudú*, iba a ser el primer chino en jugar en la élite de nuestro fútbol. Esta noticia la confirmó su club de procedencia, el Beijing Guoan, y su técnico, un ex del Rayo, Gregorio Manzano. "Pasó por Alemania y Portugal y quería volver a Europa. Destacaba y eso le sirvió para dar el salto. Yo le hice un mapa de dónde comer, le di consejos y una carta para Víctor Paredes, que fue preparador físico conmigo y aún estaba en la entidad", le describe Goyo. Otro entrenador con pasado en Vallecas, José Antonio Camacho, le tuvo a sus órdenes en la selección china: "Le ponía arriba, por la banda. Era disciplinado y trabajador".

Tras la rúbrica, el jugador se incorporó directamente a la plantilla franjirroja en su país, donde se encontraba por la Gira LFP World Challenge. Destino previsible teniendo en cuenta que su espónsor era Qbao, una empresa tecnológica china. Esta situación terminó siendo motivo de fricción entre Paco Jémez y el club. "El fichaje me ha sentado como un tiro", confesó en *El Larguero* y el director deportivo, Felipe Miñambres, le replicó: "Sabe que le queríamos desde hace años". Poco a poco trascendieron detalles del contrato de patrocinio, que contemplaba la llegada de un futbolista chino. Eso sí, lo elegiría el Rayo. Y Zhang llevaba tiempo en el radar.

Las aguas se calmaron. *Dudú* se integró en la plantilla y se ganó el cariño de sus compañeros y de la afición. Uno de sus fieles era Iker Villegas, que le tenía preparada una sorpresa. "Me aprendí palabras para su presentación. Le deseé buena suerte y se sorprendió. «¿Hablas chino?», me repitió. Lo grabaron en *El Día Después* y me quisieron hacer un reportaje", ríe este rayista, que meses más tarde se llevó un autógrafo (en chino) en el brazo. "Son muy simpáticos y estoy aprendiendo con Paco. Valora a la gente trabajadora y va de frente", afirmó Zhang, zanjando la polémica sobre su relación. "La llegada no fue muy allá, pero resulta que era buen jugador y un tío fantástico. Se ganó estar allí", sentencia Paco. Todos celebraron su debut en Copa, el 2 de diciembre de 2015, contra el Getafe. Pasó de extremo a lateral. "Nunca olvidaré ese momento. Cuando tocaba el balón o daba un pase, escuchaba el cariño de la grada y me ayudó porque estaba nervioso", explicó *Dudú* en su día.

Pronto quedó prendado de la hinchada y de su nuevo hogar, Madrid. "Hace sol y la gente sonríe y es amable. Aquí hay calidad de vida. Quiero conocer sitios, ir al Museo del Prado…", apuntó este pionero, que cuando sentía una punzada de nostalgia buscaba restaurantes en Usera que le transportaran a miles de kilómetros. A casa. Con Zé Castro y Bebé hablaba en *portuñol* y para practicar el idioma encontró en Baena a su mejor profesor. "Raúl me hacía repetir su nombre y me enseñaba palabras con *erre*", desveló.

Dudú siempre estuvo acompañado en esta aventura. Un centenar de compatriotas presenciaron su estreno en Vallecas y muchos se hicieron habituales en los entrenamientos. China tenía sus ojos en él. "A pesar de estar lejos, no me sentí solo", destacó un jugador que hizo las maletas en el mercado invernal por la falta de minutos. Disputó 221 en cuatro partidos, tres de ellos coperos. Y su papel en Liga fue testimonial, con nueve minutos. Por cada encuentro que jugaba, el Rayo percibía un dinero. Ironías de la vida, en 2016, el Hebei China Fortune de Pellegrini pagó 20 millones por él, convirtiéndole en el fichaje más caro de su país.

Años después, su llegada aún coleaba. La FIFA sancionó al Rayo "por incumplir el sistema internacional de transferencias de jugadores", apuntando a una injerencia de Qbao. La Franja recurrió, presentando un informe de sus ojeadores hecho en Portugal, y se le rebajó la sanción a 53.000 francos suizos. Quizá no tuvo un final feliz, pero *Dudú* supuso un principio. Abrió camino a otros compatriotas como Wu Lei (Espanyol, 2019-22) y el Rayo, al mundo.

83/100

LA FRANJA VISTE GHANA

Un pequeño colgante de África luce en su cuello. A Eva Fernández (Madrid, 1997) hace tiempo que ese continente le robó el corazón, como los niños del orfanato de Dream Africa Care Foundation. Corría el verano de 2021 cuando esta auxiliar de enfermería buscó diferentes ONG y proyectos. ¿Ghana o Uganda? Ganó la primera. Allí podría estar tres semanas en el mismo orfanato para profundizar en sus historias y crear vínculos. Los mismos que le empujaron a regresar en 2023. "¡Prometiste que ibas a volver y has vuelto!", le gritaban los niños en inglés. No lo hizo sola como en 2021, sino con su prima y tres maletas cargadas de rayismo: "La primera vez les hablé del Rayo y del barrio. Mi hermana Esther me dio la idea de llevar alguna camiseta que nos quedara pequeña. Lo puse en Twitter y se desató la locura". La vallecana sabía que su gente respondería, pero le abrumó la cantidad de prendas recibidas. Algunas nuevas, con etiqueta. Otras, de coleccionista. Todas, un abrazo franjirrojo para esos críos que no caen en el desaliento. "¡Fue una pasada! La gente me entregó unas 60 camisetas sueltas, la Federación de Peñas me dio otras 50 y un chico nos llevó varias bolsas, que a mi hermana no le cabían en el Smart. Incluso un jugador del juvenil me donó su ropa. Junté 200 camisetas y 50 pantalones", calcula. Luego vino la odisea de llevarlas. Solo pudo facturar la mitad. Aquí aguardan otras tres maletas. Sueña con volver a ver sus caras porque este orfanato acoge a niños y niñas desde que nacen hasta la mayoría de edad. Es bastante pequeño. Una gran familia, como el Rayo.

Nada más aterrizar, Eva se reunió con la directora. Ninguna de las dos adivinaba lo que estaba por llegar. "¡Se volvieron locos! Era imposible juntarles para una foto. Muchos hasta durmieron con ellas puestas. ¡Tres días se pasaron sin quitárselas!", explica. La

Franja se había convertido en su segunda piel. "Yayo Vallecano", mascullaban. A la madrileña le costó una mañana que pronunciaran la *erre*, pero lo logró. "Mi amigo Beans, que trabaja como cuidador, no paraba de darme las gracias en español. Algunas camisetas se las quedó él y otras las repartió entre gente que tenemos en común. Son muy generosos", destaca Eva, que ha hecho rayismo en Ghana, donde hablar de fútbol es hacerlo de Madrid, Barça y PSG. "El día del Atleti hice una videollamada con Redeemer, porque quería mostrarme que estaba en un bar viendo el partido con su camiseta puesta", ríe. Y se enorgullece de haber enseñado a un grupo de niños el comienzo de *La Vida Pirata*. "Saben entonar «la vida pirata, la vida mejor». A los niños les encantaba ver el vídeo de Vallecas cantándola", se emociona. Muchos sueñan con ser jugadores o, al menos, con vivir un partido de la Franja desde el campo. Una ilusión a la que aferrarse. "Con suerte, pueden estudiar. Si no, simplemente sobreviven. Muchos no tienen techo, ni un plato de comida", apunta la auxiliar, que colabora de diferentes formas. Además del voluntariado, ella ha donado dinero y ha apadrinado a Desmond, cuya madre es cocinera del orfanato. Gracias a esa ayuda podrá estudiar en mejores colegios y tendrá un futuro.

Allí es *Eva Rayo*, así tienen guardado su contacto. Ella ha dejado en África un pedacito suyo y de la Franja. Se abonó en la 2016-17, después del descenso, junto a su gemela Esther. A ellas les metió el gusanillo su abuelo Hilario, socio de toda la vida que presumía de nietas en Vallecas. Sus padres, Pepe y Charo, también lo fueron hasta que las dos llegaron de golpe. "Organizo mi vida en función del Rayo. He ido con mi hermana a Cádiz, Bilbao, Valencia… Incluso a Vitoria, mientras Esther se trataba el cáncer", reconoce. Era el momento para evadirse. La Franja le insufló fuerzas cuando las suyas flaqueaban. "Le dimos una sorpresa. La llevamos a un entrenamiento, le regalaron una camiseta firmada y se hizo una foto con la plantilla. Fue un chute de energía para la quimio", recuerda Eva. Su otra mitad se curó y jugadores como Óscar Valentín e Isi le escribieron. El Rayo es esperanza en Ghana, como lo fue para Esther. Una sonrisa ante cualquier adversidad.

84/100

RAYO OKC, UNA AVENTURA FALLIDA EN LAS AMÉRICAS

A 7.836 kilómetros de Vallecas jugó el Rayo. El club franjirrojo fue un pionero y quiso hacer las Américas en 2015, pero aquella aventura del Rayo Oklahoma terminó haciendo agua. Siempre se dijo que la idea partió del director deportivo, Felipe Miñambres, pero con matices. A Presa le aconsejaron vender la marca y que otros la gestionaran. Incluso Felipe se ofreció a pagar un porcentaje y hacerlo él mismo, con gente de su confianza. Sin embargo, el presidente lo declinó y tiró para adelante con una operación que Tebas aplaudió. "Que los clubes españoles compren franquicias nos ayuda a crecer. A ver si se animan más", dijo el presidente de LaLiga en *As*. El desembolso inicial ascendió a 2,3 millones de euros y se correspondía con el 65% del capital social del Oklahoma City para competir en la North American Soccer League (NASL). "Es un proyecto no exento de riesgo, pero quien no arriesga no gana", admitió Presa al comienzo de una apuesta que resultó fallida y en la que se invirtieron unos cuatro millones en total. ¿Estaba abocada al fracaso? La estrella de fútbol americano Tom Brady lo vio venir: "No sé cuál era el plan. Oklahoma City ya tenía un equipo en la USL *(división inferior a la NASL)*, el Energy, y nadie allí siguió al Rayo. Ya estaban luchando contra el descenso en LaLiga. ¿Cómo iba a funcionar el Rayo OKC?".

Felipe acompañó a Presa en la puesta de largo de la franquicia, que nunca convenció a la afición franjirroja, como acreditó una pancarta: 'El futuro del Rayo está en la cantera y no en Oklahoma'. Allí consiguieron arrastrar a una media de 5.000 espectadores en los primeros partidos, aunque luego el globo se pinchó. También en las expectativas del club. El descenso de la Franja a Segunda acarreó consecuencias económicas al otro lado del charco. Alberto

Gallego (Lleida, 1974), que trabajaba de *scouting* en el Rayo, tuvo que viajar y tomar las riendas. "Me encontré a los socios americanos en posición de rebeldía. El personal dimitió en cadena y de los 30 trabajadores solo se quedaron Kristy y Sofía", resume el director general y deportivo en esos momentos: "El club lo dirigió gente inexperta y había un despilfarro brutal. Se tenía que invertir en jugadores y no en fuegos artificiales. Lo sacamos adelante, pese al boicot del socio principal (Sold Out Strategies) y de Sean Jones, accionista minoritario, que se llevó 40 palés de césped artificial. Vimos por las cámaras de seguridad que los había sacado un camión y la dueña de un restaurante nos llamó para decirnos dónde estaban escondidos". De película. Si el Rayo desistía se enfrentaba a una penalización millonaria y LaLiga lo veía con temor. "Raúl González Blanco trabajaba en la sede de Nueva York y me ayudó. Todas las semanas hablábamos", agradece el ilerdense.

La resurrección no solo debía ser institucional, sino también deportiva. Aquella plantilla, con nombres conocidos como Samaras, Boateng, Findley y Yuma, era una Torre de Babel de quince nacionalidades distintas. Y no tenía entrenador. De un día para otro, viajó Gerard Nus, que trabajaba en la secretaría técnica con Planes. "Lo hizo bien", recuerda Gallego. Ambos se apoyaron en Yuma. Este emblema de la Franja adquirió un rol más relevante. "Nos dio muchísimo. Se dejaba la vida y eso es lo que un técnico quiere. Era un líder", asegura Nus. Con su llegada, el equipo encadenó diez partidos puntuando —los cinco últimos, triunfos— y terminó cuarto la fase regular. Contra todo pronóstico, se metió en el *play-off* por el título, pero el Cosmos le eliminó en semifinales (1-2). Su técnico, Giovanni Savarese, preguntó quién obró el milagro. "El Cosmos me fichó para la siguiente campaña", se enorgullece Gallego. Tanto él como Nus habían salvado el año. El único de vida de un Rayo OKC que casi gana un título, el de peor logotipo de 2016, otorgado por *SportsLogos.net*. El colmo de un sinfín de desdichas. ¿Cómo iba a funcionar el Rayo OKC? Gallego tiene la respuesta a la duda de Brady: "Era un proyecto bien intencionado, pero debió meter profesionales del propio club desde el principio". Los que evitaron una debacle mayor.

85/100

SE LE APAGÓ LA LUZ

Sabotaje suena a película de Hitchcock y lo que se vivió en Vallecas aquel 23 de septiembre de 2012 bien lo pudo ser. El Rayo-Madrid, que cerraba la quinta jornada, no se pudo jugar el domingo, después de que aparecieran cortados los cables de la luz. Faltaban trozos, por lo que nada pudieron hacer los encargados de mantenimiento, cuya imagen en las alturas, tratando de arreglarlo a la desesperada, dio la vuelta al mundo. Quedaba una hora para el inicio y los espectadores ni siquiera llegaron a entrar al campo, donde solo habían accedido —por motivos de seguridad— los ultras del Madrid, que cantaron: "Vallecas no tiene luz". El derbi se tuvo que aplazar al día siguiente, a las 19:45 horas, para enfado del técnico blanco, un Mourinho que quería jugar por lo apretado del calendario, y para perjuicio del madridista Essien, quien tenía previsto casarse ese lunes. Además, aquello trajo cola en el ecosistema rayista. "Ese día no solo se cortaron los cables, también la relación entre Presa y la afición", apunta el periodista Antonio Luquero. La sombra de la sospecha pronto se cernió sobre los abonados franjirrojos, puesto que dicho choque se había designado como día del club y debían pagar 25 euros más. Este acto se saldó con trece detenidos el 27 de febrero de 2013, entre ellos varios miembros de Bukaneros, pero también el presidente de la Federación de Peñas en ese momento, Ángel Domínguez, *Gelo*, y el responsable de los viajes de la hinchada, Javier Ferrero.

El Rayo emitió un comunicado negando "la interposición de denuncias" contra ellos, desmintiendo así la versión ofrecida por la Delegación del Gobierno horas antes. Bukaneros, por su parte, considera aquello como "un ataque a su línea de flotación" y pone sobre la mesa, incluso por encima del club, el nombre de Cristina Cifuentes, la delegada del Gobierno en la Comunidad de Madrid.

"La brigada de información de la Policía dijo a Presa: «Toma, denuncia a estos». Le utilizaron para tener una excusa y cargar contra el grupo. Era una época en la que teníamos un enfrentamiento directo con Cifuentes, que ordenó varios registros en nuestra sede. Le resultábamos incómodos. La detención del presidente de las peñas hizo que el rayismo se diese cuenta de que era una persecución contra todos", argumentan miembros del grupo.

Aquel día fue raro. Doloroso. Negro. "Me llamaron por si podía ir a Moratalaz. Dejé el trabajo encarrilado y llegó la sorpresa. Me detuvieron directamente. La Policía me dijo: «¿Sabe por qué está aquí? Por ser uno de los presuntos autores del sabotaje del estadio». En las celdas ya vi a los demás y ahí estuvimos dos noches. Se celebró el juicio en Plaza Castilla y, al momento, salimos absueltos", resume *Gelo*. La investigación nunca llegó a encontrar al culpable. Eso sí, todo el mundo ha elaborado su propia teoría. ¿Hubo un autor o varios? ¿De dentro o de fuera del club? Muchos enigmas y pocas certezas. Solo dos: la multitudinaria manifestación pidiendo libertad para los detenidos y la ruptura total de las peñas con la directiva.

Ese apagón no fue el único de la Franja. Otro célebre se vivió durante la UEFA, el 7 de diciembre de 2000, contra el Lokomotiv en casa. El Rayo jugó de negro —quizá un presagio de la oscuridad que asomaba— porque los rusos trajeron su equipación roja y blanca y la UEFA obligó a los de Juande a ponerse la segunda. Esto no empañó una brillante victoria, que Vallecas celebró con un fundido a negro después del gol de Alcázar, el definitivo 2-0. "Se fue la luz con todos celebrándolo y pudimos disfrutarlo más rato", ríe *Gelo*. Los abrazos se alargaron veinte minutos. "Fue porque se electrocutó una rata", confirman varios fotógrafos.

Antes ya hubo otro precedente en Vallecas. El 31 de enero de 1990, un Rayo colista recibía a un Osasuna quinto y, contra todo pronóstico, Juanito adelantó a los locales de penalti. Cuando peor lo estaban pasando, en el 60', se fue la luz y volvió cuando la suspensión era un hecho. Los rojillos sospecharon si era premeditado. El 21 de marzo se reanudó, pero el marcador no se movió. Siguió igual, con sus luces y sus sombras.

86/100

UN RAYO DE *CAMPEONES*

Pasó de que le iluminasen los focos sobre el escenario de los Goya a los de la Ciudad Deportiva del Rayo. De la alfombra roja al verde. De su traje azul marino al chándal de la Franja. Sergio Olmos (Madrid, 1988) es uno de los actores de la saga de *Campeones* de Javier Fesser y juega, desde la 2018-19, como lateral derecho en el Genuine. Compagina con la misma habilidad su faceta de actor con la de futbolista, aunque en la calle le reconocen más por su equipo de la ficción (Los Amigos) que por el real (el Rayo). Lógico teniendo en cuenta la repercusión de aquel primer largometraje de 2018, que no solo le robó el corazón al público, sino también a la Academia. Se llevó tres Goyas: mejor película, canción original (Coque Malla) y actor revelación (Jesús Vidal). Una ceremonia que Sergio no olvida. "Pasé más nervios en la gala que en cualquier partido. Era la primera vez que pisábamos la alfombra roja... ¡*Puff*!, impresiona. El discurso de Jesús Vidal nos emocionó porque nos dedicó el premio a los compañeros", confiesa este vallecano de pura cepa.

Sergio vivió aquella primera gala en Sevilla junto al resto del reparto y, años después, sigue alucinando con lo que les pasó. "Penélope Cruz estaba unas filas más adelante y nos acercamos para hacernos una foto con ella. También conocimos a Paco León", recuerda, aunque lo que más le llegó fue recibir las felicitaciones de otros intérpretes de nuestro cine: "Vinieron a darnos la enhorabuena". A más de 500 kilómetros de distancia, su familia estuvo pegada a la televisión, tanto la de sangre (su padre y su hermana, ya que su madre acudió a la ceremonia con él) como la franjirroja. "Tenemos un grupo de WhatsApp y estuvimos hablando hasta las dos y media de la madrugada que les mandé a dormir. A Sergio le enviamos fotos de la tele cada vez que le enfocaban. «¡Mira cómo chupa cámara!», bromeábamos. Fue una noche preciosa, sentíamos que estábamos a su lado", explica Doaa Abdelrazek, coordinadora del Genuine. Ella desvela un secreto, que Sergio admite: "Me preparé unas palabras de agradecimiento para el Rayo, pero éramos muchos y no dio tiempo".

Una vez superado el miedo escénico inicial, Sergio repitió —con un mayor protagonismo— en la segunda parte, *Campeonex*, de 2023. A pesar de los cambios, su rutina sigue siendo similar. Sergio tiene una discapacidad intelectual y vive en un piso tutelado en Arganda del Rey, donde trabaja como jardinero. A eso se une que estudia interpretación. De ahí que haya participado en el corto *La vida de Sergio* y sea miembro de la Academia. "Yo voté para los Goya de esta edición", corrobora. Aun así, el mejor momento de la semana viene de la mano del fútbol. Su pasión. "Es como jugar en Primera y me siento orgulloso de defender la Franja", asegura sobre esta iniciativa de LaLiga Genuine, pionera en el mundo, que ha normalizado la práctica del fútbol del colectivo DI (discapacidad intelectual). "Ha marcado un antes y un después. Estamos haciendo ruido sobre los valores que representan", afirma Doaa, que comenzó ayudando en la gestión de la cantera rayista y, desde hace años, es el alma de este proyecto.

En el elenco de *Campeones* hay más aficionados rayistas. Incluso socios, como Alberto Nieto, que interpreta a Benito. Él ha ido varias veces al estadio de Vallecas, alguna de ellas con el actor Javier Gutiérrez, protagonista también de la serie *Estoy vivo*, que se rodó en el barrio y colocó al Rayo en *prime time*. De hecho, suya es una emotiva escena en la que su personaje, el inspector Márquez, le da una entrada a su compañera para ver un partido con su abuelo. "Lo importante no es el fútbol, sino con quién lo compartes", decía el policía. Por eso, la Genuine es especial. "Te cambia la percepción de la vida", expone Doaa, que fue guía de la Sub-17 de Casillas y Xavi en el Mundial de Egipto 1997. La Genuine rompe con esa actitud paternalista de la sociedad respecto a la discapacidad. "Tienen los mismos derechos y deberes", sentencia la coordinadora. Ellos son los auténticos *Campeones*. De los que van de incógnito y superan obstáculos. Sin focos, pero con luz propia.

87/100

EN PANTALLA GRANDE

Luces, cámaras... ¡Acción! Rueda el balón en Vallecas, pero también ruedan los directores, cautivados por el Rayo y el barrio. La Franja aún no ha tenido un papel protagonista en el cine, pero cameos lleva unos cuantos. Un buen ejemplo es el documental *Apuntes para una película de atracos* (2018), sobre una banda del barrio que siempre cometía sus golpes vistiendo la camiseta del Rayo. *La banda del Rayo* cayó en 2013, cuando salía de una alcantarilla tras atracar una sucursal de Bankia, elevando a su líder, *El Flako*, a la categoría de *Robin Hood de Vallecas*. La Franja también puso el punto humano a la película *Verónica* (2017), que plasma el Expediente Vallecas, el único caso donde los informes policiales hablan de fenómenos paranormales. Su director, Paco Plaza, localiza el bar donde trabaja Ana Torrent, la madre de la joven poseída, cerca del estadio. Ahí se ve a los parroquianos celebrar un gol de su Rayo al Dépor, cerveza en mano. Algo que no sucedió durante aquel 1991 de los hechos. "Lo hicimos para que saliera (Hugo) Maradona en la película", publicó el director en Twitter.

La primera película con referencias de la Franja es *La estanquera de Vallecas* (1987). No se rodó en el barrio, sino en Malasaña, aunque está ambientada allí. La canción de la cabecera, compuesta e interpretada por Patxi Andion, define la esencia de sus calles y vecinos, dejando una frase para la posteridad: "No es fiera Vallecas para domar". El Rayo se cuela a través de los carteles de las paredes del estanco. Orgullo de barrio es el director Juan Vicente Córdoba, que firma el corto *Entre vías* (1995) y el documental *Flores de luna* (2008). El primero es una ficción que homenajea al lugar donde nació y el segundo trata sobre la memoria del Pozo. Otro director que creció en las calles de Vallecas y, además, jugó en el juvenil franjirrojo es Vicente Franco, nominado al Oscar por *Daughter of Danang*.

Esa conquista rayista se extendió a la pequeña pantalla. A la serie *Vive cantando*, donde el director deportivo, Felipe Miñambres; el técnico, Paco Jémez; y los jugadores Trashorras, Gálvez, Lass y Míchel visitaron el bar El Caño. La plantilla aparece en una mesa, pero no se queda en mero *atrezzo*. Los chicos saltan al terreno de juego cuando Javier Cifrián, Mariano en la serie, les llama para firmar una camiseta a su amigo Ceferino. A los abrazos les sigue una frase de Trashorras: "¿Qué pasa, te echamos unas firmitas?". "Han elegido el Rayo y eso es un orgullo", admitió Jémez. Y con el afán de corresponder, la ronda en Vallecas corrió a cargo del club. Los actores (María Castro, Ana Mena, Víctor Sevilla...) hicieron el saque de honor ante el Espanyol.

Vallecas ha enamorado a Fernando León de Aranoa, el director que más veces ha grabado allí: *Barrio* (1998), *Princesas* (2005) y *Amador* (2010). Incluso hay rincones que se repiten, como la Avenida de la Albufera y Ronda del Sur, en la que Najwa Nimri y Eduardo Noriega estrellan su coche en *Abre los ojos* (1997) y en la que se ve la Asociación Los Amigos de *Campeones* (2018). También la calle Peña Labra sale en dos de las películas más taquilleras del cine español, *Torrente, el brazo tonto de la ley* (1998) y *Volver* (2006). Para esta última, Pedro Almodóvar levantó el restaurante Emilio en un solar, donde Penélope Cruz canta, por bulerías, el célebre tango de Gardel que da título a la historia. Además, recorre la calle Garganta de Aisa, cercana al Cerro del Tío Pío, donde se rodaron las últimas secuencias de *Dioses y perros* (2014) y las primeras de la serie *Velvet Colección*. La Torre de San José fue un personaje más en *Carmen y Lola* (2018), el estadio asomó en *Nadie hablará de nosotras cuando hayamos muerto* (1995) y el Nudo Sur fue testigo de la escena más icónica de *El Bola* (2000) en las vías del tren. Juan José Ballesta repitió en *Planta cuarta* (2003). La filmografía de Vallecas la completan: *Deprisa, deprisa* (1981), *Taxi* (1996), *Tarde para la ira* (2016)... Y las series *Estoy vivo*, *Entrevías*... Esta última muy criticada por "estigmatizar" a un barrio... ¡de cine!

88/100

LA PRENSA DEL RAYO

"Y decían que este era un sitio tranquilo…". Es una broma habitual entre los periodistas que cubren al Rayo porque rara vez hay una semana en calma. Raúl Granado, de Onda Cero, es uno de los veteranos y ha vivido muchas. "Hubo una evolución en las guardias en casa de Ruiz-Mateos. Pasaron de sacarnos canapés, bombones… a sacarnos a los perros", ríe Granado, que también presenció ruedas de prensa surrealistas: "La de Sandoval cogiendo de un sobre una demanda de los administradores concursales en pleno Jueves Santo y la de Paco Jémez enseñando su pasaporte, después de Anoeta, para acreditar que no se había reunido con Lim en Singapur". Las previas de Jémez solían dejar titulares y una broma con David Ramiro, de EFE: "¿Sobre qué jugador sudamericano me vas a preguntar hoy?". La agencia tiene delegaciones allí y él ponía el foco sobre Cueva, Mojica… El día a día deja inesperados corresponsales, como Luis Alhambra, socio desde 1964, que no se pierde un entrenamiento y es fuente de todos.

Hay unanimidad con el partido más especial: el *Tamudazo*. "Era el año en que LaLiga quería cobrar un canon a las radios y nos negamos. Los inalámbricos nos infiltrábamos en la grada. Cuando marcó Tamudo tembló el estadio", se emociona Isaac Fouto, de COPE. La narración de aquel gol en la voz de Carlos Sánchez Blas, para Onda Madrid, fue icónica. "Gol del Rayo. Gol de Tamudo. Gol para la gloria. Gol de Vallecas", gritó. Y eso que no estaba en el campo. "Lo hice en el estudio y se me quedó esa espinita", confiesa Blas, experto en narrar citas para la historia desde su primera vez: "El 6-0 al Constel·lació en Vallecas". En aquella aventura europea estuvo Garrido para *As*: "En Moscú tuve que cantar la crónica porque no podía escribir del frío. Fue mucha prensa, pero en Segunda B éramos dos. Literal".

Entonces la cobertura informativa era mínima. Eso espoleó la aparición de medios, como *Rayo Herald*, en 2005. "Juan Carlos, Dani y yo nos conocimos en el foro de Planeta y pusimos en marcha la web. Creció y llegamos a irnos a Inglaterra a hacer la gira del verano en que el Wigan fichó a Amaya y Diamé (2009). Los acompañamos a su casa, a la ciudad deportiva...", recuerda Fernando Sebastián, uno de los fundadores de un proyecto que acabó en 2018. El alma de *Pasión por el Rayo* es Miguel Ángel Tejeda. Su web arrancó en 2008 y la radio, en 2017 y sigue dando guerra. "Para cubrir los partidos fuera viajaba en los buses de las peñas. Ellos me veían a pie de campo celebrar los goles y luego lo comentábamos a la vuelta. Molaba vivirlo desde dentro", añora. El camino inverso, de radio a medio digital, lo transitó *Unión Rayo* en 2016. Su director, Alejandro Castellón, pone el foco en los desplazamientos. "En muchas ruedas de prensa a domicilio yo era el único periodista de los que cubría el Rayo", asegura. Estos medios locales poseen otro gran valor, el de estar en el día a día de la cantera, donde el resto no llega. Es un clásico *El Rinkon de Miguelito*, como lo es *Matagigantes.net*. "Hicimos un programa con Alicia porque el Femenino corría peligro y, 40 minutos después, *Juampe* nos contactó para decirnos que el presupuesto iba a ser mínimo, pero no cero", relata Alberto Leva.

No es fácil contar las malas noticias, pero curten. José Palacio, de la SER, aterrizó en el Rayo en su etapa más convulsa: "Hicimos un especial de *El Larguero* con De la Morena y los jugadores, cuando no cobraban. Había fútbol y denuncia". La otra parte, la humana, es por la que más apuesta Marcos de Vicente, de *El Chiringuito*. Historias anónimas, como la de Satur. "Me topé con este señor de 93 años, que fue futbolista franjirrojo y baja cada día a unas canchas del barrio a jugar con los chavales", cuenta. Otra especialista en emocionar es Julia del Mar, de *Marca*: "Hice un reportaje a Montiel en la pared donde dio sus primeros balonazos en El Pozo, junto a un cartel de prohibido jugar a la pelota".

El primero en informar sobre el Rayo fue el semanario *La Voz del Puente*, que empezó en 1956, con el periodista Fernando Latorre de Félez al frente. Llegó a sufrir una agresión del presidente franjirrojo Jerónimo Martínez. Pues eso, un sitio tranquilo...

89/100

ZOZULYA, EL FICHAJE QUE TUMBÓ LA VOZ DEL BARRIO

Caso Zozulya, el pueblo contra Roman. Cuando su nombre saltó a la palestra, el día de cierre del mercado invernal de la 2016-17, ya hubo voces en el Rayo que desaconsejaron su fichaje. Había dudas, temores, que se confirmaron cuando la operación saltó a los medios. La reacción del rayismo fue inmediata. La hinchada no aprobaba que un jugador al que veían una clara vinculación con la ultraderecha ucraniana vistiera la Franja. Entendían que la ideología del delantero se daba de bruces con los valores antifascistas de una gran parte de la afición. El futbolista publicó una carta desmintiendo su "vinculación o apoyo a grupos paramilitares o neonazis". De nada sirvieron esas vagas explicaciones. La indignación había prendido.

No era un pensamiento errático, sino basado en indicios. La hinchada vallecana argumentó la filiación ultraderechista de Zozulya con varias fotos comprometidas de su pasado. Principalmente dos. La primera, en una cancha de baloncesto, muestra unos números cargados de significado: 14 (por las 14 palabras de David Lane, un eslogan supremacista blanco), 88 (por su correspondencia con las letras del abecedario, HH, Heil Hitler) y 18 (AH, Adolf Hitler). De hecho, estas cifras se contemplan como "indicadores de presencia de miembros de ultraderecha" en el manual que elaboró Farenet para la Eurocopa 2016. En la segunda, posa junto a la imagen de Stepán Bandera, líder de la Organización de Nacionalistas Ucranianos y una figura, como poco, controvertida. Para unos está vinculado con el Tercer Reich y para otros, con la lucha por la independencia de Ucrania. El delantero siempre se ha definido como un patriota y ha apoyado al Batallón Azov, un grupo paramilitar de corte ultranacionalista y ligado a grupos ultraderechistas.

Se vivieron días convulsos. La afición, a través de la Plataforma ADRV, lanzó un comunicado oponiéndose a su llegada, algo que se escenificó cuando Zozulya apareció en la Ciudad Deportiva entre gritos y pancartas. El rechazo era frontal y generalizado. El representante ahí ya planteó una rescisión del contrato. Ambos, agente y jugador, abandonaron las instalaciones por la puerta de atrás. La dimensión del caso creció. Con el delantero de vuelta en Sevilla, hubo reuniones de LaLiga y AFE con el club e incluso el embajador ucraniano, Anatoliy Scherba, pidió la implicación del Gobierno. La opción de volver al Betis cobraba fuerza.

El mensaje de la afición retumbó alto y claro. Antes del partido contra el Almería, los portavoces de la Plataforma ADRV, David Arranz y Raúl Díaz, tomaron la palabra: "Es mentira que hayamos impedido su llegada, lo que sí hemos mostrado es el rechazo a este fichaje. No va a ser bien recibido por el conjunto de la masa social, pero nuestras protestas serán pacíficas". Y así fue. Las pegatinas de *Zozulya not welcome* (*Zozulya, no eres bienvenido*) inundaron las inmediaciones del estadio y ese mismo lema se mostró en una pancarta. El rayismo era un clamor y su voz fue escuchada. El delantero regresó al Betis sin tan siquiera entrenarse con la Franja.

Sin embargo, el Caso Zozulya no se cerró ahí. La visita a Vallecas del Albacete, donde militaba en la 2019-20, reabrió viejas heridas. Aquel partido se convirtió en el primero del fútbol español suspendido por una pancarta ('Evitar que un nazi vista la Franja') y los cánticos desde la grada, que entonó: "Roman Zozulya, un puto nazi". Ni por racismo, ni por xenofobia, ni por violencia. Episodios que se siguen dando tristemente en nuestro fútbol y salen impunes. El árbitro López Toca exigió que se pidiera por megafonía que cesaran estas consignas y, en el descanso, el jugador y el Albacete solicitaron, con 0-0 y uno menos por expulsión, la suspensión. LaLiga y la RFEF apoyaron que "no se daban las condiciones" para continuar. El club franjirrojo fue sancionado con 18.000 €, el cierre del Fondo durante dos encuentros y terminar este sin público. Fue el primero en jugarse tras la pandemia. Ganó el Rayo (1-0), pero en todos los sentidos. Su afición creó jurisprudencia y otras siguieron sus pasos.

90/100

LOS TAXIS SON DEL RAYO

No hay profesión más rayista que la de taxista. Los coches se convierten en jugadores, vestidos de blanco con una franja roja que los atraviesa. Su Federación Profesional se encuentra en la calle Payaso Fofó —la misma que el estadio— y la Colonia de los Taxistas, en Vallecas. Por si estos motivos no resultan convincentes, aún hay más. La leyenda del Rayo por excelencia, Felines, trabajó como taxista nada más colgar las botas. "Mi cuñado me animó para que me comprara uno. Yo ejercía de ayudante de Héctor Núñez. Me levantaba a las seis de la mañana, trabajaba con el taxi, me iba al entrenamiento y volvía a recorrer las calles de Madrid", recuerda Felines, que solo aparcó esta profesión cuando saltó definitivamente a entrenador del Rayo. Su primera oportunidad llegó en la 1979-80. Un regalo envenenado. "Iriondo iba a relevar a Héctor Núñez, pero esa semana íbamos al Bernabéu y prefirió que me sentara yo en el banquillo. Perdimos 7-0", lamenta el de Pedro Bernardo.

Felines hizo kilómetros tanto en la calle como en los banquillos de Getafe Deportivo y Ávila, ciudad a la que iba por las tardes junto a tres de sus chicos: Moya, Mariano y Serrano. "Llevo la recaudación a casa con la misma ilusión que cuando era un chaval y les entregaba a mis padres los seis duros que ganaba de ebanista a la semana", admitía en un reportaje en *As* titulado: "Felines: entrenador de día; taxista de noche". Así estuvo años. Su regreso a Vallecas estaba escrito y sucedió en la 1987-88. "Fui atrevidillo y le dije a Fontán que me podía hacer cargo del equipo. Ese curso nos clasificamos para jugar la promoción de ascenso con el Murcia y al siguiente conseguimos subir", afirma *Felo*. Algunos de sus jugadores bromeaban con él y le decían que si no podían vivir del fútbol les dejara su licencia de taxi.

No fue el único jugador rayista que trabajó al volante. Juan Sabas empezó con 18 años, tiempo antes de pisar Vallecas, una temporada (1989-90) en la que —cosas de la vida— tuvo a Felines de entrenador. En su caso, no fue una elección, sino una obligación. Su padre falleció joven y la responsabilidad de sacar a la familia adelante recayó en él y en su hermano mayor. "Era la única herramienta que teníamos. Nos tuvimos que sacar la cartilla del taxi y el carné de conducir. Aquello me permitía ganar un sobresueldo de lo que me daba el fútbol", confiesa en *Relevo*. Ya estando en el Atlético, el recuerdo del taxi le bajaba los humos: "Si protestaba por firmar autógrafos, mi madre me soltaba: «Coge las llaves del coche y te vas a trabajar otra vez y así no tienes que firmar»". Tuvo ocupantes ilustres. Sabas bajó la bandera a jugadores con los que terminó compartiendo vestuario, como Aguilera.

También se dedicaron al taxi José María Negredo y Joserra Andújar, los padres de Álvaro y Coke, dos talentos de la cantera rayista. A ambos les tocó llevar a sus hijos a los entrenamientos. A pesar de ese punto común, su recorrido con el primer equipo nada tuvo que ver. El kilometraje de Negredo fue corto. Cuando Míchel González se hizo cargo de la Franja, en verano de 2005, apostó por Armentano para la delantera y comunicó que no contaba con Álvaro. "No hizo informe ni consultó a nadie", lamentan en el club, que vio cómo fichaba "por nada y menos" por el Castilla. Conjunto al que el año siguiente (2006-07) dirigiría el mismo Míchel. Por el contrario, Coke —ahora productor teatral y máximo accionista del Atlético Sanluqueño, junto a Juan Cala— triunfó con el equipo de sus amores, con el que cosechó dos ascensos. Su traspaso al Sevilla (2011) fue crucial para la supervivencia de la entidad. Uno de los secretos de su éxito radica en sus entrenamientos de chaval. Por entonces, su míster Pedro Serrano le decía: "Una con la derecha, dos con la izquierda". Funcionó.

Al abrigo de la Colonia de los Taxistas también nació el talento de Koke. El icono del Atlético nunca jugó en el Rayo, pero sí su hermano Borja. Ficharon al mayor de los Resurrección para las categorías inferiores. Otro miembro de la familia, un primo lejano, también vistió la Franja. Ese era Fran García, que emprendió desde Vallecas el viaje de su vida.

91/100

RAMÓN, MÁS DE 300.000 KILÓMETROS DE RAYISMO

Cuando dijeron a Ramón López (El Recuenco, Guadalajara, 1964) que se convertiría en el conductor del autobús del Rayo no se imaginaba que su profesión fuera de riesgo. Sin embargo, solo necesitó un viaje para descubrirlo. El del 18 de septiembre de 2005. "Debuté con el trayecto a Pontevedra, porque nos había tocado el grupo de los gallegos en Segunda B. Remontamos y tuvimos que salir escoltados. Nos apedrearon el autocar. Míchel, el del Madrid, que era nuestro técnico, me había dicho: «Yo me voy al baño, que es el lugar más seguro». Nada más volver, le dije a mi jefe que me tenía que pagar un plus de peligrosidad", bromea Ramón, que a lo largo de 16 años también llevó a las categorías inferiores y al Femenino. Incluso una vez a la afición, en la temporada anterior, la 2004-05, a Irún. "Su ambiente es más de euforia. Se nota la diferencia con el equipo", puntualiza. Ramón o *Ancelotti*, como le apodan los jugadores, se considera afortunado por ser uno más de la gran familia franjirroja. "Yo me sentaba a comer con el cuerpo técnico y sentía respeto y cariño", insiste el conductor, que también hacía las pretemporadas. "Quien más caña me daba era Paco Jémez. Yo desayunaba bien en el hotel de Alemania y, mientras ellos entrenaban, me ponía una peli o daba una cabezada en el bus. Un día vi venir a Paco. Me hizo un gesto para que bajase y me dijo: «Aquí estamos de pretemporada todos, da diez vueltas al campo y luego ayúdanos a recoger balones en la portería»", ríe Ramón, que vivía en una perpetua dieta con Mel. "Todos los lunes la empezábamos y el fin de semana me daba cuenta de que lo único que había perdido era el tiempo", asegura. A Mel le gustaba leer y a Sandoval, el cine español. "Nos vimos todas las películas de Esteso y Pajares.

Las cogía del videoclub", desvela. Felipe Miñambres prefería las canciones. "Me hizo tirar por la ventana el CD de Rosario, el del gato, porque casi nos lleva a Segunda B", se carcajea.

Imposible aburrirse. Si no eran unos, eran otros. "Manucho y Bebé ponían una música que te volvía loco y Coke era otro que revolucionaba el bus. Allí no dormía nadie", reflexiona Ramón, que no tuvo una avería grave o un accidente en todo ese tiempo y eso que ha conducido de noche, con nieve… "Cuando volvíamos de Anoeta, que estábamos casi descendidos, se soltó una abrazadera del motor y salió humo. Pensé: «No puede ser, en el peor momento». Me bajé y conseguí solucionarlo", respira el dueño y señor del volante, aunque le salió competencia dentro de la plantilla. "Veníamos de jugar contra el Barça B y paramos en un área de servicio. De repente vi que el autocar se movía y salí corriendo porque pensé que se lo llevaban. ¡Era Delibasic! Lo arrancó y se dio una vuelta por el *parking*", recuerda. Otros trataron de imitarle. "Aprendí y quitaba las llaves porque Coke y Amaya se lo querían llevar. Es más, solo dejaba agarrar el volante y tocar el claxon a los hijos de Amaya", se emociona.

La estrella de los viajes siempre era la misma. "¡Doña Teresa! La galáctica era la presidenta. Nadie firmaba más autógrafos", asevera Ramón, que ha acompañado al Rayo hasta la 2022-23 y ha terminado en la ducha y manteado con los ascensos. Además, vivió los éxitos del Femenino: "Nos trajimos una Superliga de Barcelona. Dejamos el pícnic en el maletero y me fui con Juan Pedro Navarro y Jesús Fraile a comer una mariscada al puerto". Instantes que no olvida, como el trayecto del estadio a la Fuente de la Asamblea con el autocar de los familiares. "La afición es patrimonio del club. Tengo grabadas sus caras de felicidad", afirma. No obstante, el recorrido que más disfrutaba iba del hotel al estadio. Escoltados. Sin semáforos. Una fascinación que sobre otros ejercía el autobús. "Lass me tenía loco. Quería comprar varios y montar una empresa en su país. También Ruiz-Mateos se planteó hacerse con uno. Me preguntaba qué motor llevaba, cuánto gastaba, cuántos kilómetros hacía por temporada… Unos 20.000", calcula. Más de 320.000 lleva a sus espaldas. Ramón era la envidia de otros conductores, cuyas familias eran menos divertidas. Con la del Rayo resultaba fácil disfrutar del trayecto.

92/100

LA FRANJA ES COSA DE FAMILIA

Hay apellidos que son historia del Rayo. Sagas cuyos lazos familiares tienen forma de Franja. Varios han sido los hermanos que han vestido esa misma camiseta, como Manuel y Ángel Peñalva, Lorenzo y Elías Benito e Iván y Antonio Amaya, quienes a su vez siguieron los pasos de Gabriel, su hermano mayor. "Él era portero y decían que era el que mejor pintaba, pero se tuvo que poner a trabajar", puntualiza Antonio, que aterrizó en el club de su vida con 8 años: "Mi padre, Curro, me llevó al Torneo Social. Subimos a las oficinas del estadio y allí nos atendieron Olmedo y Juan Pedro Navarro. Mi hermano Iván, que me saca cinco años, ya estaba jugando". Él se colgó una plata en los Juegos de Sídney 2000, el verano en que cambió Vallecas por el Calderón. La estirpe de los Amaya se extendió con su primo Yuma. "Yo tuve a los hermanos. A Iván lo dirigí en el B y era más impetuoso, mientras que Antonio, con quien coincidí en el Cadete B y el Juvenil A, era más tranquilo", los define su antiguo técnico, Mariano Madrid, cuyos hijos (Mario y Alberto) también han entrenado en el Rayo. "*Juampe* decía que los equipos que mejor jugaban eran los de los hermanos Madrid", presume su padre. Otros hermanos que coincidieron vistiendo la Franja, aunque en categorías diferentes, fueron Raúl y Rubén de Tomás. El pequeño no llegó a dar el salto al primer equipo, pero ejerció de recogepelotas en algunos partidos en los que Raúl marcó, lo que propició esa imagen de ambos, con un gran parecido físico, fundidos en un abrazo por la celebración.

También se han dado varios casos de rayistas con hermanos futbolistas en equipos diferentes. Una lista que forman, entre otros, Mariano Tirapu (hermano de Fernando), Miguel Albiol (Raúl), Iván Zarandona (Benjamín), Saúl Ñíguez (Aarón y Jony), Emiliano Insua (Emanuel), Javi Guerra (con un gemelo, Emilio) y Paulo Gazzaniga (Gianfranco). Vallecas incluso acogió a un integrante de la dinastía de los Maradona. Hugo, el hermano menor del *Pelusa*, tuvo un buen rendimiento durante sus dos temporadas (1988-90) con el Rayo. Es más, vivió un ascenso a Primera. Años más tarde, en septiembre de 1996, la Franja intentó hacerse con Diego Armando Maradona. Por loco que suene, así lo recogía *El País*, en palabras de su representante Guillermo Coppola: "La presidenta se ha mostrado interesada". No sucedió, pero hubiera encajado en esa obsesión de los Ruiz-Mateos por los refuerzos de relumbrón.

El rayismo también ha pasado de padres a hijos. Los de Míchel I de Vallecas (Miguel Ángel y Álex) estuvieron muchos años en la cantera y el mayor de Bolo, Adrián Pérez, llegó a jugar con el filial. Otro Adrián, pero González, vistió la Franja (2012-14), siete años después de que su padre, el ex del Madrid, Míchel, dirigiese al equipo (2005-06) en Segunda B. El hijo de otro ilustre, Luca Zidane, jugó dos campañas en el Rayo (2020-22) y fue determinante en el *play-off* de ascenso de la 2020-21. Su padre, Zinedine, lo presenció en Vallecas. "Llevar este apellido es un orgullo, aunque a veces puede ser un hándicap, por las críticas. Estoy acostumbrado desde pequeño e intento recorrer mi propio camino", explica Luca, a quien su hermano Enzo alentó a ser portero. Todos ellos llevan el fútbol en los genes.

Marcos Alonso fue el eslabón intermedio de una saga que comenzó con su padre *Marquitos* —cinco veces campeón de la Copa de Europa con el Madrid— y continuó con su hijo, también Marcos Alonso, el defensa de la Fiore, el Chelsea, el Barça... Él no jugó con el Rayo, pero sí lo entrenó y lo convirtió en una guillotina bien afilada que ganó a Real Madrid (1-2, el 21 de enero del 96), Salamanca (1-2, el 25 de febrero del 96) y Albacete (1-2, el 10 de marzo del 96), provocando los despidos de Valdano, Lillo y Floro, respectivamente. Los valores franjirrojos han pasado de generación en generación. Algunos lo han aprendido en casa y otros en la cancha. Algunos lo llevan en el ADN y a otros les han inoculado esa valentía, coraje y nobleza en vena, porque la familia rayista va más allá de la sangre o el apellido.

93/100

EL RAYISMO HACE CARRERA

El rayismo no es de quedarse parado. Uno de sus primeros pasos, de los que más huella dejó, fue la creación de las Jornadas contra el Racismo en 1997. Estas llevan el sello de Bukaneros y nacieron para combatir un problema de calado. La idea se importó de Italia y ha concienciado a varias generaciones en Vallecas. Bajo el paraguas de la Plataforma ADRV se han sacado adelante iniciativas lúdicas y sociales, como los más de 40.000 € recaudados durante la pandemia para adquirir material sanitario. "Cuando se lo entregamos a las enfermeras se pusieron a llorar", explica Toño Villegas, integrante de una plataforma que empezó a trabajar en 2011 como respuesta a la crisis de los Ruiz-Mateos y cuya acta fundacional data del 22 de octubre de 2012. Esta convive con la Federación de Peñas, que posee un carácter más institucional: organiza los desplazamientos, tiene una caseta en las Fiestas del Carmen y sale en la Cabalgata de Reyes. Algo que antiguamente hacía el propio Rayo. "Recuerdo a los Ruiz-Mateos repartiendo balones", ríe Jesús Jiménez, alias *Chule*, abonado desde 1978 y miembro de la Plataforma. "Tirábamos caramelos desde un bus descapotable", corrobora Cota. Ahí estuvo también Moreau de Baltasar. El club, además, tenía su espacio en Juvenalia y mandaba a los jugadores a dar charlas en los coles. "Míchel se ponía a jugar con los niños y Paco Jémez los tenía rectos", bromea Óscar Herrero, presidente de la Plataforma.

La primera carrera de la que se encargó el Rayo fue la histórica San Silvestre. "Antonio Sabugueiro fue el impulsor y como trabajaba en el club, desde 1967 y durante muchos años, llevamos las inscripciones, la entrega de dorsales... Las peñas colaboraron", recuerda la secretaria de entonces, Magdalena Cárceles. No siempre fue fácil. "Una vez tuvo que interceder Tierno Galván para que Caja Madrid la subvencionara o no se hacía", reconoce el gerente Óscar Desio.

Los Días del Rayismo amanecieron en 2012 y movilizaron a miles de personas con un sinfín de actividades: conciertos, comidas populares, talleres para niños, coloquios con jugadores, el *tour* del estadio… De todas, hubo una que cogió relevancia por sí misma y se emancipó: la Carrera del Rayismo. Todo un reto organizativo para gente que no era profesional. "La 'Chori Race' fue el aperitivo", apunta *Chule* sobre este evento, impulsado por otro aficionado de los clásicos, Fernando Sebastián, después del regreso del *Chori* Domínguez (2017). Ya en 2018 se dio el pistoletazo de salida a la Carrera del Rayismo, tal y como hoy se conoce. "La primera idea que tuvimos fue correr 1.924 metros, por el año de nacimiento de la Franja, pero al final acordamos que fueran 10 kilómetros. Las aficiones de Madrid y Atlético poseen la suya propia, ¿por qué no íbamos a tener la nuestra?", afirma Óscar, uno de los motores de esta cita, que tuvo su versión virtual en pandemia.

La planificación comienza en septiembre. "Se pide al Ayuntamiento que te meta en el circuito de carreras del año", puntualiza Toño. Sacar adelante cada edición es de medalla. Hubo un año (2019) en que el club no abrió el estadio para que la carrera acabase ahí y otros, en los que ha coincidido con obras y las condiciones no han sido las mejores. También la Policía puso inconvenientes por no tener voluntarios suficientes en las calles que cortar. "Muchas veces pensamos que no iba a salir", coinciden. Pero cuando todo parecía perdido, se obraba el milagro. Otro se esconde tras Julián Redondo. "Terminó la primera edición con más de 80 años. Todos lloramos al verle, aunque sus hijos le riñeron y no le dejaron hacerlo más", admite Toño. La lista de tareas es larga: la camiseta, el recorrido, los patrocinadores… Casi tan larga como sus éxitos. Han participado 2.000 adultos y, entre los más conocidos, aparecen la jugadora Ana Blanco; el delegado del primer equipo, Miguel Ortiz; y los atletas Chema Martínez y Roberto Sotomayor. "¡Ninguno ha ganado!", exclama *Chule*. Cada kilómetro rinde homenaje a algún ilustre rayista. Y ellos, por este titánico esfuerzo, bien merecerían el suyo.

94/100

LAS ACCIONES NO SABEN DE GÉNERO, SOLO DE NÚMERO

Prácticamente la totalidad de las acciones del Rayo, un 97,82%, está en manos de Presa. Esa contundente mayoría deja poco más de un 2% para los minoritarios, cuyas participaciones se encuentran diluidas. Hasta el punto de que mucha gente no es consciente ni de su condición de accionista. Ahí hay muchos nombres, pero poca fuerza, ya que apenas queda margen de maniobra. "Un 5% nos permitiría tener acceso a una mayor información de las cuentas e incluso a solicitar una auditoría", explica Ángel Domínguez, *Gelo*, presidente de la Asociación Accionistas ADRV. Quizás por eso, el propietario descarta la venta de más acciones, que en su día tuvieron un precio de 10.000 pesetas. Diez participaciones es el mínimo requerido para tener acceso a las juntas. Unas citas que, hasta mayo de 2017, habían podido presenciar los medios de comunicación. Sin embargo, un voto anónimo rompió la unanimidad necesaria para su entrada. Tan tradicional como ver a la prensa en la puerta ha sido celebrar dichas reuniones el día de Nochevieja, como sucedió en 2018, 2019 y 2021. De ahí que se hayan producido estampas costumbristas, como las de algunos accionistas disfrazados y con el cotillón. Incluso con las uvas.

La junta más movida fue la de 2016, que se tuvo que realizar por partida doble. Primero, se celebró el 6 de abril, pero "un error aritmético", como lo calificó la directiva, provocó su aplazamiento hasta el 7 de junio. Aquel presupuesto para la 2015-16 plasmaba un resultado antes de impuestos de 28.000 euros y los pequeños accionistas detectaron que esa cifra debía ascender a 6.280.000 euros. La culpa recayó en el auditor y se continuó con el restante orden del día. Por entonces, había ruegos y preguntas, lo que dilataba las reuniones, que rara vez bajaron de las cinco horas de duración. Aunque para *rara avis*, Narcisa Grao Ibáñez (Madrigal de la Vera, Cáceres, 1953), la única mujer con acciones presente en las juntas franjirrojas. "A Presa le llamó la atención verme allí. Era la novedad", ríe Narci, que cuando las compró, allá por 2018, no pensaba en ella, sino en dejar un legado a sus nietos, Elsa y Mario. Mientras, una de sus grandes satisfacciones es pelear por las mejoras en el estadio y en su Rayo. "No me gustaba nada el fútbol y no tengo ni idea. Solo sé para dónde tienen que correr y los nombres de mis niños", afirma, matizando que *sus niños* son solo los jugadores y los de su peña. Ella lo vive. "Mis nietos me dicen: «Yaya, ¿por qué te pones así?». No me pierdo un partido y me llevo una trompeta por si tengo que abroncar al árbitro, que yo no sé silbar", admite Narci, quien pertenece a La Resistencia, peña en la que ha metido a su hija Mónica.

Todos la conocen en Ambite, el pueblo donde vive. No tiene pérdida. Es la del Rayo. "Un día me mandaron a hacer la compra y cuando volví me habían colocado un escudo en un tejadillo. Ahora están pensando ponerme una bandera pirata", avanza. Su familia conspiró para hacerla feliz, aunque ella corresponde y se lleva a los nietos a fotografiarse con los futbolistas. Ellos tienen premio y los jugadores franjirrojos, también. "Les regalo pimentón de la Vera casero. Así conocí a Unai López. Después de las semifinales de Copa contra el Betis, salió y le pedí que repartiera 3 kilos de pimentón entre la plantilla. Se comprometió a hacerlo y me dio su camiseta. La tengo enmarcada y se ve nada más entrar en mi casa", asegura.

A Narci le gustaría ver a más mujeres en las juntas, aunque es consciente de lo difícil que es conseguir esos títulos. "Presa no quiere vender los suyos. A nosotros solo nos queda darle guerra. Total, él ya hace lo que le da la gana", se resigna esta accionista minoritaria, entre los que se encuentran Julián Huerta (descendiente de los fundadores), Rafael Garrido (el próximo abonado 1), Rafael García Navas (el *speaker*), Ángel Ortega (expresidente de los veteranos), Manolo Gallardo (expresidente del club)... Existe otro nombre relevante, el de Ángel Pérez, uno de los que más acciones posee después de Presa. Él cedió varias a Bukaneros para que pudieran tener voz en dichas juntas, que más que juntar, separan.

95/100

ISI, UN JORNALERO
DEL FÚTBOL

"Me he llevado muchos noes. Bueno, como todos. Y he tenido momentos difíciles, pero no más que los demás. Porque te rechacen tres o cuatro veces no quiere decir que no valgas", asegura Isi Palazón (Cieza, Murcia, 1994). A Vallecas no solo le ha enamorado su juego, también su personalidad, forjada por la dificultad. El murciano ha tumbado todos los clichés de futbolista de éxito y su victoria es la del antihéroe, la de un tipo divertido y humilde que ha llegado a la cima desde abajo. Su historia es de perseverancia y superación, la de un obrero del fútbol y un jornalero de la vida. Ya desde niño respiraba fútbol. Su abuelo fue presidente del Cieza, club donde su padre (Isaac Palazón Pérez) llegó a jugar en Segunda B en la 1993-94. "Él era un mediocentro posicional", le define su hijo, que iba a verlo y era una esponja: "Me gustaba cómo le pegaba al balón. Yo soy zurdo como él". Su padre trabaja de conserje en un colegio y la familia vive dentro del recinto. Allí el extremo tenía un patio para él solo y eso le ayudó a desarrollar sus capacidades, como a sus hermanas Julia y María.

De ahí que tanto Isi como Julia —ambos laterales zurdos por entonces— fueran convocados con la selección murciana. Él pronto despuntó. Fue el pichichi de un campeonato de España celebrado en verano en La Unión y el Madrid se fijó en él. "Estuve una semana a prueba y, a los dos días de volver, me llamaron para decirme que me habían seleccionado", recuerda el de Cieza, que apenas tenía 13 años cuando llegó al cadete. "La decisión de irme de casa tan pequeño me costó. Lloré bastante, pero acerté", confiesa. Ahí fue importante un amigo con quien más adelante se reuniría gracias a la Franja: De Tomás. "Me ayudó porque era la primera vez que salía de mi pueblo. Él también estaba en la residencia del colegio SEK y éramos revoltosos. Nos castigaban mucho", ríe. El sueño duró poco y con 14 años tuvo que hacer las maletas. Regresó a casa entre el runrún de sus vecinos. "Cuando me ficharon era el niño más feliz del mundo y cuando decidieron no contar conmigo, el más triste. No lo entendía", afirma. Su familia no olvida sus lágrimas. "Se quedó en el Madrid llorando y volvió de allí también llorando", lamentan las *Julias*, su madre y su hermana.

Aquella puerta se cerró, pero se abrió la de otra cantera de prestigio, la del Villarreal. Su hogar casi cuatro años. "El instituto estaba a cien metros de la ciudad deportiva y hacíamos vida en apenas un kilómetro", explica sobre una etapa que terminó con otro "no". "Vivimos en un pueblo y escuchabas a la gente: «Otra vez», «Este no va a llegar a nada por mucho que se empeñe el padre»... Sé que sufría más por nosotros que por él", reconoce su hermana Julia. Ese nuevo rechazo le hizo plantearse su vida. ¿Y si no valía? ¿Y si no era capaz? ¿Y si...? "A los 20 años tenía que empezar de cero, dar explicaciones... Fue lo más difícil porque era más consciente de las cosas. Sentía que había vuelto a fallar a mi familia y me planteé dejar el fútbol. Me metí a trabajar en el campo", reflexiona un jugador que resurgió cual ave fénix. Buena culpa la tuvieron Paco García, que lo convenció para enrolarse en las filas del Murcia Imperial (filial del Real Murcia), y José Manuel Aira, quien le subió al primer equipo. "Al principio llegó con muchas dudas por los palos que había sufrido. Trabajamos mucho su confianza. No sé cuántas charlas tuvimos esos años", comenta Aira. Hizo *clic* y creció a pasos agigantados en la Ponferradina y el Rayo, donde es ídolo y hasta cupido. Él fue el origen del flechazo entre dos hinchas, Chema y Celia, así que ya se lo dejó caer: "Si tenéis un chiquillo, ¿lo llamaréis como yo?".

Isi es genio y figura. Lleva sus ascensos tatuados (2018-19 y 2020-21) y tiene hueco para más hazañas, aunque no despega los pies del suelo y sigue celebrando sus goles con el gesto de coger melocotones. De ahí el apodo que le puso Aira: "Melocotón. Siempre me decía: «Míster, te voy a traer». Y un día se presentó con una caja en el entrenamiento". Isi tiene las raíces presentes y se niega a olvidar la huerta y lo que encarna. Los obstáculos del camino. Del que ahora, por fin, recoge sus frutos.

96/100

PEÑAS EN BUSCA
DE VISIBILIDAD

El fútbol es más que un deporte y el Rayo, más que un equipo. Conscientes de eso, sus peñas utilizan ese foco para alumbrar colectivos que apenas gozan de visibilidad. España posee 48 millones de habitantes y más de seis tienen nacionalidad extranjera, según el INE. El 13% Cifra que asciende hasta el 20% en Puente de Vallecas, donde reside la Franja. Ellos están también representados entre la afición rayista a través de una peña. Los Nadies no es oficial, sino oficiosa y su nombre se inspiró en un poema de Eduardo Galeano. *Los nadies, que no son, aunque sean. Que no hablan idiomas, sino dialectos. Que no hacen arte, sino artesanía. Que no practican cultura, sino folklore. Que no son seres humanos, sino recursos humanos. Que no tienen cara, sino brazos. Que no tienen nombre, sino número. Los nadie, que cuestan menos que la bala que los mata.* La peña, que no llega al mínimo de abonados para constituirse, ejerce por pleno derecho. Posee estatutos, redes sociales, va a los partidos... y hace rayismo. A la vez que activismo, parte de su ser. "Al principio, en 2021, todos éramos extranjeros, pero fuimos conociendo gente de aquí y ahora es un crisol cultural", explica Ronald Ríos (Lima, 1974), su presidente.

Ronald rompe con dos grandes clichés. "Lo habitual es que los inmigrantes sean del Madrid o el Barça porque son más conocidos. Y también que piensen que un peruano es del Rayo por la franja", ríe. No es su caso. Él llevaba tres años viviendo en Madrid cuando le golpeó la onda expansiva del *Tamudazo*. "A raíz de eso me aboné con mi amigo Álvaro. Nos cautivó ese equipo *chico* batiéndose a los grandes y ese barrio obrero del que procede. Sus valores", afirma el presidente de una peña que lucha contra el racismo, la xenofobia, el machismo... Esos son sus principios, desde el principio. "Empezamos tres amigos peruanos que nos poníamos en la misma tribuna y, a veces, viajábamos. Un día un colega argentino que tiene un puesto en el Mercado de San Fernando, de Lavapiés, nos habló de otros tres rayistas marroquíes. Después, conocimos a otros tres de Uruguay y a un mexicano. Ahí ya desarrollamos actividades. En un partido ante el Valencia, recogimos firmas fuera del estadio, como parte de una iniciativa legislativa popular, para que la gente sin papeles pueda tener documentación", asegura Ronald, que encontró una gran acogida entre la familia franjirroja. La suya.

También la de Antonio Castilla y su peña rayista de Discapacitados, Familiares y Amigos. Nacida en el año 2000 y refundada en 2024, con el nombre de DiscapRayo, tras el fallecimiento de su carismático presidente. Ellos son el reflejo de esos más de cuatro millones de personas que tienen algún tipo de discapacidad en España, erigiéndose como una peña única. Hay pocas de similares características entre las aficiones de Primera y Segunda. Además, vio la luz como respuesta a una necesidad, esa de la gente con discapacidad que quería ver a la Franja, pero no podía acceder al estadio. "Hemos llegado a tener 170 socios, pero ahora con la refundación somos 50", analiza Javier Sierra (Potes, Cantabria, 1977), el nuevo presidente, que continuará el legado de Antonio: "Gracias a él se consiguieron muchas cosas, como que se habilitaran unos baños adaptados, un espacio para las sillas de ruedas…".

Esta peña, al igual que Los Nadies, es inclusiva y peleona. Nada la detiene. Ni siquiera las barreras arquitectónicas. Discapacitados ha participado de los desplazamientos de la afición. "Optamos por ir en AVE, ya que no hay buses adaptados para tantos", lamenta Javier, quien fuera lateral en la cantera rayista y técnico en la Fundación. Su realidad cambió. Javier tiene una minusvalía del 65% y la incapacidad total para trabajar. Mientras aquello se resolvía conoció a Antonio. "Me echó una mano y me dijo que le ayudara con la peña", se emociona. Eso hará. "Puente es el distrito con más personas con discapacidad, muchas en situación de vulnerabilidad", advierte Alejandro Inurrieta, secretario de la peña. Ambas juegan el otro partido del Rayo, el de la igualdad y la visibilidad.

97/100

SANTIAGO, EL OTRO MILAGRO DEL RAYO

Los milagros ocurren. A veces en forma de remontada y ascenso, como aquel de Montilivi del 20 de junio de 2021. Y otras, de recuperaciones repentinas, como la acontecida apenas 24 horas antes de ese Girona-Rayo, cuando Santiago Bejarano Gil (Plasenzuela, Cáceres, 1955 – Madrid, 2024) se despertó en la UCI del hospital Gregorio Marañón, después de 50 días intubado a consecuencia del covid. "No se quería perder el partido decisivo de la Franja", contaba su hijo Santi en un tuit que pronto se hizo viral. Su milagro se coló en el vestuario vallecano y sirvió de motivación extra para unos jugadores empeñados en hacer posible lo imposible, como Santiago. Él marcó el camino. Suyo fue el primer gol, el anímico.

Este rayista, extremeño de nacimiento y vallecano de adopción, tal y como avalan sus tres décadas viviendo entre Congosto y Palomeras, nunca olvidó aquel 29 de abril. El coronavirus le había llevado a ingresar unos días antes, aunque se encontraba bien. Ese fue el tranquilizador mensaje que transmitió a su familia cuando llamó a casa. Sin embargo, el teléfono volvió a sonar a los diez minutos. Lejos de ser buen presagio, aquello cayó como un jarro de agua fría. "Nos dijo que le intubaban. Tenía patologías previas y le pilló fuerte, pasó por una neumonía bilateral, neumotórax, infección…", recuerda su hijo, que lidió con una tremenda preocupación ese proceso. "Te llamaban una vez al día, entre las 11:30 y las 15:30, para informarte de su estado en unos minutos. Eran muy claros con la situación. Le estaré eternamente agradecido al personal sanitario que le atendió día y noche. Tuvieron que operarle también de un coágulo en el pulmón y, a raíz de eso, salió adelante. Un milagro", confirma Santi.

Era sábado cuando Santiago abrió los ojos y le costó unos días recuperar la percepción del entorno. "Respondía a estímulos y si le hablabas te reconocía. Los médicos estimaron que iba a tardar unas dos o tres semanas para estar totalmente lúcido", explica su hijo, que no aguantó más de cuatro días sin desvelarle el devenir del equipo. Aquello sería la mejor medicina para seguir mejorando. Su Rayo era de Primera, como este optimista empedernido ya vaticinaba. "Mi padre tenía claro que subíamos. Cuando entró en la UCI el equipo no iba mal, aunque luego pegó un bajón y perdió muchos puntos. Él siempre confió, decía que había una buena plantilla y mira… ¡Acertó!", ratifica Santi.

Ambos, más allá del nombre, compartían su amor por la Franja. El flechazo de Santi data de un Rayo-Extremadura de la 1998-99. Aquella victoria abrió las puertas de Primera a los de Juande y enganchó al vallecano. "Fue mi primer partido en el campo. Yo llegué a hacer una prueba en el club, porque a mi padre le hacía ilusión, pero el fútbol no era lo mío", confiesa. Siempre dispuesto a hacerle feliz. El tiempo dio la razón a Santi cuando aventuró: "En cuanto se dé cuenta del ascenso, verás… Me va a tocar aguantarle con sus «Te lo dije» (risas)". No erró en nada. Ni el uno, ni el otro.

El fútbol se había erigido en el inseparable compañero de Santiago tras la jubilación. Él era un habitual de Vallecas hasta que hace más de una década sufrió un infarto. Le prescribieron tranquilidad y, solo cuando la salud mejoró, volvió al estadio. Lo mismo sucedió después de la pandemia. Un sitio en el Fondo le esperaba para el Rayo-Mallorca del 22 de noviembre de 2021 y lo saboreó como si fuera la primera vez. Con la misma inocencia e ilusión. Con esos ojos traviesos que no dejan un rincón por escudriñar. Con una sonrisa. Con la misma que se hizo abonado para el centenario.

Ese dulce reencuentro también lo vivió el que fuera delegado del primer equipo en plena crisis sanitaria, Cristóbal Castro, que con 41 años estuvo quince días en coma inducido por un cuadro muy grave de coronavirus. Los jugadores saltaron al campo, en un duelo contra el Sporting, con camisetas de ánimo. La plantilla llegó, incluso, a grabarle un vídeo. Aquella fuerza le sacudió y le despertó del largo letargo. De ahí que Santiago y Cristóbal encarnen los otros milagros del Rayo. Aún más grandes e inexplicables que los deportivos…

98/100

LA FALCAOMANÍA

La serendipia es ese hallazgo casual de algo valioso. Esa carambola que cambia el rumbo de las cosas. De una carrera. Incluso de una vida. Así es como surgió el fichaje de Radamel Falcao (Santa Marta, Colombia, 1986) por el Rayo. Serendipia. Mario Suárez, capitán franjirrojo en aquel verano del 2021, fue a tratarse con su fisio, Joaquín Juan, que es también el del *Tigre*, y lo que parecía una cita más se convirtió en el *big bang* del fichaje galáctico de ese mercado en LaLiga. "Charlando en la camilla me contó que el Galatasaray arrastraba problemas económicos y que Radamel tenía que salir, porque además quería ir al Mundial. Somos amigos, así que le escribí: «Vente a Madrid. Si quieres, yo hablo con el club...». Un día me dijo que si existía esa posibilidad, que lo moviera. Había más equipos españoles interesados y le hablé de cómo es el Rayo de especial, del buen grupo que teníamos... Y llamé al presidente. A Raúl le gustó la idea desde el principio", asegura Mario Suárez. Tanto es así que Presa ha repetido en más de una ocasión que "Falcao es uno de los tres mejores rematadores de la historia junto a Hugo Sánchez y Pelé". Buscaban delantero y él lo tenía claro, pero no tanto su círculo más cercano. "Cobeño e Iraola dudaban más. Por eso, la operación no se cerró antes", admite el centrocampista, que jugó en Vallecas cuatro temporadas y media (2018-23). "Nos sondearon a nivel interno y lo analizamos, en lo referente a las lesiones", decía el director deportivo.

Mario hablaba con Falcao y con Presa. No se quería meter demasiado, pero sí ayudar a su amigo y a su club. A pesar de que los contactos arrancaron a mediados de agosto, no se concretaron hasta el último día de mercado. "Radamel estaba en Bolivia con su selección y ni se entrenó, pendiente de la operación", desvela el exjugador. Algo comprensible, dado que *El Tigre* debía rescindir con el Galatasaray y se mascaban los nervios por el cambio horario. Finalmente, el Rayo firmó a Sergi Guardiola y a Falcao, aparcando la otra opción —la de Sylla— para la ventana invernal. "Habían hablado de firmar a Radamel por dos años y lo dejaron en uno, pero cuando tuvo esa gran racha con la Franja —marcó cuatro goles en sus primeros seis partidos y los de Athletic y Barça dieron importantes triunfos— le renovaron por dos más. Le dije al presidente: «Te ha salido más caro por no hacer lo que el corazón te pedía»", ríe Mario, testigo de cómo esta llegada desató la Falcaomanía. Fuera e incluso dentro del vestuario. "Todos le trataban con respeto y admiración. Los más jóvenes alucinaban", confirma su amigo y cicerone, que se encargó incluso de buscarle casa con su inmobiliaria familiar.

La dimensión de aquel fichaje trascendió lo deportivo y sacudió las redes sociales del Rayo. Al lógico incremento de seguidores, se unió el elevado número de interacciones en cada tuit relacionado con el delantero. El anuncio de su llegada registró más de 9.500 *retuits* y 45.295 *likes*. Lógico, teniendo en cuenta que Falcao posee casi 17 millones de seguidores en Twitter y 17,5 en Instagram. Tampoco extrañó que más de 2.500 aficionados se congregasen en el estadio de Vallecas para su presentación, muchos de ellos colombianos como *El Tigre*. Hubo hasta un espontáneo que saltó al verde para tocar a su estrella. Antes de que abriesen las puertas, la cola era kilométrica y arrancaba en la tienda oficial, donde entonces lucía el tesoro de esa 2021-22, su camiseta, cuyo precio serigrafiada ascendía a los 80 €. Esa fiebre se trasladó a los entrenamientos, hizo que las entradas para sus primeros partidos se agotasen y congregó a 800 personas en el centro comercial de La Gavia para una firma junto a Trejo e Isi. Tal fue la locura, que tuvieron que salir por la azotea.

Su amigo solo lamenta una cosa. "Que el Rayo no lo haya explotado más. El club llegó a rechazar contratos de *marketing* millonarios. Tebas lo mencionó como una de las estrellas de LaLiga. Podíamos haber ido de gira por Colombia, como hizo el Atleti", reflexiona Mario Suárez, quien fue el origen de la carambola que llevó a un astro mundial hasta Vallecas. *El Tigre* del barrio.

99/100

DE LA FRANJA A LA ROJA

Son pocos los elegidos. Tanto que bastaría con los dedos de una mano para contar los jugadores que pasaron de la Franja a La Roja. En los últimos años, el Rayo ha mirado fijamente el teléfono esperando una llamada que nunca se produjo. Ya pasó con Alberto Bueno y De Tomás, quien consiguió debutar vistiendo la camiseta del Espanyol. No fueron los únicos. De nada le sirvió a Isi el recurrente cántico de la grada, ni los elogios de Luis Enrique. "¿Y si…? El único Isi que conozco está en el Rayo y es muy bueno", bromeó el entonces seleccionador. Lo más que logró el de Cieza fue colarse en una prelista de De la Fuente junto a Álvaro García.

Anero fue el primer franjirrojo que recibió la llamada de la Absoluta. Kubala le citó para el amistoso contra Italia del 25 de enero de 1978 en Chamartín. "España ganó, pero no llegué a jugar", lamenta el lateral derecho del *Matagigantes*. La convocatoria nunca se repitió. Ya en 1979, el defensa hacía una acertada reflexión en *Mundo Deportivo* que sigue vigente: "Algunos de los habituales en la Selección posiblemente no estarían ahí si jugaran en el Rayo". Sí debutó otro Antonio, Guzmán. El centrocampista —con un perfil de recuperador— disputó dos de los cuatro partidos para los que fue requerido por Kubala: un amistoso ante Uruguay (0-0, el 24 de mayo del 78) y otro de la fase de grupos del Mundial de Argentina frente a Brasil (0-0, el 7 de junio del 78). Ese verano Guzmán, que figuraba en la agenda del Madrid, dio el salto al Atlético junto a Palín González.

De aquel mes y medio de concentración con España, Guzmán colecciona muchos recuerdos. "Aprendí mucho de Marcelino, de Leal… Y me gustaba Quini, que tenía un corazón impresionante", se emociona. Ahí también coincidió con Dani Ruiz-Bazán, delantero del Athletic. "Guzmán estaba preseleccionado, pero no llegó a entrar en la lista. Fue entonces cuando Villar se lesionó y Kubala le llamó. Estábamos en el Hotel Alameda y vino muy gallito. Yo estaba comiendo con Quini, Arconada... Le saqué toda la miga al pan para hacer una bola y tirársela cuando no mirara. Quini me dio el aviso y se la lancé al cuello, con tan mala suerte que se apartó y le dio en el ojo a Pirri, que era el capitán. Se cayó al suelo gritando, se acercaron los masajistas, el médico... Me metí debajo de la mesa y pensé: «Ya no voy a Argentina»", ríe Dani.

Si Guzmán vistió La Roja como recompensa de aquel *Matagigantes*, Luis Cembranos hizo lo propio con el *EuroRayo*, de quien fue uno de sus máximos exponentes. "Era de lo mejorcito", lo define Cota. Camacho convocó a Cembranos para el amistoso del 26 de enero de 2000 ante Polonia y la Selección ganó 3-0. El 14 entró por Valerón en Cartagena. Una imagen que muchos rayistas conservan en la retina. "Lo recuerdo como uno de los mejores momentos de mi carrera. Cuando lo estás viviendo no lo disfrutas ni lo valoras lo suficiente, porque pasa muy rápido, pero es una experiencia imborrable", confiesa el mediapunta, que se llevó una gran satisfacción un día que volvió a Vallecas: "Iba con mi hijo y nos topamos con mi camiseta de España allí. Me gustó que la viera".

Tras él, hubo más noes que síes. Del Bosque se acordó de Diego Llorente, nada más acabar su cesión en Vallecas, para un amistoso frente a Bosnia-Herzegovina el 29 de mayo de 2016. El central —perteneciente al Madrid— estuvo media hora sobre el césped en la victoria por 3-1. Algo similar sucedió con Fran García, que después de tres temporadas brillando con la Franja, recibió la llamada de la Absoluta el mismo día de su presentación con el club blanco. Eso sí, su debut ya se produjo más adelante. El de De Frutos llegó el 7 de septiembre de 2025 en la goleada (0-6) frente a Turquía.

El Rayo se hizo Mundial gracias a la participación de sus jugadores en las citas de Argentina 78 (Guzmán, con España), Estados Unidos 94 (Hugo Sánchez, con México, y Wilfred, con Nigeria, aunque el portero no debutó) y Qatar 22 (Pathé Ciss, con Senegal, quien se alzó con la Copa de África 2026). Además, la Franja ha sido cantera de seleccionadores como Camacho y Lopetegui. Incluso de uno de los grandes candidatos de los últimos tiempos, Paco Jémez. Talento hay, solo falta que suene el teléfono.

100/100

ESTO ES VALLECAS Y AQUÍ HAY... SOLIDARIDAD

Pocos lugares desprenden un sentimiento de pertenencia como Vallecas. Es imposible andar sus calles y conocer a sus vecinos sin involucrarse. Sentirse vallecano no implica haber nacido ni tan siquiera vivido allí. Los jugadores no son ajenos a ese vínculo entre el Rayo y el barrio. Es más, intentan cultivarlo. "Cuando llegas, te das cuenta de que hay mucho más que fútbol. Te sientes parte y eso conlleva una obligación. Vallecas te demanda que te impliques. Si alguien te pide ayuda, ¿cómo no vas a hacerlo?", reflexiona el técnico Paco Jémez, quien estuvo pagando de su bolsillo el alquiler a Carmen Martínez para que la anciana, tras su desahucio, tuviera un techo. Ella fue la punta del iceberg, porque el míster condujo a sus jugadores a conocer otras realidades más crudas. Esa vida que duele. "Por la juventud, por el círculo en que se mueven, no ven el mundo que hay más allá del suyo", explica Jémez, que para remediarlo se puso en contacto con Laura López, la directora del Comedor Social Familiar El Pozo, de Mensajeros de la Paz. Allí se llevó a la plantilla.

Aquel no fue un día más en el centro. Las raciones no solo eran de comida, también de ilusión. "Los jugadores dieron el servicio completo, les sirvieron los platos, recogieron las bandejas... Y la gente, que los reconocía, estaba como loca pidiéndoles fotos. Incluso Chema, un compañero de la delegación de Villaverde, vino a verlos", recuerda Laura. Paco Jémez nunca quiso que esas acciones salieran del ámbito privado, porque hubo más. "Íbamos a hospitales, colaborábamos en recogidas de juguetes...", enumera Trashorras, que recuerda cómo hacían los bocadillos que después se repartían en la parroquia de San Antón a la gente de la calle. Amaya tampoco lo olvida. "Me corté. Me dejé un trozo de dedo en la fiambrera", bromea. De entonces, ya solo queda Laura. "Los chicos tenían desparpajo y nos reímos mucho", asegura la directora del Comedor Social, que conserva fotos en la cocina de Jozabed, Lass, Montiel, Quini... El míster también hacía cosas por su cuenta, como dar una charla a los reclusos del Centro Penitenciario Madrid VI de Aranjuez. "Tenía un amigo profesor allí y me lo propuso. Se llenó y mira que era grande. Oía mucho Rayo, así que les pregunté: «¿Cuánta gente es de Vallecas?». Un montón levantó la mano. «Jugamos en casa», les dije. Eran majísimos", recuerda Jémez.

Si hubo un momento que puso a prueba la solidaridad fue la pandemia. Vallecas dio ejemplo. *Matagigantes.net* organizó una recogida de alimentos para las despensas solidarias del barrio y los jugadores se sumaron. "Vieron una *story* en Instagram y Paula Guitián, de prensa del Rayo, contactó con nosotros para ver cómo podían ayudar. No cabía ni una bolsa de macarrones más en el coche de Velázquez, el de Trejo también iba hasta las trancas... Tuvimos que pedir ayuda y llenamos los maleteros de tres coches y una furgoneta. Algunos futbolistas incluso se acercaron directamente a las despensas", desvela Alberto Leva, el origen de todo.

No solo el primer equipo desprende solidaridad, también los veteranos. Los Cota, Míchel II, Mauri... han disputado encuentros benéficos para ayudar a los pacientes oncológicos, para recoger alimentos destinados al Comedor Social La Esperanza del Pozo, para la investigación contra la ELA, para homenajear a las víctimas del terrorismo... Además, jugaron con el personal del Hospital Infanta Leonor y le obsequiaron con una camiseta firmada que preside el vestíbulo del centro. Los veteranos también colaboran en los talleres de reminiscencia, enmarcados en el proyecto *Fútbol contra el olvido*, visitando residencias para mantener viva la memoria de los mayores.

Estas iniciativas no saldrían adelante sin la gente anónima, como sucedió con Iker Gata. Un pequeño rayista, diagnosticado con una enfermedad rara llamada cistinosis, que necesitaba un tratamiento muy costoso. La familia franjirroja se movilizó y el club destinó dinero de las entradas de un partido para ayudarle. Otro ejemplo de que muchos granitos de arena generan enormes montañas de solidaridad. Esto también es el Rayo...

EL RAYO ES VALLECAS, VALLECAS ES EL RAYO

Maite Martín ha colmado mis mayores expectativas con esta exploración del Rayo detalle a detalle, cien historias que no dejan ningún rincón fuera de su linterna. Soberbio homenaje a un equipo entrañable y barrial que hace de la modestia su bandera, pone al buen tiempo mala cara y vive en armonía con su entorno. Su entorno, claro, es su barrio. El barrio de Vallecas.

Cuando yo era un chaval, Vallecas tenía mala fama y me apresuraré a decir que injusta. Hacia los trece o catorce años me dio la fiebre de ir a todos sus partidos, que me pillaban cerca, porque vivía en la Avenida del Mediterráneo, a cuatro manzanas del metro de Pacífico, Línea 1, que en un santiamén me transportaba a la mismísima puerta del campo del Rayo. Por aquel tiempo, Bernabéu lo había prohijado. Vallecas siempre había sido más bien atlética, quizá porque en la posguerra jugó allí el Atlético Aviación, que ganó las dos primeras ligas después de la contienda. El caso es que Bernabéu quiso colonizar aquel barrio obrero y puso a disposición del Rayo todo su equipo *amateur*, que acababa de salir campeón de España de esa categoría. Era un grupo espléndido, que en el Rayo se encontró con Felines, venido de Carabanchel. Entraron con el equipo en Tercera, subieron a Segunda arrolladoramente y allí se consolidaron. Para celebrar el ascenso se organizó un amistoso ante el Girondins de Burdeos en el que los mismísimos Puskas y Gento jugaron con el Rayo.

Eso tiró de mí hacia Vallecas, en buena hora. Contra lo que me prevenían mis padres, no vi el menor signo de peligrosidad, sino un barrio tranquilo, modesto, todavía menestral, deliciosamente habitable por su sencillez. Desde el principio me pareció que Vallecas es el Rayo y el Rayo es Vallecas, del mismo modo que Egipto es el Nilo y el Nilo es Egipto. Aquel padrinazgo del Madrid duraría quizá cuatro años, no creo que más. Bernabéu comprobó que Vallecas era atlética, que no arrancaba socios de allí, y poco a poco dejaron de aparecer promesas del Madrid en régimen de cesión, para las que buscó otros destinos. Pero ese tiempo dio para que el Rayo fuera base de la selección olímpica que clasificó a España para México-68, con el célebre Goyo Benito entre otros. Un 4-1 en Vallecas de aquel equipo ante Francia en la fase de clasificación fue noticia nacional.

Bernabéu, decía, se alejó del Rayo, pero yo no. Me quedó dentro para siempre. Como joven periodista me ocupé después de sus peripecias para el *Mundo Deportivo* de Barcelona, del que fui corresponsal. Le seguí a Vallehermoso en su destierro, que incluyó aquel día feliz en el que afeitó los bigotes al Racing. Le seguí de vuelta a Vallecas, una vez remozado el estadio, festejé su ascenso a Primera con júbilo y viví con orgullo aquella campaña que le valió el apodo de *Matagigantes*.

Luego lo he seguido a media distancia. Digamos que ningún año he dejado de ir a unos pocos partidos y he cultivado el trato de varios veteranos, entre los que mis favoritos son Anero y Felines. Así que me he bebido con ansia este libro de Maite Martín, correligionaria en la devoción de la Franja y persona entrañable como he podido comprobar después de unos cuantos años de trato en *As*. Allí le han distinguido siempre su diligencia para el trabajo y la precisión de su ojo periodístico. Eso mismo está presente en este libro, un completo Vademécum del Rayo que guardaré en la mesilla de noche para releer cada poco sus bonitas historias una y otra vez. No quiero que cuando la memoria me traicione se me empiecen a olvidar las entrañables peripecias de mi querido Rayo Vallecano, compañero de vida desde años ya remotos.

Gracias, Maite.

ALFREDO RELAÑO